DOSSIER 29
Joseph Zoderer

DOSSIER
Die Buchreihe über österreichische Autoren
Band 29

Herausgegeben vom Franz-Nabl-Institut für Literaturforschung der
Karl-Franzens-Universität Graz

Redaktion:
Kurt Bartsch
Gerhard Fuchs
Günther A. Höfler
Gerhard Melzer

JOSEPH ZODERER

Herausgegeben von
Günther A. Höfler und Sigurd Paul Scheichl

Literaturverlag Droschl

Inhaltsverzeichnis

III. Kritiken

ZU *LIEBE AUF DEN KOPF GESTELLT*

V. WERKBIOGRAPHIE

V. BIBLIOGRAPHIE

I. Gespräch

SIGURD PAUL SCHEICHL

„ICH WILL DIE WELT BIS UNTER DIE HAUT VERMESSEN"
GESPRÄCH[1] MIT JOSEPH ZODERER IM JULI 2010

Ihre LeserInnen leben ja zum größten Teil nicht in Südtirol; ich möchte daher keine Fragen zur Literaturszene und zu den Verhältnissen in dieser Region stellen. Nur eine: Haben Sie das Gefühl, in Deutschland und Österreich von einem ‚Exoten-Bonus' zu profitieren?

Nein, ich sehe mich als „ganz normalen deutschsprachigen Autor", meine Erfolge, etwa der Literaturpreis des Kulturkreises im Bundesverband der Deutschen Industrie und der Hermann Lenz-Preis oder die Aufnahme in die Darmstädter Akademie, haben nichts mit Südtirol zu tun. Ich habe ja auch sehr lang außerhalb Südtirols gelebt.

Sie sind ein sehr sprachbewusster Autor: Glauben Sie, dass die komplexen Spracherfahrungen Ihrer Jugend – drei doch sehr verschiedene Dialekte (Südtirolerisch, Steirisch, Schweizerdeutsch), daneben immer auch die Standardsprache, dann noch das relativ spät gelernte Italienisch und schließlich das Wienerische – zur Ausprägung dieses Sprachbewusstseins beigetragen haben?

Als ich aus der Schweiz zurück nach Südtirol gekommen bin, konnte ich kein Wort Italienisch. Ich setzte das Gymnasium 1954 am Vinzentinum in Brixen[2] fort. Aufgrund dessen, was ich an der Schweizer Internatsschule der Weißen Väter[3] gelernt hatte, war ich den Mitschülern voraus. Ich konnte daher viel Zeit in der Bibliothek verbringen, wo ich mir Italienisch einerseits aus einem *Italienisch in 30 Tagen*, andererseits durch die Lektüre der Abenteuerromane von Salgari[4] beibrachte. (Daneben las ich mehr oder minder den ganzen Shakespeare, allerdings in deutscher Übersetzung.) Am Ende des Schuljahres erhielt ich als Einziger die Note 8[5] in Italienisch, auch dank einem sehr guten Deutschlehrer, der damals – vor den Autonomie-Bestimmungen – auch Italienisch unterrichten durfte, was jetzt nicht mehr möglich wäre. Wir haben damals Dante wie Cicero gelesen, mit dem Wörterbuch in der Hand.

In Latein und Griechisch bin ich heute noch einigermaßen zuhause, aber damals habe ich griechische und lateinische Briefe geschrieben.

Ich kann mich an sprachliche Situationen anpassen, verwende die Sprache, die mich umgibt. Wenn ich in Wien bin, spreche ich Wienerisch, könnte in Graz auch ins Grazerische verfallen. [Zoderer gab an dieser Stelle überzeugende Proben seiner phonetischen Sicherheit in den beiden Dialekten.] Mein erstes gedrucktes Buch[6] hat mir großes Vergnügen bereitet, weil ich es im Dialekt meiner Eltern geschrieben habe, im Übrigen ist es meine einzige im Dialekt verfasste Arbeit.

Bei Aufenthalten in der Schweiz „entfremdet sich meine Zunge" dem Südtirolerischen, ist doch auch die Schweiz eine meiner ‚Heimaten', weil ich dort die wichtige Zeit meiner Pubertät verbracht habe. Jenseits des Sprachlichen hat es mich bereichert, dass ich mich in anderen Heimaten zuhause gefühlt und Fremdheitsbarrieren überwunden habe. Es gibt eben die „Kopfheimaten", von denen man mehrere haben kann, und die – mir fällt jetzt der andere Begriff nicht ein, schauen Sie in *A propos Heimat*[7] nach, es hätte ja keinen Sinn ein neues Wort zu prägen. [Gemeint war „Atemheimat", der Ort der Kindheitserinnerungen.] Intoleranz kann ich aufgrund meiner Biografie schwer verstehen. Freilich verlässt einen die erste Sprachumgebung, die Kindheitsheimat nie.

Diese Erfahrungen haben vielleicht dazu geführt, dass meine Sprache und mein Stil auch von der jeweiligen Thematik geprägt worden sind. Im *Anderen Hügel* mit seinem vollkommen introvertierten Protagonisten, einem Stadtmenschen, hat die Sprache einen viel höheren „Kunst-Ton" als im *Glück beim Händewaschen* mit seiner jugendlichen Hauptfigur. Das *Glück* habe ich geschrieben, als ich Mitte dreißig war und, zu Jahresbeginn 1971, von Wien nach Südtirol zurückgekommen bin. Diese Rückkehr markiert einen sehr wichtigen Einschnitt in meinem Schreiben.

Das Glück beim Händewaschen konnte ich so schreiben, weil ich die Spracherwartung der mich umgebenden Bevölkerung respektieren wollte, vor allem auch aus politischen Gründen, ich war ja an der Seite von Langer[8] in der damaligen außerparlamentarischen Opposition engagiert. Mit Langer habe ich die *Rote Zeitung für Südtirol*[9] gemacht.

Das Glück beim Händewaschen habe ich bewusst aus der Sicht eines Pubertierenden geschrieben und wollte dessen Sprachebene nicht verlassen (z. B. dominieren kurze Sätze).

Bei Olga in der *Walschen* ist die Sprache schon anders. Bei diesem Roman habe ich mich in der Gestaltung der Romanstruktur an dem Modell der griechischen Tragödie mit ihren drei Einheiten zu orientieren versucht. Die (zumal Südtiroler) Kritiker, die mir vorgeworfen haben, ich hätte die Südtiroler Bauern „verleumdet", haben durchwegs übersehen, dass die Dorfbevölkerung nicht von mir beschrieben, sondern durch die Augen der Protagonistin gesehen wird; Olgas Perspektive ist fast paranoid, denn sie übersieht, dass im Dorf vieles üblich ist, was sie in der Stadt einfach nicht mehr gewohnt ist, etwa die kargen Formen der Begrüßung usw., die sie als provozierend und beleidigend auffasst. Die Beschreibungen beruhen auf sprachlicher Beobachtung, die mir damals möglich war, weil ich ein Stadtmensch bin, obwohl ich damals schon seit einem halben Jahrzehnt einen Berghof in Terenten bewohnte.

Olgas Sprache ist durch ihr „wiederkäuendes" Denken geprägt – Wiederkäuen ist ein Leitmotiv des Romans –; deshalb ihre langen Sätze.

Lontano hat dagegen nichts Wiederkäuendes an sich, die Reise ist nach vorwärts gerichtet, daher „rollt die Sprache ab", bewegt sich linear nach vorn, hat nichts vom Wiederkäuen der Erinnerung durch Olga an sich. Diese Linearität hat mich aber auch ermüdet. *Lontano* ist das einzige meiner Bücher, das ich im voraus geplant habe; wegen dieser Programmierung konnte ich diskontinuierlich schreiben und habe so den Schluss zuerst geschrieben. Das habe ich nie wieder gemacht.

Für den Roman *Dauerhaftes Morgenrot* hatte ich keine Planung voraus skizziert. Anders als bei der *Walschen*, wo mir die Erfahrungen zugeflogen sind und die Wände des früheren Schulhauses, in dem ich geschrieben habe, mit Notizen vollgehängt waren, hatte ich bei diesem Roman immer Sorge, wie ich am nächsten Tag weiter kommen würde. (Wegen meiner Familie, vor allem wegen der Kinder, habe ich wenig in der Nacht geschrieben.)

Dauerhaftes Morgenrot ist „mein gedichtetster Roman", vielleicht auch der lyrischeste. Innerhalb des Romans (der in Triest spielt, ohne dass der Name der Stadt genannt würde) gibt es lyrische Stimmen. „Eine elementare Unerlässlichkeit für Literatur, wie ich sie will, ist das Ausgesparte, das Geheimnis." *Der Schmerz der Gewöhnung* enthält viele Selbstzitate, ist eine Art „Potpourri" meines bisherigen Werks.

Ich will nicht die gültigste Quelle für meine Interpretation sein; je nach Situation sage ich Dinge nicht, die nicht zu meiner jeweiligen Gemütslage passen. Meine Meinung über meine Werke ist nicht eine Meinung ex cathedra. „Der Autor ist vielleicht die am meisten anzuzweifelnde Instanz."

Einzelne deutsche Leser behaupten, ich hätte die Sprachseele eines italienischen Autors. Darüber kann ich nur schmunzeln.

Überlegt(est)e Strukturen in ihren Romanen werden von den Rezensentinnen und Rezensenten oft zugunsten der Themen wenig beachtet? Stört Sie das?

Das stört mich. Denn der Entscheidung für die Erzählerfigur und die Erzählsituation gehen immer längere Prozesse voraus.

Ich habe in den letzten Jahren an mehreren Roman-Ideen gearbeitet. Derzeit kann ich in Bruneck in einem Haus mit sieben Räumen schreiben, deren Wände ich behängt habe mit Texten, von denen höchstens die Hälfte in meinen neuen Roman hineingenommen worden sind. Ich war bei dem Buch auf verschiedenen Fährten. Einmal wollte ich die Geschichte in Lissabon ansiedeln; davon ist gerade ein Satz übrig geblieben: Der Protagonist sagt zu einer Frau, sie hätte mit ihm nach Lissabon kommen sollen.

Ich habe bei jedem meiner Bücher unter Selbstzweifeln gelitten.

„Das nützlichste Unnütze, das ist Literatur." Was die Menschheit rettet, ist letzten Endes das wichtige Unnützliche, in meinen Augen Literatur und überhaupt Kunst.

Wie kommt es zu den formalen Entscheidungen? Denken Sie dabei auch in abstrakten Begriffen?

Ich denke beispielsweise an ‚den Protagonisten' und nicht an den Namen der Figur. Im neuen Roman hat der Protagonist erst in der zweiten Fassung überhaupt einen Namen bekommen. Auch über die „Ich-Form" denke ich als Form nach. Vielleicht wäre der neue Roman in der Ich-Form besser gelungen; in ihr wäre er grausamer ausgefallen, würde aber lebende Menschen in Verdacht bringen.

Obwohl ich bei den Figuren ein Spiel von „Vertauschungen" spiele (beispielsweise sind in *Dauerhaftes Morgenrot* Wege und Stationen der Hauptfigur mit einer Prostituierten durch die ungenannte Stadt Wege, die ich mit Fulvio Tomizza[10] gegangen bin), will ich die Welt für mich vermessen anhand meiner Erfahrungen; das ist zentral für meine Poetik. Wenn ich eine Stubentür beschreibe, beschreibe ich nicht eine fiktive, sondern eine reale Stubentür.

Trotzdem bin ich entschieden gegen eine Verwechslung von Fiktion und Autobiografie. Auch der Verzicht auf die Ich-Form ist Schutz vor der Verwechslung mit einer Autobiografie.

Das Staunen über die menschliche Existenz ist mit dem Ich fokussiert: Wo bin ich? Warum bin ich? Wer bin ich? Wozu bin ich hier? Im Sinne dieser Fragen ist mein Schreiben existenziell motiviert, aber ich fotografiere doch nicht die Wirklichkeit autobiografisch ab.

Es ist ein glückliches Erlebnis, wenn ein Text wie ein Zug rollt – mit offenen Fenstern, so dass auch eine zufällige Wirklichkeit Teil des Romanmaterials werden kann.

Ein anderes Beispiel: eine Frauenfigur ist bei mir immer eine Addition oder Subtraktion mehrerer Frauen – eine Erfindung aus gelebten Erfahrungen.

Welche Bedeutung haben Ihre Erfahrungen als Journalist für Ihr Schreiben?

Ich war in mehreren Wiener Zeitungen zuständig für den Gerichtssaal; die Judenmord-Prozesse der 60er Jahre haben mich politisiert. Vorher war ich eher apolitisch. Als Berichterstatter aus dem Gerichtssaal habe ich „alles unter die Haut gekriegt". Das wurde für mein literarisches Schreiben wichtig.

Nach Einflüssen auf Ihr Werk werde ich Sie ganz sicher nicht fragen. Aber wichtige Leseerfahrungen würden mich interessieren – und vielleicht könnten Sie auch ein paar Namen von Autoren und Autorinnen nennen, denen Sie sich verbunden fühlen, die das Umfeld abstecken, in dem Sie literarisch besonders präsent sind.

Mein Interesse am Lesen verbindet sich mit meiner Mutter, weil ich sie immer lesend gesehen habe. Freilich habe ich sie nur Heftromane lesen gesehen. Als Bub habe ich viel Karl May gelesen. Im Schweizer Internat durfte man in der Woche nur zwei Mal je zwei Stunden lesen oder Briefe schreiben, jeweils am Donnerstag und am Sonntag von 17 bis 19 Uhr. Die Bücher standen in einem Glasschrank, der nicht sehr viel enthielt. Dass ich von einem Onkel, der selbst Ordensgeistlicher und Pfarrer von Gargazon war, die Werke von C. F. Meyer erhalten hatte, brachte mich in Schwierigkeiten.

Im weltlichen Gymnasium, an dem ich mich in Bozen (übrigens als regulärer und nicht, wie manchmal behauptet wird, als berufstätiger Schüler) auf die Reifeprüfung vorbereitet habe, habe ich von Mitschülerinnen zum ersten Mal den Namen Kafka gehört.

In Wien verbrachte ich viel Zeit in der Nationalbibliothek, damals noch am Josefsplatz, um Musil, Doderer, Tolstoi und vor allem Dostojewski zu lesen, aber auch Sartre, Camus und die Amerikaner.

Ein befreiender Schock war in Wien Mitte der 60er Jahre die Begegnung mit dem Werk Henry Millers. Und zwar nicht so sehr wegen der thematischen Kühnheit, sondern deshalb, weil Miller immer von seinem Ich redet. Ich hatte in meinen verstreut gedruckten Erzählungen (jetzt in *Die Ponys im zweiten Stock*) das eigene Ich immer vermeiden wollen; Millers Umgang mit dem Ich war für mich sensationell. „Darf er denn das?" dachte ich. Und dieses Ich stellte sich obendrein in einer Sprache dar …

Ich habe nie versucht so zu schreiben. Doch Miller „hat mich gesprengt". Durch ihn bin ich aus der „falsch verstandenen Fiktionalitäts-Zwangsjacke" heraus gekommen. Ich will die Welt bis unter die Haut vermessen.

In der aktuellen Literatur reißt mich wenig mit. Vor Jahren hat mich Juan Carlos Onetti sehr angeregt. Bei ihm ist die Wirklichkeit der Alltag des Geheimnisvollen. Handke habe ich nach *Wunschloses Unglück* lange nicht mehr gelesen; aber *Mein Jahr in der Niemandsbucht*, *Der Bildverlust* und *Die morawische Nacht* machen Handke für mich zum Welt-Autor. Und ich genieße jede Seite von Herta Müller. Von Thomas Bernhard hat mich *Amras* berauscht und *Frost* sehr beeindruckt.

„Ich lese nicht irgendetwas, sondern etwas, das mir Hunger macht selbst zu schreiben." Wichtige Bücher lese ich deshalb oft in kleinen Portionen, das kann über ein Jahr lang dauern.

---

1   Das Gespräch fand am 8. Juli 2010 in der Stube des Restaurants Schloß Thurnstein in St. Peter oberhalb Merans statt, in der Nähe des Hauses, in dem die Eltern des Autors nach ihrer Rückkehr aus Graz zunächst wohnen konnten. Das Gespräch wurde ohne Tonband geführt, sondern von mir (allerdings nicht wörtlich) stenografisch mitgeschrieben; Zoderers Äußerungen sind daher manchmal nur zusammengefasst. Einige wichtige oder besonders markante Formulierungen sind im exakten Wortlaut wiedergegeben; sie stehen unter Anführungszeichen. Der Duktus der gesprochenen Sprache wurde nach Möglichkeit beibehalten, ebenso der Ablauf des Gesprächs, das sich sehr frei gestaltete und sich nicht dem vorbereiteten Schema von Fragen unterwarf. Kleine Umstellungen habe ich nur an ganz wenigen Orten vorgenommen. Die erläuternden Anmerkungen stammen, zum Teil aufgrund von Hinweisen des Autors, vom Interviewer. Zoderer hat nach einigen Streichungen das Gespräch in dieser Form autorisiert.

2   Ein vom Bistum Brixen (heute Bozen-Brixen) geführtes humanistisches Gymnasium.

3   Ein Männerorden, der seine Aufgabe in der Afrika-Mission sieht. Wäre Zoderer im Schweizer Internat geblieben, hätte er die Reifeprüfung in Fribourg auf französisch ablegen, dann eine Missionsausbildung in England und schließlich die theologische Ausbildung in Nordafrika absolvieren müssen, um die für die Mission besonders relevanten Sprachen zu beherrschen.

4 Emilio Salgari (1862-1911), ein Karl May vergleichbarer Verfasser zahlloser Abenteuerbücher.

5 Im italienischen Notensystem ist 10 die Bestnote; die Noten 1 bis 5 entsprechen einem Ungenügend. In den 50er, 60er, 70er Jahren wurde kaum je eine höhere Note als 8 vergeben.

6 Joseph Zoderer: *S'Maul auf der Erd oder Drecknuidelen kliabn*. München: Relief 1974.

7 Joseph Zoderer: *A propos Heimat*. In: *Literatur in Südtirol*. Hrsg. v. Johann Holzner. Innsbruck: StudienVerlag 1997. (= Schriftenreihe Literatur des Instituts für Österreichkunde. 2.) S. 13-19.

8 Alexander Langer (1946-1995) ist eine in Südtirol fast legendäre Gründerfigur einer intellektuellen Linken, die sich für ein gutes Verhältnis zwischen deutschen und italienischen Südtirolern engagiert.

9 Laut Katalog der Landesbibliothek Friedrich Teßmann in Bozen 1972 und 1973 erschienen, Anfang 1974 eingestellt.

10 Fulvio Tomizza (1935-1999) war ein italienischer Schriftsteller aus Istrien, der seit den 50er Jahren in Triest lebte. Deutsche Übersetzungen seiner Bücher sind bei Hanser erschienen, dem Verlag Zoderers.

II. Aufsätze, Essays, Analysen

JOSEF ZODERER

Wozu schreiben?

> Von 16. bis 19. September 1969 fand in Bozen ein Li-
> terarisches Kolloquium mit Lesungen, Gesprächen, Dis-
> kussionen und Vorträgen statt. Das Einführungsreferat
> hielt Josef Zoderer über das Thema „Wozu schreiben?"
> Im folgenden drucken wir den Vortrag ungekürzt ab.[1]

Eine provokatorisch gemeinte Frage.

Zugegeben, ich habe, wie es scheint, eines der überflüssigsten Themen gewählt. Überflüssig, weil die Antwort oder die Antworten wohl klar auf der
Hand liegen.

Wozu schreiben? Natürlich, um etwas zu sagen, um etwas mitzuteilen,
um – wenn es sich nicht gerade um einen Strafzettel schreibenden Polizisten
handelt – Kunst zu machen, Kultur zu spiegeln, die Wirklichkeit für sich
und die anderen zu bewältigen, zu verändern, große Ideen zu kultivieren
– Ästhetik, Humanismus. Und gar nicht zu reden von jenen, die eine Sen-
dung haben, über die die Inspiration kommt, die Verantwortung tragen für
die Gesellschaft und die ein sensibleres Gewissen haben und eine kritische
Stimme für und anstelle jener, über die es nicht kommt – das Schreiben. Und
dann sind auch noch die zu nennen, die einfach schreiben, um zu schreiben,
weil das was ist.

---

1   Wir drucken diesen Text wort- und buchstabengetreu aus dem skolast 14 (1969),
    Nr. 4 (November), S. 3-7 ab, einschließlich der Falschschreibung von Zoderers
    Vornamen und anderer manifester Fehler; nicht markiert sind die zwei Bilder (von
    Walter W. Franz, ohne Bezug zu Zoderers Text) und die Werbeeinschaltungen.

Wozu schreiben? Darauf gibt es genug Antworten und gewiß noch bessere als die aufgezählten. Eine solche Frage muß besonders hier in Südtirol überflüssig wirken, wo das Problem doch nicht darin zu liegen scheint, **ob** Kunst, also auch Literatur, gemacht werden soll, sondern darin, d a ß endlich etwas geschehe, damit die „Stagnation des Schöpferischen", über die es soviel zu klagen gibt, aufhöre! Soviel ich der „Dolomiten"-Berichterstattung über die letzte Studientagung in Brixen entnehmen konnte, war dort ja auch nur davon die Rede, d a ß Kunst, und zwar in jeder Form, gefördert werden soll von den Behörden und den öffentlichen Institutionen und davon, daß die Gesellschaft in Südtirol der Kunst wieder „den ihr gebührenden Platz" einräume. Sinn, Zweck, bzw. die gesellschaftliche Relevanz von heutiger Kunst wurde, soviel ich erfahren habe, nicht in Frage gestellt.

Deshalb und demgegenüber und weil Südtirol nicht außerhalb der Welt, sondern im sogenannten Westen, in einem demokratischen Staat, also mitten in der totalen Freiheit des Wortes und des Konsums liegt, möchte ich einige Thesen vorbringen, die auf die Konsumgesellschaft hinformuliert worden sind.

Literatur hat nur eine Alibifunktion.

Die bisherigen Versuche, die Massen zu erreichen, sind gescheitert.

Literatur ist gesellschaftspolitisch vollkommen harmlos, sie hat keine gesellschaftliche Funktion mehr.

Literatur ist von vornherein nutz- und aussichtslos.

Literatur ist Ware

Ihr Dilemma ist es, daß sie ein Luxus ist, etwas für den Sonntag.

Der Dichter steht hoch im Kurs, aber er hat nichts zu melden.

Man könnte die moderne Literatur insgesamt abschaffen, ohne daß sich gesellschaftlich mehr änderte als durch ihre Existenz.

Die moderne Literatur dient der Bindung und Neutralisierung von politischen Potenzen, die sich sonst vielleicht aktualisieren ließen. Sie führt Scheinkämpfe auf und erringt Scheinsiege.

Die literarische Avantgarde ist senil.

Die Kunst der Einzelleistungen bringt die Verzweiflung der Mehrheit auf eine schöne Form, sie zeigt den Massen bestenfalls ihr Elend, um sie daran zu gewöhnen.

Die Kunst als Gegenstimme der gesellschaftlichen Wirklichkeit wird als solche aus dieser ausgegrenzt.

Kunst an sich gibt es nicht

Kunst bewegt sich im Raum der Unverbindlichkeit, in den Reservaten des interesselosen Wohlgefallens, der kulinarischen Zerstreuung und der privaten Selbstbefriedigung.

Die weltanschauliche Entmündung und die gesellschaftliche Folgenlosigkeit ist der Preis der totalen Toleranz.

Der Künstler darf die Welt beliebig interpretieren, aber nicht verändern.

Die Sprache ist konservativ, sie ist das geeignete Instrument für die, die wollen, daß alles so bleibt, wie es ist.

Schriftsteller können weniger Leute erreichen als der Lautsprecher am Bahnhof.

Literatur ist wie das Abendgedicht, sie beruhigt das Gewissen, das Bewußtsein verändert sie nicht.

Das sind keine Behauptungen oder Thesen, die ich aufgestellt habe, sondern es sind Sätze, wie sie in mehr oder minder ähnlicher Form in manchen literarischen Zeitschriften der Gegenwart zu finden sind. Ich habe sie aufgeschrieben, weil sie mich beunruhigt haben. Unter anderem kommen sie von Leuten, wie dem Lyriker Hans Magnus Enzensberger, dem bisherigen Direktor des Museums des 20. Jahrhunderts in Wien, Werner HOFMANN, weiters von dem profilierten Avantgarde-Autor Peter O. CHOTJEWITZ und dem ehemaligen Lektor für Literatur beim Suhrkamp-Verlag, Urs WIDMER.

Natürlich gibt es genug Dichter, die sich von so was nicht beunruhigen lassen, denen es vollkommen Wurst ist, ob sie die Massen erreichen oder nicht, die auf jede gesellschaftliche Wirkung pfeifen, die vollkommen zufrieden sind mit den gesellschaftlichen Privilegien, die sie genießen, denen es wirklich keine Träne kostet, wenn sie nichts zu melden haben, wenn sie nur sonst hoch im Kurs stehen, die ja sowieso auf die Masse spucken und dafür den Humanismus pflegen und Kunst in aller Freiheit an und für sich als schmerzhaftlustvolle Selbstbefriedigung betreiben.

Natürlich gibt es diese Dichter, und es sind sogar die besten, weil sie niemandem wehtun, weil sie vor allem jenen, die politische Wirklichkeit machen und bestimmen, nicht wehtun, weil sie eine gängige Schönheitsseife auf den Markt liefern, das sind jene Dichter, die es bestimmt mit den Worten unseres Landesassessors Dr. ZELGER halten, ohne diese Worte deshalb auf der XIII. Studientagung in der Cusanus-Akademie gehört haben zu müssen: „Um eines bitte ich Sie herzlich: Erschöpfen Sie Ihre Kräfte nicht damit, mit vielen Worten eigenes oder anderer Unvermögen zu beweinen und negative Bilanzen zu ziehen".

Nein, solche Autoren werden sich davor hüten, ihr Unvermögen zu beweinen und sie haben auch keine negativen Bilanzen und schon gar nicht Gedanken, die sie beunruhigen könnten. Sie werden weiterhin über den Regen schreiben und über den Wind und den Schlehdorn und den Schmerz, der in der Seele brennt. Und meinetwegen werden sie die Dichter ihres Volkes sein, indem sie zum hundertsten Mal Belangloses wieder sagen.

Ich aber meine, daß wir in und mit dem Zweifel leben müssen, wenn wir jetzt und schon gar, wenn wir für die Zukunft leben wollen. Denn ich meine auch, daß Kunst wenn schon dann etwas Fortschrittliches sein müßte. Und deshalb müßte man aufhören wehleidig zu sein und aus dem Tabernakel heraussteigen und sich fragen, wessen Opfer und wessen Handlanger und wessen Komplice und wessen Ware und wessen Verkäufer man ist und ob man überhaupt etwas ist, was der Rede wert ist. Und deshalb ist es wohl nicht allzu überflüssig, über seine Position und die Folgen oder die Folgenlosigkeit seiner Arbeit nachzudenken und zu diskutieren, um zu einem Bewußtsein zu kommen und zu wissen, was faul ist und zu wissen, was von gestern und nicht mehr zu gebrauchen ist. Und deshalb möchte ich behaupten, daß es noch immer besser ist, sein Unvermögen zu bereden als es zu ignorieren und sich dadurch zum Werkzeug irgendeiner Instanz machen zu lassen, die man gar nicht unterstützen will.

Daher, meine ich, sollte gerade in Südtirol niemand deshalb um den „Bestand seiner schöpferischen Energie" zittern, weil er sich kritischen

Gedanken überläßt, sondern ich möchte im Gegenteil behaupten, daß **die** Kunst, die wir uns wünschen müßten, eine der totalen Kritik wäre, damit wir endlich aus dem Museum heraus ans Tageslicht und bis zum Selbstverständnis vordringen könnten. Das wäre mir lieber, um mit Dr. ZELGERs Worten a n d e r s zu sprechen, als „einige Zeilen oder ein gutes Bild oder ein paar komponierte Takte". Wer an einem bißchen Zweifel „eingeht" um dessen schöpferische Potenz war es nicht schade. Die anderen, die überleben, können davon nur lebendiger worden sein. Wenn ich die Frage nach dem Wozu stelle, dann meine ich, wozu heute noch schreiben, und dann spricht daraus die Skepsis, die provokativ angemeldete Skepsis, ob es noch irgendeinen Sinn hat, ob Literatur heute noch einen sinnvollen Zweck erfüllt, das heißt eine feststellbare positive Wirkung in Richtung auf Bewußtseinsbildung und gesellschaftlicher Veränderung, und zwar heute in einer ganz bestimmten Gesellschaftsform, in der Gesellschaft der frustrierten Konsumenten, in der Gesellschaft der angeblich totalen Toleranz.

Bevor ich weiter frage, will ich gleich sagen, daß ich nichts anderes vor habe, als Zweifel anzumelden und diese auf ihre Berechtigung hin zu untersuchen, und ich hoffe, daß damit ausreichend Meinungen provoziert werden, um in der Diskussion, wenn auch vielleicht nicht zu Lösungen, so doch zu einer Einschätzung schreiberischer Möglichkeiten zu kommen, die annähernd den Realitäten entspricht.

Ich frage also: wer schreibt wo was für wen?

Leute, die keinen Hunger haben, schreiben im Zeitalter des vollautomatisierten Völkermordes, der atomaren Bedrohung, des Mondfluges und der Elektronengehirne für verschwindend geringe Minderheiten in Wohlstandsstaaten, die ihren Wohlstand und ihren Kulturbesitz auf Unterdrückung, Armut und Hunger in mehr zwei Dritteln der Erde zu gründen vermögen. Ich habe jetzt CHOTJEWITZ zitiert.

Was schreiben die Dichter u. a. so in Deutschland?

„Wie Tiere aus nächtlichen Welten / schwarzbäuchig und weiß gefleckt / sind Kühe unter den Zelten / der Wolken ins Grün gestreckt" (Wolfgang BÄCHLER)

„Den Puls der Nacht, der verströmen will! / Dann ein Mondsignal und der Wind steht still" (I. BACHMANN)

„Wie leicht aber erklärt sich alles / aus den Wirbeln des fallenden Eschenblattes" (Günter EICH)

„Sein Banner hißt er im Baum – ein Blatt, das ihm blaut, / wenn es herbstet; / die Halme der Schwermut verteilt er im Heer und die Blumen / der Zeit; / mit Vögeln im Haar geht er hin zu versenken die Schwerter." (Paul CELAN)

Segelschiffe und Gelächter, / Das wie Gold im Barte steht, / Sind vergangen wie ein schlechter Atem, der vom Munde weht" (Karl KROLOW)

Was diese Dichter, sagt CHOTJEWITZ, der die angeführten Auszüge in seinem Aufsatz „ist Lyrik wieder aktuell" zitiert, was diese Dichter sehen, hören, fühlen, riechen, sich denken, wenn sie morgens die Augen aufmachen, vors Haus treten, ihre Wege begehen, ist so introvertiert, mit der äußeren Welt so wenig in Einklang zu bringen, diese Dichter sind so unwahrscheinlich falsch programmiert wie die Gesellschaft und ihre Individuen, auf die sie mittels ihrer Gedichte einwirken. Eine außerordentliche Schönheit mit metaphorischen Realitätsversatzstücken ist ihr Ideal.

Aber es gibt ja noch die Engagierten, die gesellschaftlich Relevanten, die Bezug nahmen zu ihrer Wirklichkeit, die kritisch sind, die mahnen. Es gibt den Bert BRECHT, vor dem man nur hierzulande noch wie vor dem Gottseibeiuns zu zittern scheint, und es gibt, um weiter Klassiker zu nennen, den GRASS und den BÖLL und den JOHNSON und den Peter WEISS, der über und gegen den Vietnamkrieg schreibt und der damit diesen Krieg auf den ästhetischen Begriff gebracht hat, so daß er konsumabel geworden ist und leichter hinunterruscht. Denn, mein Gott, wer ist schon nicht gegen den Krieg und den Hunger und die Armut. Der frühere amerikanische Präsident JOHNSON hat eine großes Antikriegsgemälde erworben, um zu manifestieren, wie sehr er gegen den Krieg ist. Gleichzeitig ließ er täglich Tonnen über Tonnen Bomben auf Menschen herunterwerfen, damit diese krepieren, weil eben Krieg nicht zu vermeiden ist, solange es Menschen gibt, die anders denken als die Amerikaner zum Beispiel. Ich zweifle auch nicht daran, daß es wenige Millionäre geben mag, die die verhungernden Kinder Biafras, Indiens oder Südamerikas nicht bedauerten. Aber solange …

Genau in diese Richtung rennt der engagierte Schreiber die offenen Türen dieser westlichen Gesellschaft der Formaldemokratien und der Scheinfreiheit ein. Bestenfalls inventarisiert er Notstände, ohne in den meisten Fällen die Gründe dafür aufzudecken oder aufzudecken imstande zu sein, und auch wenn er das getan hat, hat er nur geredet und geschrieben. Und das darf er und das soll er sogar. Denn der Dichter oder der Schriftsteller hat in der Konsumgesellschaft seinen Winkel im Hyde-Park zugewiesen erhalten. Er hat als Blitzableiter zu fungieren. Er ist Ersatzpsychiater, Ersatzführer, Ersatzvater, Ersatzpriester, „Seine Epiphanie", formuliert es der Enzensberger-Mitarbeiter Karl Markus MICHEL, "erlebt er in der Dichterlesung, man geht in sich, ist bewegt, ergriffen oder verstockt, aber sobald sich der Schreiber zu Tagesfragen äußert, zeigt sich wie wenig ernst er genommen wird, wie windig die autoritäre Stimme dieses Gewissens ist."

„Der Schriftsteller setzt die Resultate seines eigenen Erfahrungs-, Empfindungs- und Denkbereiches exemplarisch. Er erfährt, empfindet und denkt theoretisch für Millionen Menschen, praktisch für einige hundert oder tausend von ihnen als Stellvertreter. Dagegen wäre nichts einzuwenden, wenn ihm diese Funktion objektiv zukäme. Aber seine Möglichkeiten, Wirklichkeit adäquat zu begreifen und zu formulieren, vermindern sich stündlich" (P. O. CHOTJEWITZ).

Der Schriftsteller kann zum hundertstenmal aufzeigen, was schon aufgezeigt worden ist, die wenigen Leser, vorwiegend sich elitär fühlende Intellektuelle, können sich daran abreagieren, können ihre Unzufriedenheit mit gesellschaftlichen Zuständen, soweit sie ins Bewußtsein dringen, statt aufstauen und möglicherweise zu aktiven Konsequenzen zu führen, beim Lesen abdampfen lassen. Das sind die Scheinkämpfe und Scheinsiege, die man als Schreiber und Leser engagierter Literatur hinter sich bringt.

Der Schreiber als Literaturmacher hat Narrenfreiheit, er kann alles sagen, wenn er es nur in künstlerischer Form verpackt, er kann Tabus verletzen, aber indem er das literarisch macht, hat sich seine Kritik durch die Kunstform schon wieder neutralisiert. Welcher westliche Politiker, welche Regierung würde sich heute noch nach einer dichterischen Aussage richten! Diese westliche Gesellschaft ist eine politische Wirklichkeit, aus der die Kunst ausgeschlossen ist, und zwar als Kunst sui generis, als Kunst, die eigengesetzlich zu sein vorgibt, als Kunst, der die Gesellschaft Autonomie zugebilligt hat – um den Preis der Musealisierung. Der Literaturmacher im Westen ist von der Veränderung der Wirklichkeit als Schreiber ausgezirkelt. Seine Revolution, seine Kritik bleiben im literarischen Medium stecken und ersticken dort in der Belanglosigkeit. Die schärfsten verbalen Attacken sind wirkungslos, sie dienen höchstens dem Gesellschaftssystem als Propaganda ihrer demokratischen Freiheit, denn solange Theorie nicht in Praxis umschlägt, braucht sich kein Regime darum sorgen, solange Theorie sich selbst zerredet, trägt sie sogar dazu bei daß alles so bleibt, wie es ist, denn sie kanalisiert, sie ventiliert Veränderungswillen und verhindert Aktivität.

Die politische Folgenlosigkeit von Literatur bzw. jeder Kunst ist der Preis der totalen Zugelassenheit, der totalen Freiheit, die Kunst im Westen genießt. Werner HOFMANN weist in seinem Essay „Für eine Kunst der politischen Konsequenz" darauf hin, daß das künstlerische Leben zum Beispiel in der Sowjetunion, in einem dogmatischen Staat also, noch von der Spannung zwischen offizieller Kunst und „innerer Emigration" geprägt wird. Die Zensur bewirkt dort – natürlich ungewollt – ihr Gegenteil, sie verleiht jedem verklausulierten, angedeuten Opponieren in der Literatur gesellschaftkritische Brisanz. Die Leser sind für kritische Literatur hellhörig geworden, Literatur kann dort denen, die Macht haben, mehr als Ärger bereiten.

Demgegenüber hat das Kunstwerk, also auch Literatur, im Westen ausschließlich Warencharakter und wird als Ware gewertet, geschluckt und unschädlich gemacht.

„Auch die extremsten ästhetischen Kontraventionen stoßen auf keinen ernsthaften Widerstand mehr. Zwar lehnt sie ein Teil des Publikums ab, auf industriellen Wegen über die Werbung gehen sie aber früher oder später fugenlos in die Konsumsphäre ein." Das ist Enzensbergers Ansicht.

Sogar der Protest wird zur Unterhaltung.

Pop art z. B. ursprünglich als Protest gegen diese Überflußgesellschaft, gegen diese Warenartikelwelt gedacht, wird längst als ästhetisches Bonbon geschluckt. Mit dem Schlagwort „revolutionär" werden in Annoncen Vertreter für „revolutionäre Rasierapparate" geworben. Auch die Versuche, sich als Ware unkonsumabel zu machen, indem man sich beispielsweise in einen totalen Formalismus, in Zufalls-Hermeneutik versteigerte, sind gescheitert. Der Verzicht auf die Kommunikation, auf die Mitteilbarkeit, wird nicht zur Provokation, die Bewußtsein verändert, sondern bleibt als Protest eine Privatangelegenheit, die als modischer Gag auf dem Literaturmarkt verkauft wird.

Die Avantgarde ist progressiv und avantgardistisch nur im formalen Sinn. Sie sorgt selbst dafür, daß sie für die Masse eine ungefährliche d. h. eine luxuriöse Angelegenheit bleibt – für eine Leserelite.

Dieses Gesellschaftsystem verdaut alles, was ästhetisierbar ist, alles, was nicht tatsächlich Macht beansprucht, Veränderung anstrebt, in dem es Macht macht und Veränderung in der Aktion schafft.
Diese Gesellschaft läßt sich nicht mehr poetisieren, nur mehr verändern (Karl Markus MICHEL).

Wozu also heute noch Literatur machen, wenn sie für die Veränderung, wenn sie für den Fortschritt nutzlos ist, wenn sie nur dem Prestige des Autors und vielleicht noch der Zerstreuung des Lesers dienlich ist, wenn sie schlimmstenfalls ein reaktionäres, spätbürgerliches, kapitalistisches System unterstützt, indem sie eine Scheinwelt offeriert, indem sie Zustände verschleiert, indem sie propagiert, daß die Freiheiten, von denen sie spricht, nur als Schein zu haben sind.
Wozu also heute noch schreiben?

Fürs erste möchte ich behaupten, daß es heute an keinem Ort der Welt, wo die Situation z. B. vom Pariser Mai des Vorjahres zutrifft, die Alternative zwischen Schreiben und Handeln gibt: für den, der damals dort an der Veränderung der gesellschaftlichen Wirklichkeit mitwirken wollte, gab es keine ernstliche Wahl zwischen einem Gedicht und einem Molotow-Cocktail.

Fürs zweite möchte ich daran erinnern, daß ich in Südtirol die Frage „wozu schreiben" stelle. Und obwohl natürlich Südtirols gesellschaftliche Struktur fraglos eine westliche ist mit allen daraus abzuleitenden soziopolitischen Folgerungen, so meine ich doch, daß der besondere Status der geistigen Abgeschnürtheit, den Südtirol praktisch seit 50 Jahren durchmacht, Modifikationen bedingt hat, die berücksichtigt werden müssen. Unter anderem glaube ich, daß der durchschnittliche Südtiroler kein echtes

Selbstverständnis hat. Keine eigenständige Literatur hat ihm geholfen, sein Bewußtsein zu erweitern, seine persönliche Identität zu entwickeln und soziale Phantasie zu entfalten. Sein Selbstverständnis ist literarisch schlimmstenfalls von Reimmichels verlogener Schablonenwelt, bestenfalls von einer für seine Existenzwirklichkeit unverbindlichen Literatur geprägt.

Die Problematik der ethnischen Blinddarmexistenz, die Problematik des Sprachgrenzlandes, die Problematik der Kulturenkollision sind kaum einmal von Literaten, die hier geboren wurden, aufgegriffen worden. Tumler ist nur aus einer bestimmten Sicht und mit Vorbehalt als eines der wenigen Beispiele anzuführen.

In dieser Richtung sehe ich also Möglichkeiten, möchte ich einen Nachholbedarf anmelden. In diesem Sinne ist auch der Satz von CHOTJEWITZ anzumerken, „daß uns im Vergleich zur Besingung schwarzweißgefleckten Rindviehs in ländlichem Licht noch das schlechteste Gedicht über einen sozial halbwegs relevanten Sachverhalt wie eine göttliche Komödie vorkommen muß".

Weiters sehe ich in Anbetracht dessen, daß bei uns noch halbfeudale, herrschaftliche Verhältnisse die gesellschaftliche Situation charakterisieren, indem einerseits der Klerus unverhältnismäßig viel Autorität im öffentlichen Leben hat, anderseits politische Persönlichkeiten sich eine Aura leisten können, aus der heraus sie sich patriarchalisch, um nicht das Wort diktatorisch zu gebrauchen, auszulassen pflegen, wie z. B. Assessor ZELGER, als im April des Vorjahres Vertreter der Zeitschrift „die brücke" an ihn wegen einer finanziellen Subventionierung ihres Blattes herantraten, sich die Sache leicht machte, indem er unter anderem äußerte: in der „brücke" sei bisher (nach sechs Nummern) kein einziger kultureller Artikel veröffentlicht worden, und weiters: „ich lese diese Zeitschrift nicht und werde sie nie lesen", oder wie sich der Präsident des Südtiroler Kulturinstitutes anmaßte, dem Präsidenten der Hochschülerschaft bei der Eröffnung der letzten Meraner Hochschulwochen das Wort nur unter der Bedingung zu erteilen, daß dieser nicht gegen die Zeitung „Die Dolomiten" polemisiere, also mit Rücksicht auf diese gewiß nicht vereinzelten Verhaltensweisen – denn ich zweifle nicht daran, daß solche Beispiele von jemandem, der das öffentliche Leben hierzulande ununterbrochen verfolgt, beliebig und wahrscheinlich mit noch treffenderen

Exempeln fortgesetzt werden können – sehe ich also eine reelle Möglichkeit der Herausforderung, auch der literarischen Provokation.

Nur in dieser besonderen gesellschaftlichen Situation erkenne ich einen sinnvollen Zweck darin, daß die sog. Fehlangepaßten sich immer wieder verbal – am besten aber trotzdem durch Aktionen – mit den Wohlangepaßten, mit den herrschenden Instanzen und Institutionen anlegen, um sie zu direkter Reaktion zu zwingen, sie dazu herauszufordern, Farbe zu bekennen, damit Tatsachen, die vorher verschleiert und nicht von jedermann erkennbar waren, bloßgelegt werden. Was ich woanders als sinnlosen ästhetischen Pseudoschock, als subjektive Störaktion, die als Außenseitertum leicht absorbiert und verdaut werden kann, ablehnen würde, möchte ich in unserer Situation noch als Möglichkeit zur Bewußtseinsbildung in Diskussion stellen.

Dabei gehe ich von der Annahme aus, daß die Berieselung der Bevölkerung hier durch deutschsprachiges Fernsehen und Rundfunk noch nicht diese Ausschließlichkeit erreicht hat, daß z. B. Literatur überhaupt keinen Einfluß mehr haben könnte. Ich will jedenfalls nicht von vornherein bestreiten, daß, gäbe es wirklich eine Literatur hier, die gesellschaftlichen Bezug nähme, die betroffenen Instanzen sich nicht herausgefordert fühlten. Allerdings melde ich auch noch in diesem Fall Bedenken dagegen an, daß damit also in literarischer Form Veränderung bewirkt werden könnte. Ich glaube nur, daß noch ein Echo herauszuholen wäre und daß man damit hier vielleicht noch aufklärende Reaktionen auslösen könnte.

Dies alles läuft auf die Frage nach der Effektivität hinaus. Und in diesem Zusammenhang ist nun die lapidare Frage aktuell: wer schreibt denn bei uns, d. h. da nicht Gemeindesekretäre gemeint sind, wer macht so etwas wie Literatur hierzulande, die auch gedruckt wird?

Das eine kann wohl behauptet werden: es schreibt eine bürgerliche oder eine überwiegend aus bäuerlichen Schichten, weniger aus dem Arbeitermilieu kommende kleinbürgerlich gewordene Elite und – sie wird selten gelesen, weil selten bzw. überhaupt nicht gedruckt.

Nehmen wir einmal einen Idealfall an, es gäbe 20, 30, 40 Autoren, die Druckreifes schreiben, dann ist doch die erste Frage, wie kommen diese an das Lesepublikum hierzulande heran? Durch eine Tageszeitung wie die

„Dolomiten" etwa, oder durch den „Skolasten" oder vielleicht durch den „Schlern"? Die Antwort, gaube ich, erübrigt sich.

Nehmen wir stattdessen an, daß Suhrkamp, Rowohlt oder Luchterhand, um Verlage zu nennen, deren Name allein schon für das Renomee der Autoren sorgt, daß also diese Verlagshäuser einige Südtiroler – wir reden noch immer vom Idealfall – drucken würden, das würde natürlich bedeuten, daß diese Schreiber auch in Deutschland, in der Schweiz und selbstverständlich in Österreich lesbar wären, würde es dann aber nicht auch bedeuten, daß sie in Südtirol nur für eine unscheinbare Elite lesbar wären, für die zu schreiben es wohl wirklich nicht lohnen würde – außer zum eigenen Prestige und um als kulturelles Aushängeschild der herrschenden gesellschaftlichen Kräfte zu dienen.

Denn es hat wohl wenig Sinn zu jenen, die die gesellschaftliche Situation bestimmen, von der Notwendigkeit einer Veränderung dieser von ihnen bestimmten Situation zu reden. Jene Bevölkerungsmehrheit aber, deren Selbstverständnis entwickelt, deren zurückgedrängte Bedürfnisse aus dem Unterbewußtsein hervorgeholt, deren unterdruckte Wünsche provoziert und formuliert werden sollten, denen auch der Weg zur Verwirklichung dieser Wünsche gezeigt werden sollte, wie können diese Menschen erreicht werden? Die herrschenden Produktions- bzw. Marktverhältnisse, denen Literatur unterworfen ist, stimmen mich, abgesehen von der prinzipiellen Skepsis, die ich der Kunst als aufklärendes Informationsmedium entgegenbringe, eher pessimistisch. Nichtsdestotrotz will ich Möglichkeiten zur Diskussion stellen. Fürs erste erscheint mir geradezu selbstverständlich, daß ein Publikationsorgan vorhanden sein müßte, also eine Zeitschrift, in der kritisches, progressives Schreiben ermöglicht und gefördert wird, mit entsprechendem Vertrieb und wirksamer Werbung, so daß sie für die Jungen ein Anreiz wäre, denn nur auf diese kommt es an, weil nur sie wirklich eine Chance haben, die Form ihres Daseins noch zu verändern.

Ein Zweites wäre eine schmalbändige Buchreihe. Ich bin mir des utopischen Moments dieses Vorschlags bewußt. Aber allein im Hinblick auf die Bevölkerungszahl wäre die Überlegung durchaus im Bereich einer Realisierung. Denn wenn man bedenkt, daß in Deutschland z. B. die bekannten Verlage bei Lyrikbänden oder experimenteller Prosa oft nicht höhere Verkaufsauflagen als zwischen 350 und 700 Stück erreichen, wenn man weiters bedenkt, wieviel Geld bei uns in die Herausgabe von Jahrbüchern und anderen wenig gelesenen Druckwerken investiert wird, dann wäre eine in Südtirol gedruckte Reihe, die für die Herausgabe gegenwärtiger Südtiroler Literatur bestimmt ist, zumindest eine Überlegung wert. Schon dadurch, daß ein solcher Band – und das gilt nun auch für eine entsprechende Zeitschrift – von jeder Schulbibliothek in Südtirol angekauft werden sollte, wäre damit eine gewisse Auflagenhöhe garantiert. Auf jedenfall könnte ich mir vorstellen, daß ein solches Projekt zur Belebung des Literaturschaffens beitragen würde. Eine andere Frage ist natürlich wieder, welche Produkte in eine solche Reihe aufgenommen würden und wer darüber bestimmt, ob es Produkte sein dürften, die gesellschaftliche Relevanz hätten.

Wenn aber von Effektivität die Rede ist, dann muß auch vermerkt werden, daß es für die literarische Form der Mitteilung bessere Medien gibt als das Buch. Dem Buch gehört gewiß nicht die Zukunft. Man wird sich immer bequemerer Kommunikationsapparaturen bedienen und jeder junge Autor sollte sich nicht scheuen, sämtliche technischen Möglichkeiten, von denen das Tonband und mnemotechnische Einsprechgeräte erste Andeutungen sind, auf die Verwendbarkeit für seine Absichten hin zu erproben.

Auf keinen Fall ist es aber heute noch eine Frage, wo die meisten Menschen kommunikativ zu erreichen sind – natürlich über den Fernsehschirm, in Südtirol wahrscheinlich auch noch über den Rundfunk. Von diesen Voraussetzungen muß ausgegangen werden, wenn man ein möglichst breites Publikum erreichen will. Deshalb würde ich jedem und besonders jenem der für die Bühne schreiben möchte, raten, die schreiberischen Fähigkeiten vor allem auf diese zwei Mitteilungsmedien hin zu erproben und zu entwickeln. Denn das Theater, wie es vorwiegend praktiziert wid, besonders in der Form der Guckkastenbühne, ist als gesellschaftsveränderndes Mittel wirkungslos geworden. Wer heute in den Städten noch ins Theater geht, stammt geistig aus dm 19. Jahrhundert und pflegt seinen Bildungsbürgergeschmack jenseits der politischen Wirklichkeit. Wenn überhaupt, dann müssen zur Aktualisierung des Theaters ganz neue Formen gefunden werden. Möglicherweise läßt sich in Südtirol noch mit Aktionstheater Wirkung erzielen. Für bundesdeutsche Verhältnisse hat sich allerdings das Straßentheater als literarisch irrelevant und als politisch unwirksam erwiesen. Vielleicht trifft das aber bei uns dort, wo sonst Volksstücke gespielt werden, für das Aktionstheater nicht zu.

Und schließlich und endlich, wenn Möglichkeiten aufgezeigt werden sollen, die eine schriftstellerische Tätigkeit hierzulande als sinnvoll erscheinen lassen, dann ist es nötig, die Grenzlage besonders zu berücksichtigen. Dieses Land könnte ein geistiger Umschlageplatz sein. Trivial zu Literaten gesprochen, hieße dies unter anderem, italienische Literatur der Gegenwart zu übersetzen und für italienische Autoren, die hier leben, gälte dasselbe umgekehrt. Überhaupt, aus dem Spannungsfeld zweier Kulturen Funken holen, nicht um damit Herzjesufeuer anzuzünden, sondern um die Stagnation der geistigen Wirklichkeit in Bewegung umzusetzen.

Abschließend möchte ich jene, die sich hier junge Autoren nennen, mit den Worten des früheren Suhrkamp-Lektors Urs Widmer dazu auffordern, „der Bildung und der Tradition zu mißtrauen, große Ohren und gierige Augen und ein offenes, unhierarchisches Verhältnis zur Umwelt zu haben."

Wer mir sagt, daß er keine Möglichkeit sehe, mit Literatur „Revolution" zu machen, aber es bereite ihm Spaß zu schreiben, dem kann ich nur antworten: Mir geht es nicht anders und ich neige nicht zum Märtyrerdasein und möchte daher auf einen Lustgewinn nicht verzichten.

Daraus muß sich aber eine entsprechende Einschätzung der Bedeutung ergeben, die einem als Literaturmacher zukommt bzw. nicht mehr zukommt. Prinzipiell ist jedenfalls zu bedenken, daß auch das vorgeblich Unpolitische politische Folgen hat. Wer sich in den Elfenbeinernen Turm zurückzieht, der läßt die anderen außerhalb des Turmes unbehelligt handeln. Wenn die anderen zum Beispiel morden, ist er ihr Komplice geworden.

Deshalb bin ich, wenn schon, gegen jede von vornherein als harmlos gedachte, belanglos sein wollende Literatur, weil ich gegen das Affirmative bin, gegen das Jasagen, das Vorhandenes nur bestätigt und solcherart die Immobilität hoffnungslos einzementiert.

Es sollte, in welcher Form auch immer es sich repräsentieren mag, stets dazu beigetragen werden, jene Fähigkeit zu entwickeln, die nicht mehr fraglos Gehorsam leistet, nicht mehr fraglos Autorität hinnimmt, kurzum die Fähigkeit, Unterdrückung auch in der raffiniertesten Form schon von weitem zu riechen und einfach nicht mehr ertragen zu können.

TOPOGRAPHIEN DES FREMDEN.
ZU JOSEPH ZODERERS ROMANEN *DIE WALSCHE, LONTANO, DAS SCHILDKRÖTENFEST* UND *DER SCHMERZ DER GEWÖHNUNG*

> [...] die Fremdheit ist eine Wunde, die nie völlig vernarbt. Jeder Heimatkult,
> der eine Welt des Eigenen suggeriert, gehört deshalb zur Kurpfuscherei, deren
> beträchtliche soziale und politische Folgen nicht zu übersehen sind.
>
> (Bernhard Waldenfels, *Topographie des Fremden*)

Spätestens seit der Auszeichnung mit dem Hermann-Lenz-Preis 2003 gilt Joseph Zoderer als „„Grenzspezialist'" und „„Fremdheitsexperte'"[1] unter den GegenwartsautorInnen. Zoderer habe, wie Peter Hamm in seiner Laudatio anmerkt, „die Erfahrung der Grenze und die damit verbundene Erfahrung der Fremde und des Fremdseins den Protagonisten seiner Romane wie eine Krankheit vererbt", und er stellt fest:

> Das Motiv der Fremde – der Entfremdung – ist ein Leit- und Leidmotiv in Joseph Zoderers Werk, aber immer wieder ist es auch ein Freuden- motiv, denn unter den vielfältigen Formen der Fremde gibt es auch die der anziehenden, der verlockenden, der wärmenden Fremde, jene Fremde, in der der sich selbst Entfremdete wieder zu sich selbst zu finden glaubt.[2]

Dieser Befund, der die existentielle, nicht die ethnische Komponente des Fremdheitsthemas in den Mittelpunkt rückt, was charakteristisch für die Re- zeption Zoderers außerhalb Südtirols ist[3], korrespondiert mit Selbstaussagen des Autors zu seinem Werk und zu seiner schriftstellerischen Identität. So hat Zoderer betont, Südtirol nur „als Kulisse, als Material" zu benutzen, um „das Fremdsein des Menschen, sein Gefühl der Einsamkeit, des Andersseins" und „der Heimatlosigkeit zu beschreiben".[4] Wiederholt hat er sich als „von der österreichischen Kultur geprägten Autor mit italienischem Pass"[5] bezeichnet und Fragen nach seiner kulturellen Identität mit dem Hinweis beantwortet, „mehrere Heimaten"[6] zu haben. Seine Herkunftsregion Südtirol sei von ihm als Wohnort gewählt worden, weil man hier „immer wieder in die andere Fremdheit hineinkugelt", „von einer Sprache in die andere wechseln"[7] müsse:

> Ständig in die Welt des anderen hinüberwechseln zu müssen, sich in die Bilder des anderen zu verlieren, sich selbst aufzugeben mit seinen eigenen Sprachbildern und Ghettos, und sich wieder zurückholen daraus – das war für mich der Ersatz für die ‚Stadt'. Es ist eine tägliche Übung. Und für mich als Schriftsteller ist es eine gute Situation an der Grenze zu leben.[8]

Zoderer bringt hier zweifelsohne seine Faszination an einem interkulturellen Raum zum Ausdruck, in dem kulturelle Identitäten sich verflüssigen und neu konstituieren und der Alltag von kultureller Grenzüberschreitung und Austausch zwischen den Ethnien, aber auch von gegenseitiger Abgrenzung geprägt ist. Dennoch geht es dem Autor, wie aus diesem Statement deutlich wird, nicht nur um die literarische Auseinandersetzung mit kulturellen Identitätsfragen. Diese überlappen sich vielmehr mit seinem Interesse an intrapsychischen Dynamiken der Identitätskonstitution, insbesondere an der Spannung zwischen dem Begehren nach Verschmelzung und Einssein mit dem Anderen und Differenzerfahrungen und dem damit einhergehenden Gefühl des Fremdseins – einem die Identität des Individuums konstituierenden und sich wechselseitig bedingenden und überlagernden Prozess, der die Ich-Identität lebenslang prägt und den Lacan im Konzept des Spiegelstadiums beschrieben hat.[9]

Die Bedeutung, die das Identitäts- und Fremdheitsthema für den Autor Zoderer hat, zeigt auch seine Hinwendung zum autobiographischen Erzählen, zu einem Genre, das zu den wichtigsten Formen literarischer Selbstvergewisserung gehört und als Medium der Erinnerung den Raum für die Reflexion kollektiver und individueller Identität öffnet. So deckt das Ich in der autobiographischen Erzählung *Wir gingen* über ein erinnernd-rekonstruierendes Erzählverfahren und aus einer Position der Distanz heraus eindrücklich die Auswirkungen der nationalistischen Identitätspolitik der faschistischen

Großmächte Deutschland und Italien auf die Familiengeschichte und auf die Identität des Individuums auf. Mangels eigener Erinnerung ergründet das Ich durch bohrende Fragen an den zehn Jahre älteren Bruder und im Gespräch mit ihm, der nach dem Tod der Eltern als Einziger noch Auskunft geben kann, die folgenreiche Entscheidung des Vaters, für Deutschland zu optieren, Meran zu verlassen und mit der Familie in eine ungewisse Fremde auszuwandern. Die Erzählung endet mit der Ankunft in Graz, wo man als unerwünschte Fremde zunächst in einem Auffanglager für Flüchtlinge und dann in einem „leeren Trakt des Priesterseminars"[10] untergebracht wird.

Zoderers autobiographischer Prosatext wird nicht nur zum Dialograum, in dem das Familiengedächtnis als Schnittstelle zwischen kollektiver und individueller Geschichte freigelegt und wachgehalten wird, sondern auch zum Erkundungsraum für das Ich und seine Identität. Die Ortswechsel in der Kindheit und Jugend und der Verlust vertrauter räumlich-sozialer Bindungen haben das Ich, wie es rückblickend erkennt, in eine paradoxe Fremdheit verwiesen:

> Immer hatte ich Freunde [in Graz], nur in meiner Geburtsheimat fehlte ich, als heranwachsendes Kind, und so habe ich heute eine Heimat ohne Kindheitsfreunde, aber eine Heimat ohne Kindheitsfreunde ist eine halbe Fremdheit. Die längste Zeit meines Lebens habe ich das nicht bedacht, wußte ich nicht, wie wichtig Kindheitsfreunde sein können. Ich gewann Freunde in der Fremde, und deshalb träume ich noch heute von diesem Niemandsland, von dort, wohin ich glaubte zu gehören, wo meine Freunde herstammten, und lange merkte ich nicht, daß ich nicht dorthin gehörte, wohin meine Spielkameraden selbstverständlich hingehörten, und da wir nach dem Krieg wieder zurückzogen in die frühere Heimat, die für mich etwas Unbekanntes war, verlor ich auch meine Kindheitsfreunde aus der Fremde.[11]

Topographie und Identitätskonstitution werden von Zoderer auch im Essay *Der Himmel über Meran* aufs engste miteinander verflochten. So reflektiert das autobiographische Ich ausgehend von der Abreise von Meran und den ersten vier in Meran verlebten Kindheitsjahren und den damit verbundenen Erinnerungen und Eindrücken und über das leitmotivische und sich symbolisch verdichtende Bild des Himmels territoriale Bindungen und Bezüge. Natur- und Landschaftsräume haben sein Heimat- und Fremdheitsgefühl modelliert – so wenn das Ich bekennt, „der Himmel über Graz", dieser „fremdneuen Stadt", in die die Familie im Zuge der Option verschickt worden ist, sei ihm „trotzdem schnell viel näher" gekommen „als der Trauben- und Apfelhimmel in Meran".[12] Die Sehnsucht und der Wunsch nach Eindeutigkeit, nach dem „einzigen klaren blauen Himmel", nach Heimat, die das Ich angesichts seiner widersprüchlichen Erfahrungen und Gefühle erfassen, konterkariert allerdings nicht weniger aporetisch sein Wissen, „wie unerträglich langweilig" dieser „auf Dauer wäre."[13] Distanz und ein „Fremdheitsgefühl", das das bislang Vertraute ins „Unvertraute" verwandelt und immer wieder „ein Tasten durch Bewußtseinfragen: was will ich – was ist das? Und wer bin ich wo?"[14] zur Folge hat, sowie eine Haltung, die die Annahme des „Widersprüchliche[n]"[15] zum Lebens- und Wahrnehmungsprinzip erhebt, werden dem Ich zur Voraussetzung, „um es ‚daheim' auszuhalten"[16], und zu Konstituenten seiner Ich-Identität. Untrennbar damit verbunden ist die Einnahme der Perspektive des fremden Blicks, die harmonisierenden Vereindeutigungen in jeder Richtung Widerstand leistet und nicht zuletzt auch poetologisch konnotiert ist.

Zwischen dem Wunsch nach „Abgrenzung von Fremdsein"[17], nach Überschreitung und Aufhebung von Differenz, nach „*Heimwelt*" einerseits und „*Fremdwelt*"[18] andererseits, oszilliert nicht nur das Ich in Zoderers autobiographischen Texten, sondern changieren auch seine Romanfiguren. Doch wie lassen sich Fremdheit und das Fremde in den Blick bringen und in Sprache fassen? Bernhard Waldenfels hat aus phänomenologischer Perspektive Husserls Bestimmung des Fremden als „‚Zugänglichkeit des original Unzugänglichen'" (TdF 25) aufgegriffen und wie folgt präzisiert:

> Der Ort des Fremden in der Erfahrung ist streng genommen ein Nicht-Ort. Das Fremde ist nicht einfach anderswo, es *ist* das Anderswo […]. Das Fremde stellt kein *Defizit* dar wie all das, was wir zwar *noch nicht* kennen, was aber auf seine Erkenntnis wartet und an sich erkennbar ist. Vielmehr haben wir es mit einer Art leibhaftiger Abwesenheit zu tun. Das Fremde gleicht dem Vergangenen, das nirgends anders zu finden ist als in seinen Nachwirkungen oder in der Erinnerung. (TdF 26)

Zoderers wiederholte und immer wieder variierte Beschäftigung mit dem Fremdheitsthema kann vor diesem Hintergrund als Versuch interpretiert werden, sich diesem Nicht-Ort in der Erfahrung zu nähern und ihm in der literarischen Fiktion eine Sprache zu geben. Dies legt die Frage nach einer literarästhetischen Spezifik des Fremden bzw. nach Strategien der Fremdheitsdarstellung in seinen Werken nahe.

Im Folgenden soll die von Waldenfels in seiner Studie *Topographie des Fremden* vorgenommene Bestimmung des Fremden die Folie für die Analyse der Fremdheitsdarstellung in Zoderers Romanen *Die Walsche* (1982), *Lontano* (1984), *Das Schildkrötenfest* (1995) und *Der Schmerz der Gewöhnung* (2002) abgeben. Wenn diesem Modell, dessen Eckpunkte kurz vorgestellt werden, vor anderen Modellen der Fremdheitsforschung der Vorzug gegeben wird, dann deshalb, weil Waldenfels vom Erfahrungsbegriff und einer Erfahrungskonzeption ausgeht, die existentiell grundiert ist und eine Brücke zur existentiellen Dimension des Fremdheitsthemas anbietet, wie sie einem bei Zoderer begegnet. Diese existentielle Grundierung kommt sehr deutlich zum Ausdruck, wenn Waldenfels vom „Spalt der Fremdheit im Innersten der eigenen Welt" jedes Individuums spricht und „Fremdheit" als „eine Wunde" bezeichnet, die „nie völlig vernarbt", ja die zum „Geschick des Menschen" zu gehören scheine, und daraus hypothetisch schlussfolgert: „Heimischwerden und Fremdwerden wären auf unzertrennliche Weise ineinander gewirkt wie die Vorderseite und Rückseite eines Gewebes." (TdF 41f.)

Ausgehend von der die Fremdheitsforschung bestimmenden Annahme, „dass das Fremde primär von *Orten* des Fremden her zu denken ist, als ein Anderswo und als ein Außer-ordentliches, das keinen angestammten Platz hat und sich der Einordnung entzieht" (TdF 12), versucht Waldenfels das Fremde topographisch zu denken und zu bestimmen. Den Vorteil einer topographischen Verfahrensweise sieht er darin, dass sie „eine Weise der Beschreibung" ermögliche, „die Wege, Grenzlinien, Verbindungen und Kreuzungsstellen aufzeichnet, also gegenüber jeder systematischen Verknüpfung der Erkundung offener und begrenzter Zusammenhänge den Vorrang gibt." (TdF 12) Sein Fremdheits-Konzept basiert in Anlehnung an den *spatial* oder *topographical turn* darauf, Fremdheit über ein räumliches Ordnungsmuster begrifflich zu erfassen. Wenngleich sein Topographie-Begriff mithin anders besetzt ist als jener der Literaturwissenschaft, so erweist sich sein Modell dennoch für die Analyse von literarischen Fremdheitskonstruktionen als produktiv. Seine phänomenologische Kartographie des Fremden schärft den Blick für narrative Konstruktionen des Fremden, insbesondere auch für Raumkonzepte der Literatur, sind doch literarische Räume nicht nur Orte der Handlung, sondern stets auch „kulturelle Bedeutungsträger", in denen u.a. „kulturell vorherrschende Normen [...] von Eigenem und Fremdem sowie Verortungen des Individuums zwischen Vertrautem und Fremdem [...] eine konkret anschauliche Manifestation"[19] erfahren.

Waldenfels lokalisiert das Fremde zunächst „im eigenen Haus als *Fremdheit meiner selbst* oder als *Fremdheit unserer selbst*". Diese „intrasubjektive Fremdheit" steht „im Gegensatz zur intersubjektiven Fremdheit". Eine Entsprechung findet diese Gegenüberstellung in der Unterscheidung einer „intrakulturelle[n] Fremdheit im Gegensatz zur interkulturellen Fremdheit" (TdF 27). Er weist in diesem Zusammenhang Fremdheit als „*Doppelereignis*" aus, an dem das Selbst ebenso beteiligt ist wie Andere. Dies besagt, „dass ich selbst nicht bei mir selbst, sondern mit dem Anspruch des Anderen beginne" (TdF 30) und dem Ich stets Fremdes eingeschrieben ist, an seiner „‚Natalität'" immer auch Andere beteiligt sind. Ein Resultat der Herausbildung von (funktionalen) Ordnungen, die hierarchisch strukturierte „Zonen der Fremdheit" schaffen, ist die Aufspaltung der „Lebenswelt" in „*Heimwelt*" und „*Fremdwelt*", denen auf sozialer Ebene die Trennung in „*Eigengruppe*" und „*Fremdgruppe*" (TdF 33) entspricht. Waldenfels unterscheidet in diesem Zusammenhang verschiedene Fremdheitsstile und Steigerungsformen der Fremdheit: so die „*alltägliche* und *normale* Fremdheit, die innerhalb der jeweiligen Ordnung verbleibt", wie etwa „die Fremdheit von Nachbarn oder Straßenpassanten, mit denen wir uns auf alltägliche Weise verständigen können" (TdF 35), sodann die „strukturelle[n] Fremdheit, die all das betrifft, was außerhalb einer bestimmten Ordnung anzutreffen ist" (TdF 36), und schließlich die „radikale Fremdheit" (TdF 37):

> Diese betrifft all das, was außerhalb jeder Ordnung bleibt und uns mit Ereignissen konfrontiert, die nicht nur eine bestimmte Interpretation, sondern die bloße „Interpretationsmöglichkeit" in Frage stellen [...].

Hierher gehören Grenzphänomene wie Eros, Rausch, Schlaf oder Tod […]. Hierher gehören ferner Umbruchphänomene wie Revolution, Sezession oder Konversion, wo Lebensformen aufeinanderprallen oder sich abspalten, ohne daß eine übergreifende Ordnung den Übergang regelt […]. (TdF 36ff.)

In Anknüpfung an Georg Simmel und Alfred Schütz und die von ihnen konzipierten Figuren des Fremden, wie der Figur des „„potenziell Wandernden'" resp. des „„Gruppenfremden", „„der heute kommt und morgen bleibt'", oder der „Figur des *Auswanderers* oder des *Vertriebenen* einerseits, des *Heimkehrers* andererseits" (TdF 39f.), lenkt er die Aufmerksamkeit auch auf sogenannte „Vektoren des Fremdwerdens" (TdF 37):

Die Bewegung des Fremdwerdens kann nicht nur wechselnde Steigerungsgrade durchlaufen, sie kann auch verschiedene Richtungen einschlagen. […] Fremdwerden kann darin bestehen, daß ich, getragen durch eine Wir-Gruppe, die Anderen als Fremde erfahre, oder darin, daß ich *mich selbst* Anderen gegenüber als Fremder fühle. […] Während der Auswanderer oder Vertriebene in eine fremde Heimwelt gerät, in der er sich *noch nicht* auskennt, gerät der Heimkehrer in seine eigene, inzwischen fremd gewordene Heimwelt, in der er sich *nicht mehr* auskennt. (TdF 37ff.)

Weil „das Fremde dem Eigenen Konkurrenz macht, es zu überwältigen droht", wird es als bedrohlich empfunden und zum „Feind". Zugleich stellt es aber auch eine Verlockung dar, ruft es doch jene „Möglichkeiten" wach, „die durch die Ordnungen des eigenen Lebens mehr oder weniger ausgeschlossen sind." (TdF 44f.) Feindliche Abwehr und Aneignung des Fremden sind „Antworten auf den Anspruch des Fremden." (TdF 50f.) Beide enthalten jedoch den Aspekt seiner Auslöschung und Tilgung. Im Begriff der „Zwischenwelt", dem die Vorstellung des dialektischen Austausches zwischen Eigenem und Fremden inhärent ist, setzt Waldenfels ihnen ein, wenn auch noch wenig konturiertes Konzept entgegen, das das Fremde bestehen lassen kann und es nicht zum Verschwinden bringt: „Gilt uns jedes Andere als das Andere unserer selbst und jedes Fremde als das ‚Andere des Eigenen', so komme ich im Anderen zu mir, und so kommen wir im Fremden zu uns selbst." (TdF 80 u. 82)

In *Die Walsche* entwirft Zoderer über die polarisierende Gegenüberstellung von ethnisch-kulturellen Ordnungen und ihnen dichotomisch zugeordneten Räumen, weiters über eine Figurenkonstellation, die vor allem auf Kontrastrelationen angelegt ist, und über ein dichtes Netz figuraler ‚intra- und intersubjektiver' Fremdheitserfahrungen sowie über ‚Vektoren des Fremdwerdens', welche durch die Bewegung(en) der Figur(en) im Raum angegeben werden, eine komplexe ‚Topographie des Fremden' im Sinne von Waldenfels. Krankheit und Tod als Manifestationen ‚radikaler Fremdheit' bilden, wie in *Lontano* und in *Der Schmerz der Gewöhnung*, den Ausgangspunkt der Fremdheitserkundungen und -erfahrungen der Protagonistin:

> Sie hatte Silvano zuletzt anschreien müssen: Bleib daheim, bis er endlich verstand und daheim blieb im italienischen Stadtteil, der von den Deutschen Schanghai genannt wurde.
>
> Ich bin ein feiges Luder, sagte sie litaneienhaft vor sich hin […]. Sie hätte Silvano das Mitkommen nicht verwehren dürfen zum Begräbnis ihres Vaters […].
>
> Sie hatte ihn [Silvano] nicht wie irgend jemanden, schon gar nicht wie einen geliebten Menschen behandelt, sondern wie einen Walschen, der in dieser Welt hier, in der deutschen, nichts zu suchen hatte, der besser draußen blieb, sie hatte ihn hinausgedrängt, wenn auch eigentlich nur abgedrängt, nicht hereingelassen, um nicht noch mehr Scherereien zu haben, gewiß, um ihm Belästigung zu ersparen. [20]

In dieser Schilderung verbaler Gewalt, die sich sowohl nach außen als auch nach innen richtet und den Roman einleitet, sind die das Geschehen strukturierenden Konfliktfelder des Fremden vorausdeutend bereits abgesteckt. Olga, die Auswandererin und Heimkehrerin, aus deren Perspektive erzählt wird, kommt in ihr Heimatdorf zurück, um die Vorbereitungen für das Begräbnis ihres Vaters zu treffen. Als knapp Sechzehnjährige ist sie mit der Mutter nach Bozen in die Stadt gezogen, wo sie nun – „mitten in den Dreißig" (W 7) – mit dem aus Süditalien stammenden Italiener Silvano, der eine kleine Bar im Italienerviertel betreibt, ohne Trauschein zusammenlebt. Der Tod des Vaters und die Rückkehr in die geschlossene Ordnung des Dorfes mit ihren Regeln lösen in ihr, die mit dieser Ordnung gebrochen hat und deshalb zur geächteten und angefeindeten, ja zur radikal Fremden geworden ist, einen Erinnerungsprozess aus, der ihr ihr Fremdsein vor Augen führt und sie in ein Niemandsland verweist:

> Wie oft hatte sie sich, wenn auch meist nur für Augenblicke, bei Silvano allein oder, noch öfter, mit ihm inmitten seiner lärmenden Freunde plötzlich fremd und ohne Halt, auf jeden Fall heimatlos gefühlt […]. Fremd, tatsächlich fremd hatte sie sich manchmal mit ihm im Italienerviertel gefühlt, aber auch hier in dem Haus, wo sie aufgewachsen war, hier an diesem ihrem Geburtsort, wo ihr alles vertraut hätte sein müssen, fiel ihr alles in beklemmender Fremdheit auf den Kopf und auf die Brust und sank durch Augen und Ohren hinein und drückte hinunter auf das Herz. (W 15)

Das Zusammentreffen mit den Trinkkumpanen des Vaters im Schulhaus, wo der Vater als Lehrer gewohnt hat und aufgebahrt ist, und die Wiederbegegnungen mit ihren Kindheits- und Jugendfreundinnen und deren Erzählungen konfrontieren Olga auf ihren Gängen durch den Heimatort immer wieder mit der Vergangenheit und ihrem Lebensentwurf. Sie vergegenwärtigen ihr ihr Selbst und lassen sie die Familiengeschichte, insbesondere die Lebensgeschichte des Vaters und die Beziehung zu ihm reflektieren, sowie die Pole von ‚Heimwelt' (Dorf) und ‚Fremdwelt' (Stadt) ausloten. Die Überblendungen von Vergangenheit und Gegenwart führen Olga in verschiedene Zonen der Fremdheit, aus denen es kein Entkommen zu geben scheint. So grenzt sich Olgas ‚Heimwelt' durch eine ethnozentristische Haltung und ein „*Mir sein mir*"-Bewusstsein (W 23) nach außen vom kulturell Anderen scharf ab.

Die hermetische Abgeschlossenheit des dörflichen Kollektivs weist allerdings Sprünge auf, denn diese Ordnung ist nach innen von sozialer Segregation geprägt. Auch an eine kollektive territoriale Identität appellierende Schlagwörter wie „*Die Heimat ist in Gefahr*" (W 23) können die soziale

Entfremdung kaum zudecken. Die Dorfbewohner haben sich zu geschickten Identitätsmanagern gewandelt, für die – aus der Sicht des Vaters – die „Heimat [...] nur noch zum Geldschaufeln herhalten mußte". Sie ist aufgeteilt „in ausgezirkelte Kuchenstückchen zum Kosten und Verzehren: in Skiautobahnen, Loipen, Klein- und Großhotels mit Heustadelgiebeln." (W 23) Olga erfährt die Ordnung des Dorfes als ‚strukturelle Fremdheit', als eine Welt, in der das Recht des physisch und ökonomisch Stärkeren herrscht, das Andere, wie ihr behinderter Bruder Florian, verachtet und ausgegrenzt wird. Der soziale Standort der Einwohner hängt vom Besitz und vom Geschlecht ab, Ausbeutung, Gewalttätigkeit, Alkoholismus und patriarchale Machtverhältnisse, Schreien und Schweigen bestimmen die Beziehungen und die Kommunikation zwischen den Menschen. Sinnbild des Lebensvernichtenden dieser Ordnung, die ihre Mitglieder in die ‚intra- und intersubjektive Fremdheit' treibt, ist der allgegenwärtige Tod:

> Das Leben sei heute sowieso nichts mehr wert, sagte die Agnes, als sie die Münzen vom Kassentisch auflas, wohin Olga sie gelegt hatte [...]. Die Alten hätten ja eh nichts mehr davon, denn der Tod lasse niemanden aus, und den Jungen sei es wohl gleich. An jedem Freitagabend oder in der Nacht auf den Sonntag fahre allemal wieder einer mit seinem Auto, für das meistens noch nicht einmal der halbe Kredit abgezahlt sei, über eine Kurve hinaus. Die Jüngste vom Eggerhof sei sogar ohne irgendeinen Unfall, ohne irgendeine Krankheit, auch ohne Verletzung am Morgen tot im Bett gelegen. [...]
>
> Den alten Wieser, sagte die Agnes, haben die Buben, seine eigenen, im Wald gefunden, verhungert, er hat schon seit Monaten, sagt man, nichts mehr essen wollen. (W 33f.)

Der fremde Blick enthüllt Olga aber auch die „unüberbrückbare Entfernung" (W 27) der Welt ihrer Kindheit und Jugend, die allerdings immer schon mit Fremdheitserfahrungen verbunden war. Er verdeutlicht ihr auch, dass der Vater, der nach dem Zweiten Weltkrieg voller Hoffnung auf einen Neubeginn als Lehrer in die kleine Berggemeinde gekommen ist, hier immer ein Fremder bleiben musste. Ihm, dem „Findelkind" und dem „Mensch[en] ohne Familie" (W 22), ist die Fremdheit von Geburt an als Teil seines Ich eingeschrieben. Diesem „auf die Fremde, auf das Fremdsein eingerichtete[n] Mensch[en]" (W 26) ist es zeitlebens nicht gelungen, den Riss in seinem Selbst aufzuheben. Die Dissoziation und Fragmentierung seines Ich manifestiert sich für Olga zum einen in seinem Begehren nach dem Anderen jenseits der gewohnten Ordnung, für das Weltoffenheit und „Toleranz", auch gegen jene aus dem „Süden" (W 21), und die Literatur stehen, und zum anderen in seiner nie überwundenen Angst, diese „Erdäpfel- und Krautkopfwelt" (W 18) zu verlassen, wie überhaupt die Gefühlswelt des Vaters von ihr als ambivalent erfahren wird. So hat sie „bei allem Liebeswillen" doch „an ihm eine Herzlosigkeit und bei allem Vernunftgerede eine Kopflosigkeit gespürt." (W 32) Der Vater, der wohl „Hinaus in die Welt! [...] wieder und wieder ausgerufen hat" (W 18), hat sich „mit den Jahren immer entschiedener gegen das Fremdsein gewehrt" (W 26) und sich in den Phrasen der „Heimatverteidiger" (W 23) eingerichtet. Der Weg vom Schulhaus zum „Lilien"-Wirt markiert und steckt zuletzt seine Welt ab – für Olga rückblickend ebenso Zeichen seines Selbstverlusts, wie seine „geradezu besessene Furcht" vor „jeder körperlichen Nähe" (W 62) und sein Alkoholismus.

Auch Olgas Mutter und Olga werden als Figuren vorgestellt, die sich nach dem fremden Anderen gesehnt haben. So hat sich Olga bereits als Kind gewünscht, „daß andere, ganz andere Menschen mit ihnen lebten, daß der Vater mit ihnen wie mit ihr sprechen" möge, „sie nicht mehr allein wäre zwischen Vater und Mutter". (W 63) Sie hat „aufgejauchzt", als es darum ging, die ländliche ‚Heimwelt' gegen die städtische ‚Fremdwelt' einzutauschen. Die Stadt empfindet sie als „unberechenbar [...], unüberschaubar und erschreckend, und doch schön." (W 36) Für die Mutter bedeutet die Übersiedlung in die Stadt das Entkommen aus der patriarchalen Ordnung des Dorfes und aus der identitätsvernichtenden Geringschätzung ihres Mannes, der „alles zu seiner eigenen Welt gemacht und natürlich auch ihre durch seine ersetzt" (W 80) hat und sie dennoch zur Fremden, zum verhassten Anderen erklärte und beschuldigte, für sein Scheitern verantwortlich zu sein.

Doch diese ‚intra- und intersubjektiven' Fremdheitserfahrungen hebt auch die Übersiedlung in die als Gegenraum konzipierte städtische ‚Fremdwelt' nicht auf. Die Mutter empfindet den Grenzübertritt schon bald als sinnlos, da sie sich, wie sie meint, wohl weg, aber nicht zu jemandem hinbewegt habe. Ihr Aufbruch in die Fremde scheitert: „In der Fabrik hatte sich die Mutter langsam, das heißt eigentlich schnell zu ihrem Ende hingearbeitet [...]." (W 36) Für Olga dagegen verwandelt sich die Stadt schon bald wieder zum vertrauten Ort. Die herbeigesehnte Erfahrung der exotischen Fremde schwindet. Dies lässt ihr das Schulhaus im Heimatort und „die Dinge daheim", die allmählich „den Geruch verloren, den sie hatten, als sie noch dazugehörte" (W 31), schon fast wieder zur angenehmen Fremde werden, wie sie bei ihren Kurzbesuchen beim Vater bemerkt. Als sie einmal in Bozen nach dem Siegesdenkmal gefragt wird, erkennt sie schockartig, dass die Stadt in ethnisch-kulturelle Zonen eingeteilt ist, und sie eine Fremde ist und als Fremde wahrgenommen wird. Die Beziehung mit Silvano, dem Emigranten aus dem Süden, der zwischen Bozen und Mailand, wo er studiert, hin und her pendelt und sich in der 68er Bewegung engagiert, verspricht einen Neuanfang und die Aufhebung ihrer ethnisch-sozialen Segregationserfahrung. Die politischen Versammlungen, zu denen sie Silvano mitnimmt, eröffnen ihr „Teile eines vergrabenen eigenen Daseins" und machen sie „neugierig auf ein ganz anderes Leben, nicht nur auf Silvano" (W 72). Erstmals nähert sich Olga in dieser Zeit auch einer Sprache an, die das auszudrücken vermag, was sie „über die Art ihres Lebens, ihre Lebensbedingungen dachte, ihren italienischen Paß, wo sie doch kaum italienisch sprach und deutsch nur oder fast nur im Dialekt." (W 72)

Es ist aber gerade die eingespielte Ordnung bei Silvano und seinen Freunden, die Olga bald wieder zur Fremden macht. Die Genossen Silvanos haben sich vor allem nach dem Abebben der politischen Proteste recht bieder „hinter den neuen Doppelglasfenstern der umgebauten Bauernstuben" (W 72) eingerichtet und kopieren bei ihren regelmäßigen und immer gleich ablaufenden sonntäglichen Ausflügen in die nähere Umgebung das Verhalten der deutschen Ethnie. Nicht zuletzt ist Olgas Fremdheitserfahrung auch ‚intrasubjektiv' motiviert, denn trotz aller Versuche „sich [...] nahezukommen" blieb „ihre Angst [...] in zu großer Nähe vor dem anderen zu erschrecken." (W 46) Es war, als ob „Silvano und sie, nie ganz zusammenkommen, nie durch ein letzte Trennwand hindurch [...] zueinanderstoßen könnten." (W 15) Verstärkt wird das Gefühl, durch eine Grenze vom Anderen abgeschnitten zu sein und von Silvano und seinen Freundinnen und Freunden als Fremde wahrgenommen zu werden, durch die damit einhergehende Empfindung, sich an das Bild der Fremden auch in der Sprache anzupassen und einen Sprachzerfall zu erleben:

> Sie verkürzte ihre Gedankengänge. Sie gewöhnte sich an, alles einfacher zu sagen, sozusagen verkürzt zu reden, notgedrungen auch direkter und gewissermaßen vergröbert [...]. Sie entschuldigte sich, nicht das gesagt zu haben, was sie eigentlich hatte sagen wollen, aber noch öfter flüchtete sie sich in die immer wiederkehrende Rechtfertigung, sie könnte das oder jenes schon genau erklären, wenn sie nicht die Worte so zusammensuchen müßte, wenn sie so viele Worte wie in der eigenen Sprache zur Verfügung hätte. (W 86f.)

Wenngleich Silvano nur durch den Fokus von Olga ins Blickfeld tritt und als Figur wenig konturiert ist, so wird doch deutlich, dass er in der mehrheitlich deutschsprachigen Umgebung ein Fremder ist, eine ethnisch-kulturell konnotierte Fremdheit, die er durch den Appell an die internationale Klassensolidarität zu überwinden sucht. Doch auch er ist mehr und mehr einem Selbstentfremdungsprozess unterworfen. Dieser korrespondiert mit einer sukzessive Platz greifenden räumlichen Beschränkung. Silvano – der Intellektuelle und eloquente und kämpferische Anhänger der Linken – gibt sein Studium auf und wird nach der Entpolitisierung Mitte der 70er Jahre und dem „riflusso", dem Rückzug ins Private, Barbesitzer. Er verlässt sein Lokal in der hauptsächlich von Italienern bewohnten Industriezone kaum noch und flüchtet sich in der Kommunikation mit den Gästen immer häufiger entweder in die Wortlosigkeit und das Schweigen oder in die Witzelei.

Wenn Olga in der Schlussszene, in der „Fremdenhaß, Gewalt, Alkohol, Tod und Berührung"[21] in Akten körperlicher Aggression kulminieren, den „Rücken ihrer Hand" (W 121) küsst, mit dem sie sich gegen einen Übergriff auf ihren Bruder zu Wehr gesetzt hat, und das Dorf verlässt, wie sie Silvano unmittelbar vorher mitgeteilt hat, dann wird damit ein Ausbruch aus den ‚Zonen der Fremdheit' und eine „Selbstfindung"[22] der Figur angedeutet.

Die Verwandlung des Vertrauten ins Unvertraute und damit verbundene Entfremdungserfahrungen des Individuums stehen auch in *Lontano* thematisch im Mittelpunkt. In diesem Ehe- und Reiseroman ist die Darstellung von Fremdheit ausschließlicher noch als in *Die Walsche* auf die Nachzeichnung eines Prozesses der Identitätsverstörung und der schmerzhaften Erfahrung ‚intrasubjektiver Fremdheit' sowie ihrer Bewältigung fokussiert, und zwar diesmal aus männlicher Perspektive. „Er stahl nicht und tötete nicht, und doch lebte er in der Bereitschaft, in möglichst viele andere Leben einzudringen, und zwar mit zielgerichteter Gleichgültigkeit. Das Verlieren hatte er sich immer nur als ein Gewinnen gedacht, ganz anders als jetzt"[23], so charakterisiert der weitgehend hinter die Figur zurücktretende Erzähler die psychische Struktur und die existentielle Befindlichkeit des in Wien lebenden und bezeichnenderweise namenlos bleibenden Protagonisten Südtiroler Herkunft. Totalitätssehnsucht und das Begehren nach symbiotischem Einssein mit dem Anderen in einem „Glücksgefühl" (L 135) jenseits des als einengend empfundenen ehelichen Alltags, deren Kehrseite und Gegenpol Selbstbezogenheit und aggressive Abwehr des Anderen ist, kennzeichnen seine Beziehung zu Mena, seiner Ehefrau, und zu Hanna, seiner Geliebten:

> Wenn sie [Mena] doch endlich einmal mit einem anderen, habe er mehr als einmal ausgerufen, vor Mena und vor anderen. [...]
>
> Wenn er in der Nacht heimkam, wenn er in die absolute Geräuschlosigkeit der Wohnung eintrat, hörte er nur sich selbst, er hörte das Stoffgeräusch seines Rockes, den er auszog und im Vorraum aufhängte, das Reiben der Zahnbürste, das Klicken der Lampe im Bad, er ließ Wasser über seine Hände und sein Gesicht rinnen und reinigte sich von Hannas Geruch, und ohne Licht zu machen im Gang oder im Zimmer, hatte er Mena immer schlafend gefunden und war zu ihr, die sich nicht wehrte, hingerückt, und Mena hatte ihn nie weggestoßen. (L 74ff.)

Die auf narzisstisch besetzten Objektbeziehungen aufbauende Identität des Protagonisten zerbricht, als Mena ihn gerade in dem Moment verlässt und eine neue Beziehung eingeht, als er „allmählich die Entfernung zwischen ihnen wieder aufzuheben gemeint hatte [...], da er die Einladung seiner älteren

Schwester in Maryland angenommen hatte und Mena sich auf den Flug zu freuen schien." (L 15) Während Mena die Trennung als Weg in die Freiheit erlebt und ihm dies auch mehrfach mitteilt, stürzt ihn ihre Emanzipation, die er oft wütend in der sie nach anfänglicher Harmonie umgebenden „Stummheit" (L 75) herbeigeredet hatte, in eine Identitätskrise. Sie äußert sich in diffusen Krankheitssymptomen und schließlich in einer Hautentzündung im Genitalbereich, deren Symbolik offensichtlich ist.

Das Handlungsgeschehen setzt mit der Einlieferung des Protagonisten in die geschlossene Abteilung der Ersten Wiener Universitäts-Hautklinik wenige Wochen vor Weihnachten ein. Nachdem man ihn in einen „Streifenpyjama der Dritten Klasse" (L 7) gesteckt und seinen Fall vor „durchwegs sonntäglich gekleideten jungen Damen und Herren" (L 8) diskutiert hatte, wird er auf die Infektionsstation in einen „hohen weißen Saal" (L 8) mit über zwanzig Patienten gebracht, sein Bett neben das eines Schwerkranken gestellt. Der unmittelbare Erzähleingang – ein romanästhetisches Verfahren, das typisch für Zoderer ist –, zeigt den Protagonisten in einer heterotopen ‚Fremdwelt'. Mit dem Ausschluss aus der Gemeinschaft korrespondiert die Empfindung, nur noch „Teil einer Person" (L 32) zu sein und auch so von den Anderen wahrgenommen zu werden. Die in dieser Situation ‚radikaler Fremdheit' von ihm geäußerte Absicht, sich nicht ablenken und „absolut nichts vergessen" (L 10) zu wollen, deutet allerdings den Versuch an, über die Erinnerung an das Geschehene eine reflexive Distanz zu sich selbst zu gewinnen. Die angestrebte ‚Neugeburt' seines Ichs drückt sich im Wunsch aus, „noch einmal von vorne" (L 72) anzufangen. Sie wird mit der Amerika-Reise verknüpft und vollzieht sich zunächst unter Verzicht auf Interaktion mit dem sozialen Umfeld sowie unter Ausschluss des Weiblichen. Dies signalisieren der parallel zum inneren Abschied von Mena erzählte äußere Abschied von der Mutter, die in Meran „im Sterbezimmer der Frauenklinik, unmittelbar vor dem Eingang der Geburtenabteilung" (L 66) liegt, sowie die von emotionaler Teilnahmslosigkeit dominierten erotischen Abenteuer, die der Protagonist nach Menas Weggang eingeht.

In einem virtuos komponierten Geflecht aus neutralem Erzählerbericht, Figurenperspektive mit erlebter Rede, innerem Monolog und inneren Dialogen als Darbietungsweisen, aus zitierten Briefen, sich überkreuzenden

Raumwahrnehmungen und Rückblenden in die Vergangenheit, die bis in die Kindheit des Protagonisten und in die Kriegszeit zurückführen und mosaikhaft Einblick in sein Selbst und seine Beziehung zu Mena sowie zu seiner Mutter, seinen Geschwistern und seiner Heimatstadt geben, leuchtet Zoderer die Existenzerfahrung der Trennung und das damit verbundene Entfremdungserlebnis des Individuums aus. Er zeigt ein Ich, dessen Identität widersprüchlich und fragil ist und zwischen Grandiositätsgefühlen einerseits und Selbstunsicherheit andererseits oszilliert. Von Beginn an bewegt sich der Protagonist in einer Zone sozialer und territorialer sowie ‚inter- und intrasubjektiver Fremdheit‘. Doch erst nach dem Verlust letzter, wenn auch ambivalent erlebter Vertrautheiten, versucht er sich durch den Austritt aus den bisherigen Bezugssystemen neu zu formieren. Ästhetisch verdichtet wird die Suche nach einer neuen Identität durch eine religiös aufgeladene Symbolik und die den Roman einleitende und abschließende Natur- und Jahreszeitenmetaphorik. So wird der Protagonist ohne Befund „zwei Tage vor Heiligabend" (L 33) aus der Klinik entlassen, den Antrag auf ein Visum für die USA-Reise stellt er an „einem Freitag, zwischen Neujahr und Sonntag" (L 48), und seine Mutter, die für sein Selbstbild eine zentrale Rolle spielt und der er vorspiegelt ein erfolgreicher Journalist zu sein und vormacht, kurz vor der Familiengründung zu stehen und ein Haus für sie gemeinsam in seiner Geburtsstadt zu kaufen und sie „in die Welt einzubeziehen, aus der er sie schon immer ausgeschlossen hatte" (L 62), stirbt am „Pfingstsonntag" (L 151). Der Zustand der existentiellen Erstarrung des Protagonisten, der mit dem Ende der 68er Revolution korrespondiert, und sein Besuch bei der kranken Mutter fallen in den Winter.

Das Motiv der Reise, das auch in *Das Schildkrötenfest* und *Der Schmerz der Gewöhnung* begegnet, bleibt in diesem Roman Zoderers eng auf den Identitätsfindungsprozess des Protagonisten bezogen und wird nur eingeschränkt genutzt, um kulturelle Differenzen und kulturelle Fremdheit zu verhandeln. Der nach einer Zeit der inneren Lähmung getroffene Entschluss, die Wiener ‚Heimwelt‘, an der der Protagonist trotz allem hängt, zu verlassen und allein in die unbekannte „Ferne" (L 49) Amerikas aufzubrechen, wird von ihm autosuggestiv als Heilung von der „Wunde" entworfen, die ihm Menas „Weggehen" (L 28) geschlagen hat. Das titelgebende, raumbezogene italienische Wort „lontano" (=fern), verdichtet sich ihm zum Bild für einen im Nicht-Mehr und Noch-Nicht liegenden Existenzraum, von dem aus die Neukonstitution seiner Identität möglich wird:

> Weggehen, auf nichts mehr warten, den Wagen verkaufen und endlich weggehen, er erschrak, als ihm dies ebenso selbstverständlich wie notwendig vorkam, denn es war gemütlich im Zimmer, und es war gemütlich, vom neunten Stockwerk auf den schneeüberpolsterten Parkplatz hinunterzuschauen […]. (L 43)

> Aber von Tag zu Tag mehr wurde das, was er beschlossen hatte, und das, was er dazu unternahm, zum Selbstverständlichen, nichts war natürlicher als die Trennung, und es gab einen Grund zu hoffen in der Entfernung, lontano, sagte er, hinter mir ist die Ferne und vor mir ist die Ferne, ich freue mich, weil ich mich freuen muß. (L 49)

Diese euphorische Evokation eines Zustandes der Freiheit, der Neuorientierung und der Veränderung, die zugleich ein Amerika-Klischee reproduziert, und die Selbststilisierung des Protagonisten zum „Auswanderer", zu einem „kopflosen Auswanderer" (L 73) allerdings, wie sein Freund Stefan meint, kontrastiert mit ‚intra- und intersubjektiven' Fremdheitserfahrungen, die vorerst dem sprachlichen Zugriff und damit auch der deutenden und wertenden Einordnung durch die rekapitulierende Erinnerungsarbeit entzogen bleiben.

Wie seine in Meran lebende kranke Mutter, die sich in ihrer schutzsuchenden Verwirrung täglich über ihrem Bett einen Kartonverschlag baut und in ihrer Krankheit die „Welt zu beobachten begonnen hat" (L 20), „stundenlag hinter der Fensterscheibe" verharrt und „auf den kleinen Parkplatz und die Straße" (L 22) hinunterschaut, zieht sich auch der Protagonist nach seiner Entlassung aus der Klinik in den „Aussichtsturm" (L 35) der Wohnung zurück, in der er mit Mena gelebt hat und wo er „lange mit dem Gesicht gegen das Fenster gelehnt" (L 44) steht und das Straßengeschehen beobachtet. Seine dissoziative emotionale Erstarrung, die ihn auch auf seiner Amerikareise begleiten wird und auf die das Leitmotiv des „Fensters" verweist, äußert sich zum einen in der distanziert-bezugslosen Wahrnehmung der räumlichen

Außenwelt, zum anderen – wie erwähnt – in seinen ohne innere Beteiligung eingegangenen Beziehungen zu Frauen: so zu seiner Nachbarin, einer Prostituierten, bei der er eine Betäubung seines Schmerzes sucht, oder zu Tommy, einer Kollegin seines Freundes Till, die eine Abtreibung hinter sich hat und die er auf dessen Bitte bei sich aufnimmt und mit der er nur über das gemeinsame Vorlesen kommuniziert; oder auch zu Krista, mit der er, der „perfekte Schmerzegoist" (L 18), wie er sich selbst nennt, ebenso wie später mit der Amerikanerin Nelly ein für ihn unverbindliches sexuelles Verhältnis eingeht. Diese Gefühlsindifferenz wird nur temporär durch Wutausbrüche und Invektiven gegen Mena, Merkmale seiner narzisstischen Kränkung, oder beim Kartenspiel mit seinen Freunden Schorsch und Edi aufgebrochen, das dem Protagonisten zumindest für kurze Zeit das „Selbstbewußtsein [...] bei vier Neunern" (L 42) zurückgibt. Wie die scheinbar teilnahmslose Beobachtung der Außenwelt vom Wohnungsfenster aus lassen auch die Fahrten und Spaziergänge durch das winterliche Wien und das Aufsuchen von Orten, die mit Mena verbunden sind, und die ihm Orte in Erinnerung rufen, an denen er mit seiner Geliebten Hanna und mit seiner Ehefrau war, die innere Erschütterung und Fremdheiterfahrung bloß erahnen. Die konsequent durchgehaltene Außenperspektive bzw. die registrierende Raumwahrnehmung des Protagonisten, die auch in den Amerika-Passagen fortgesetzt wird und die an Erzähltechniken des Nouveau Roman anknüpft, verschließen nicht nur den Leserinnen und Lesern, sondern auch der Figur den Einblick in ihre Gefühlswelt.

Allein der Aufbruch in die Fremde und die Reise zu der in Maryland lebenden Schwester versprechen die Realisierung des Wunsches, „sich selbst wieder zur Verfügung zu haben" (L 44), und seine ‚Verwandlung'. Erleichtert wird die Entscheidung wegzugehen, durch das Faktum, dass der Protagonist, wie seine Freunde ein Vertreter der 68er Generation, die ihn umgebende soziale Ordnung als strukturell fremd empfindet. Seine Tätigkeit als freier Journalist hat er bereits Monate vor Menas Auszug aufgegeben, um sich der Protestbewegung anzuschließen, während Mena „zu Hause das Kleid nähte für eine füllige Kundin." (L 51) Der Ausbruch aus der vorgegebenen sozialen Ordnung scheint mit einer ähnlich ichbezogenen Haltung einherzugehen, wie sie nach dem Scheitern 68er Revolution im selbstgefälligen und vom

Erzähler ironisierten Rückzug des Protagonisten und seiner Freunde ins Private sichtbar wird. In dieselbe Richtung weist der fluchtartige und später mit Schuldgefühlen besetzte Abschied von der sterbenskranken Mutter, von der sich der Protagonist Beruhigung und die Bestätigung für seinen Reiseentschluss holt. Sie, der er glauben macht, dass er beruflich in die USA müsse und dass „alles, was er auf dieser Reise schreibe, Gold bringen müsse", freut sich mit ihrem Sohn, „daß er endlich die Courage hatte, in dieses Glücksland [Amerika] hinüberzufliegen". (L 66) Das Gefühl nicht reden zu können und der Anblick der ihm apathisch zulächelnden Mutter, der es gefiel, wenn „er starke Stücke" (L 70) erzählte, treibt den Protagonisten sowohl in ein Gefühl der Langeweile als auch der äußersten Verlassenheit, wie er rückblickend vermerkt: „Ich bin immer wieder aufs neue vor dem Fenster gestanden, sagte er sich später, oder habe in den Spiegel geschaut und habe im Fenster und auch im Spiegel die kahlen Äste einer Linde gesehen." (L 66f.) Widersprüchlich ist auch seine Beziehung zu seiner Heimatstadt. Obwohl er dort ein Fremder ist, wähnt er sich dennoch „von allen Seiten beobachtet". (L 61) Der Wunsch, „hierherzugehören und hierbleiben zu wollen" (L 73), verführt ihn sogar zur hochmütigen Abwehr vermeintlich Fremder, wie seines Schwagers Maurizio, den er in „dessen eigener Wohnung wie einen Gast behandelte". (L 60) Seine Sehnsucht nach Territorialität und Zugehörigkeit wird aber zugleich rasch abgelöst von der „Erleichterung", ja vom „Stolz, daß er von dem Ort wegfuhr, in dem er geboren worden war von der Frau, die nun langsam abstarb." (L 74)

Die hermetische Innenwelt, in die sich der Protagonist zurückgezogen hat, wird zunächst auch durch den Übertritt in die ‚Fremdwelt' Amerikas nicht aufgebrochen. Im Gegenteil: Seine ‚intrasubjektive Fremdheit' scheint sie sogar noch zu potenzieren, wobei die Figur, angezogen von der „massenhaften Menschennähe" in New York mit ihren „sickernden Ausdünstungen" (L 85), die sie an die als Kind positiv erlebten Nähegefühle im Luftschutzbunker und an den „Schweißdunst" der „aneinanderkauernden Menschen" (L 82) erinnern, zwischen Faszination und dem Wunsch im Fremden aufzugehen und Abwehr des neuen räumlich-sozialen Bezugssystems changiert:

Er lebte, als gäbe es keine Fenster, er lag meist auf dem Rücken und sah hin und wieder auf die Zimmerdecke. Aber er fühlte sich dennoch mitten in den Vereinigten Staaten von Amerika, seine Schwester hatte am Ende seines Bettes einen Farbfernseher auf einen Schemel gestellt, links von der Stiegentür. Er ließ den Fernseher fast ununterbrochen laufen, mit grellen und grelleren Farben, mit allen Werbesprüchen zwischen den Nachrichten, er lernte mit diesen Reklamesprüchen eine Menge amerikanisches Englisch, er hätte sich in dieser Fernsehsprache gut mit Kleinkindern unterhalten können, während sich ein paar Cowboys schmerzlos abknallten. Amerika ließ ihn nie allein, und er betrat noch einmal mit Armstrong den Mond, um dort, zwischen den Mondlöchern, irgendeine Automarke für die weit entfernte Erde zu empfehlen.

Er ließ, wenn er gegen Mitternacht den Fernseher ausschaltete, das Radio weiterlaufen, er ließ die Radiostimmen durch sein Hirn und durch seine Träume rieseln, er wollte nie mehr ohne Stimmen sein, und er wollte von diesem Keller aus die Sprache von mindestens einem runden Milliardenviertel Menschen kennenlernen. (L 89f.)

Der Rückzug in ein „Souterrainzimmer" (L 87), in dem der Protagonist sich damit begnügt, eine medial inszenierte US-amerikanische Wirklichkeit zu rezipieren, und das er nur kurz verlässt, um sich heimlich Essen aus dem Kühlschrank zu holen, lässt an Kafkas Erzählung *Die Verwandlung* denken und kommt einer Exterritorialisierung gleich, wie sie Gregor Samsa erlebte. Nicht nur das räumliche Sich-Abschließen von der Außenwelt, sondern auch die Beziehungslosigkeit zu seiner Schwester oder zu Maggy und Nelly, ihren Bekannten, verdeutlichen seine Isolation. Am sinnfälligsten ins Blickfeld rückt die ‚intrasubjektive' und ‚intersubjektive Fremdheit' des Protagonisten sowie jene seines familiär-sozialen Umfeldes in den von Jim inszenierten allabendlichen nostalgischen „Erinnerungsorgien bei harten Getränken und Schnulzen im Wohnzimmer bei zugezogenen Vorhängen."[24]

Erst die Arbeit in einem Drive-In kann ihm das Gefühl vermitteln, nicht mehr Gast zu sein und „sich endlich in diesem Land" (L 100) selbständig zu bewegen. Doch der zunächst als wohltuend empfundene monotone Arbeitsablauf in diesem von Entindividualisierung, Anonymität und bezugsloser Kommunikation gekennzeichneten „Glasgefängnis" (L 105) wird von ihm schon bald als einengend empfunden und löst neuerlich die bekannten somatischen Beschwerden aus, die ihm die kranke Mutter und seine Beziehung zu ihr in Erinnerung rufen. Genauso fluchtartig wie er bei seinem letzten Besuch noch vor ihrem Krankenhausaufenthalt aufgebrochen ist, weil ihm die Nähe immer unerträglicher wurde, so verlässt er jetzt Maryland, um mit einem Greyhound-Bus quer durch das Land nach Quebec und Montreal zu Freunden aus der Zeit mit Mena zu reisen. Die Reise ist Aufbruch und Rückfall zugleich, denn mit dem Wunsch, frei zu sein, kontrastiert immer noch das Gefühl, dass er eigentlich „Mena besuchen wollte" (L 132). Die Empfindung, dass er diese Fahrt „hinter sich zu bringen hatte" (L 130), der distanziert-teilnahmslose Blick auf die Landschaft durch das Busfenster, der Verzicht auf Kommunikation und das Vermeiden von touristischen Attraktionen wie den Niagara-Fällen zeigen, dass sein Erleben noch von der Vergangenheit überlagert ist.

Erst die bei seinen Freunden in Kanada gemachte Beobachtung, dass es „plötzlich über Mena nichts zu sagen" (L 132) gab, leitet den Bruch mit dem Vergangenen und die Verwandlung ein. Die Auslöschung der Vergangenheit auch in der Sprache provoziert erneut einen abrupten Aufbruch des Protagonisten, diesmal vollzieht er sich aber außerhalb seines vertrauten sozialen Bezugssystems. Die nomadische Reise als Autostopper ohne konkreten Zielpunkt, auf der er von einem jungen Paar bis nach Detroit mitgenommen wird, gibt ihm dann erstmals das Gefühl, „von nichts und durch nichts ausgeschlossen" (L 145) zu sein, und deutet die Befreiung aus seiner ‚intrasubjektiven Fremdheit' und seiner Passivität an. Auch die Nachricht vom qualvollen Sterben und dem Tod der Mutter, auf die er emotional widersprüchlich reagiert, kann den Loslösungsprozess von seinem früheren Bezugssystem nicht aufhalten. Seine Weiterreise mit einem Teenager-Paar ohne vereinbarten „Anlaufort" (L 163) sowie die sensuelle Wahrnehmung der frühlingshaften Natur auf einem kleinen Soldatenfriedhof, wo sie gemeinsam nächtigen, deutet das endgültige Aufbrechen der innerseelischen Erstarrung und die Bereitschaft an, sich wieder auf die Außenwelt einzulassen:

Er schob das Gesicht über die Plane hinaus, bis es auf dem Boden lag, und roch das Gemisch von Erde und Gras, aber stärker noch war der

Blütenduft des Baumes über ihm. In der Nacht wachte er einmal von einem zischenden Geräusch auf, doch es waren nur die Nylonränder, die wie zu kurz geratene Flügel links und rechts seines Schlafsackes flatterten und ihm den Lindenduft in die Nase trieben. (L 167)

Das Motiv der nomadischen Reise findet sich auch im Roman *Das Schild-krötenfest*, der Fremdheitserfahrung mit Exotismus, Geschlechter- und Sexualitätsthematik verknüpft. Anders als *Lontano* ist dieser Reiseroman Zoderers jedoch stark allegorisch aufgeladen, worauf die mythologische Anspielung auf den zweigeschlechtlichen Götterboten Hermes, aber auch die konnotationsreichen Namen der Hauptfiguren Loris und Nives hin-weisen. Im Dienste der Allegorisierung des Handlungsgeschehens stehen u.a. auch das Motiv der Grenze bzw. der Grenzüberschreitung, das Motiv des Tropenparadieses, das Ozean- und Meeres-Motiv sowie das Motiv der Wüste. Erzählt wird die Geschichte einer Amour fou. Loris, der seine mexikanischen Reiseerlebnisse noch einmal Revue passieren lässt und aus dessen Perspektive erzählt wird, ist wie der namenlose Protagonist in *Lontano* ein Einzelgänger. Im Unterschied zu diesem trifft ihn jedoch streckenweise implizit die Ironie der hinter der Figur zurückgetretenen Erzählinstanz. Auf seiner nomadischen Reise von Kanada durch die Staaten ist Loris weitgehend ohne zwischenmenschliche Interaktion ausgekommen. Die Begegnung und Weiterreise mit einem homosexuellen Histologen ist schweigsam verlaufen. Einen näheren Kontakt hat Loris, wie er rückblickend nicht ohne Stolz be-richtet, abzuwehren gewusst.

Im mexikanischen Grenzort Nogales steigt er in einen Überlandbus, um nach Tepic zu reisen und dort seinen Freund Ivo zu treffen, den er in Nogales nicht mehr erreicht hat. Erschöpft nimmt er im überfüllten Bus neben einer jungen Frau Platz, die ihm, der nur seinen Frieden haben will, sofort auffällt, vermeint er doch ein „Muttermal oder was es war [...], an der linken Halshälfte gleich unter dem Kinn"[25] zu erkennen. Er fühlt sich von der Unbekannten mit Namen Nives magisch angezogen, auch weil von ihr eine beruhigend-wohltuende Ausstrahlung ausgeht: „Er wunderte sich, daß er sich so ruhig fühlte, so aufgehoben, obwohl er nicht an ihrem Gesicht vorbei durchs Fenster blickte. Sie teilten ein angenehmes Schweigen, oder ein stummes, sparsames Reden von Leuten, die ein unausgesprochenes Einverständnis verband." (SF 10) Ein Gespräch ergibt sich bald wie von selbst. Nives hybride kulturelle Identität – sie spricht mehrere Sprachen und gibt sich als Tochter eines französischen Berufssoldaten und einer Spanierin aus – lässt Loris nicht mehr los. Gemeinsam verlassen sie in Hermosillo den Bus und verbringen dort eine Nacht miteinander, die Loris in einen grenzenauflösenden traumhaften Zustand versetzt: „Was ihn verwirrte, war, daß Nives sich nicht fremd anfühlte, im Gegenteil, daß sie so vertraut über das gleiche lachte wie er, sie redeten von den gleichen Ängsten, ihre Nähe machte ihn halb ohnmächtig […]". (SF 26).

Es beginnt in der Folge ein Verwirrspiel, das Loris bis nach Santa Cruz an den Pazifik führt. Nives, die exotisch fremde Frau zwischen den Kulturen, die plötzlich verschwindet und wieder auftaucht und die Loris nur in den bekannten Weiblichkeits-Stereotypen wahrzunehmen vermag, verwandelt sich mehr und mehr zu einer schillernden, zwischen den Geschlechtern stehenden Figur, deren Bann sich Loris nicht zu entziehen vermag und die ihn in eine angenehme Passivität versetzt. Nives wird ihm zur Wegbegleiterin in eine ihm radikal fremde Welt, die von Eros und Tod, Rausch und Traum, Revolution und Gewalt besetzt ist und Loris' Ordnungs- und Deutungsmuster der Wirklichkeit außer Kraft setzt. Die gewaltsame Vertreibung aus diesem Paradies grenzenauflösender Fremdheit, die Loris vergeblich zu entschlüsseln sucht, seine Abschiebung über die Grenze in die USA deutet die Rückkehr in die gewohnten, von Pragmatismus und Rationalität bestimmten Ordnungsstrukturen an.

Die literarische Darstellung der Fremdheitsthematik erreicht in Zoderers bislang letztem Roman *Der Schmerz der Gewöhnung* ihren „vorläufigen Höhepunkt".[26] Der Autor knüpft darin nicht nur motivisch und thematisch an seine früheren Romane, insbesondere an *Die Walsche*, an, sondern er lässt seinen Protagonisten Jul, den spät in seine Heimat zurückgekehrten Sohn Südtiroler Optanten, auch in eine Affinität zu den männlichen Hauptfiguren in *Lontano* und *Das Schildkrötenfest* (aber auch *Dauerhaftes Morgenrot*) treten und durchsetzt überdies dessen Lebensgeschichte auch mit autobiographischen Elementen – ein Verfahren, das Zoderer in seiner Figurenausgestaltung wiederholt einsetzt. Erweitert um die Dimension der Erinnerung und der Geschichte, die im Narrativ der Generationenerzählung thematisiert werden, führt der Autor in deutlich pessimistischer Akzentuierung den „Diskurs des Fremden" sowohl „in seiner politischen" und „kulturellen" als auch in seiner genderspezifischen und „sprachlichen Dimension"[27] fort. Fiktion und Detailgenauigkeit, was die Topographien und das historische setting rund um den Themenkomplex Faschismus und Option, aber auch um die Ereignisse im Gefolge der 1968er Bewegung in Italien betrifft, unterstützen sich in *Der Schmerz der Gewöhnung* gegenseitig. Die Konfrontation des Individuums mit einer Erfahrung ‚radikaler Fremdheit' steht auch in diesem Roman im erzählerischen Brennpunkt:

> Tatsächlich hatte er [Jul] sich vorher keine Gedanken gemacht, sich nicht im entferntesten vorstellen können, wie radikal ein Unglück, ein Verlust oder ein plötzlich festgestellter Metastasentumor die Weltsicht verändern kann und natürlich auch die Gefühle, überhaupt die Fähigkeit zu fühlen.[28]

Die traumatische Erfahrung des Verlusts seiner achtjährigen Tochter Natalie durch einen Unfall, seine durch den Tod Natalies noch größer gewordene Entfremdung von seiner Frau Mara, die die Tochter einer deutschsprachigen Südtirolerin und des aus Agrigent stammenden faschistischen Jugendführers in Südtirol Caetano de Pasqua ist, der sich nach Kriegsende in Bozen als Anwalt niedergelassen hat, sowie die Erkrankung an einem Gehirntumor lösen bei Jul einen Prozess der Selbstreflexion aus. Er weitet sich zur Reflexion der Familiengeschichte aus und eröffnet damit Zugänge zur so genannten ‚großen' Geschichte.

Ausgangspunkt von Juls autobiographischer Recherche ist die von ihm als ‚Leerstelle' wahrgenommene Biographie seines faschistischen Schwiegervaters. Geboren „an der Südküste der größten italienischen Insel", wird er von Jul als fremder Anderer imaginiert, „mit vielleicht griechischen, normannischen und arabischen Ahnen im Blut" (SdG 77). Da de Pasqua bereits gestorben ist, als Jul die Beziehung mit Mara eingeht, kennt dieser ihn nur aus ihren fragmentarischen Erzählungen und von Fotos. Er fasst den Entschluss, nach Agrigent zu reisen, wo als einzige Verwandte de Pasquas noch

Maras Zia Delia, de Pasquas über achtzigjährige Schwägerin, lebt. Dort, „woher Maras Vater kam und daher auch Maras andere Welt", will Jul „die Entfernung messen, die Meter seines Lebens, nicht nur das mit Mara und Natalie" (SdG 18). Er kauft „ein paar blaue Schulhefte", in die er „notieren" möchte, „was sein Leben ausgemacht hatte, was immer ihm einfiel, auch das scheinbar Unwichtige." (SdG 18f.) Sein Reiseaufbruch in eine ihm fremde Welt, die „Welt von Pirandello" (SdG 168) und Giovanni Verga, für die sich Mara, wie er glaubt, entschieden hat, geht einher mit Erinnerungen an seine früheren Reisen, die ihn nach Griechenland und durch Nordamerika bis nach Mexiko und an den Pazifik geführt haben, wo er sich „endlich frei" (SdG 10) gefühlt hatte. Auch in der von Weite und Licht geprägten sizilianischen Landschaft scheint ihm „jede Einengung unmöglich" (SdG 14) und doch „dachte Jul, oder seltsam, daß Maras Vater von hier aus in die engen Tiroler Bergtäler gegangen war, sein halbes Leben dort verbrachte, umgeben von einer völlig anderen Sprache, von völlig anderen Menschen, mit einer deutschen Tirolerin Seite an Seite schlief." (SdG 14)

Die ‚Vektoren des Fremdwerdens‘ von Jul und de Pasqua kreuzen sich. So nimmt Jul das seit jeher multiethnische Agrigent auf seinen Spaziergängen als „Kasbah", als „labyrinthische[s[Winkelwerk" (SdG 21) war. Er erlebt die Stadt als einen Ort, in dem Geschichte und Gegenwart aufeinanderprallen, nicht nur die verschiedenen Baustile, sondern auch die heidnische und christliche religiöse Tradition synkretistisch miteinander verschmelzen, Natur und Kultur, Tod und Leben in einander übergehen und das Meer die „letzte Horizontlinie" (SdG 227) bildet. Diese ‚interkulturelle Fremdheit‘ korrespondiert mit der distanzierten, von ‚intersubjektiver Fremdheit‘ gekennzeichneten Beziehung zu Zia Delia, die keine Probleme mit der faschistischen Vergangenheit hat und nur dürftige Erzählungen über ihren Schwager liefern kann.

Für den zwischen Schlaf und Traum im Halbdunkel seines Hotelzimmers liegenden Jul beginnt sich die Grenze zwischen Außenwelt und Innenwelt immer mehr zu verwischen. Agrigent verwandelt sich zum mythischen Erinnerungsraum, von dem aus er sein Selbst und die (Familien-)Geschichte zu dechiffrieren sucht. Die sizilianische Stadt erfährt – dem Heimatdorf Olgas in der *Walschen* nicht unähnlich – eine chronotopische Aufladung im Sinne

Bachtins: „Die Zeit verdichtet sich hierbei, sie zieht sich zusammen und wird auf künstlerische Weise sichtbar; der Raum gewinnt Intensität, er wird in die Bewegung der Zeit, des Sujets, der Geschichte hineingezogen."[29] Der Chronotopos Agrigent wird zum Rahmen für Juls mentale Reisen in die Vergangenheit. Die Bewegung der Figur(en) im Raum, der oppositionell strukturiert ist, insbesondere die kontrastierende Gegenüberstellung und Überblendung des südtirolischen Landschafts- und Naturraumes mit dem mediterranen, der Verzicht auf ein chronologisches Erzählen zugunsten der Überlagerung von Gegenwart und Vergangenheit und der Perspektivenwechsel zwischen Reflektorfigur und der chronikalisch-berichtenden Erzählinstanz bilden das erzählerische Gerüst dieser Spurensuche auf mehreren Zeitebenen. Sie führt in ein vielschichtiges Labyrinth der Fremdheit. So erleben die Figuren ihre ‚Lebenswelt' als aufgeteilt in ‚Heimwelt' und ‚Fremdwelt', wobei diese Scheidung vor allem aus der ethnisch-kulturellen Separierung resultiert, deren Hintergrund die gewaltförmige Geschichte des 20. Jahrhunderts ist. Der ethnisch-kulturelle Diskurs mit seiner Dichtomie von Eigen und Fremd erweist sich als Schnittstelle vielschichtiger Fremdheitserfahrungen. Sie strukturieren die Geschlechterbeziehung ebenso wie die Generationenbeziehung, ja selbst die Kontaktzone Familie ist im Roman von vielgestaltigen Fremdheitserfahrungen durchzogen, die synchron und diachron Bruchlinien schaffen. So steht Juls Eltern, die ihre ‚Heimwelt' verlassen haben und physisch und psychisch zerrüttet aus der Fremde zurückgekommen sind, Maras Mutter Hermine gegenüber, die Tochter einer wohlhabenden Südtiroler Geschäftsfrau, der nach dem Ersten Weltkrieg der soziale Aufstieg gelungen ist. Ohne auszuwandern ist auch Hermine in die kulturelle Fremde aufgebrochen. Kurz nach der Option hat sie den angesehenen faschistischen Federale Caetano de Pasqua geheiratet. Ohne Widerstand und wie selbstverständlich füllt sie die ihr zugedachte Rolle als alle versorgende Mutter, Ehefrau und stille Gastgeberin aus, die mit exklusiven süditalienischen Spezialitäten aufwartet, trotz der damit verbundenen Einschnürungen ihres Selbst. Während der Optantensohn Jul „den größten Teil seiner Jugend weder in der Nähe seiner Mutter noch in der seines Vaters" zubringt und für ihn „Vater und Mutter [...] eine Weile als Vorstellung", dann nur mehr „als Erinnerung" (SdG 263) vorhanden waren, eine Erfahrung, die er in umgekehrter Weise durch den Verlust der Tochter nochmals in der Gegenwart durchlebt, stellen Mara und ihre Geschwister problemlos genealogische und historische Kontinuitäten her, die die Geschichte verharmlosen, was die Beziehung zu Jul konfliktreich gestaltet. So meint Maras Bruder Carmine:

> Wir Söhne von Ex-Faschisten haben unsere Schule besetzt, unser Vorbild war Rudi Dutschke. Von da an hatte ich auch Südtiroler Freunde, viele sogar, und sie sprachen wie meine Mutter deutsch. Eigentlich habe er sich, meinte schließlich Carmine, im Grunde nicht anders benommen als sein Vater. Denn wie er habe er sich gesellschaftlich einmischen wollen, etwas tun wollen, nicht abseits stehen, und so sei er aktiv geworden in der außerparlamentarischen Bewegung. Natürlich seien Vaters Jugendzeiten anders gewesen, dennoch sei Papà Idealen gefolgt und einer der jüngsten politischen Führer seiner Stadt geworden […]. (SdG 43f.).

Synchrone und diachrone Bruch- und Trennlinien weisen den Figuren ihren Platz zu, ihre Überwindung scheint schier unmöglich, ja notwendig ins Katastrophische zu münden. Denn rasch verwandelt sich das Erleben von Einschränkung und Begrenzung in der vorgegebenen Ordnung und die verlockende Imagination des Fremden in dessen Okkupation, die Sehnsucht nach Aufhebung und der Wunsch nach „Eindeutigkeit" (SdG 215), nach ethnisch-kultureller, sozialer und territorialer Zugehörigkeit in aggressive Abschottung von all jenen, die „bloß eine andere Herkunftsgeschichte" (SdG 179) haben. „PRIGIONE. PASSIONE TOTALE" (SdG 15) – dieser Satz auf einem Werbeplakat in Agrigent, der Jul ins Auge fällt und den er notiert, verweist symbolisch auf das „Zellendasein" (SdG 238), in dem nahezu alle Figuren des Romans gefangen sind. Caetano de Pasqua, der sich im mehrheitlich deutschprachigen Umfeld sprachlich nur im Italienischen bewegt und in dem sich Jul sukzessive wiederzuerkennen glaubt, ist außerhalb von Bozen, einer ethnisch separierten Stadt mit faschistischem Erbe, zeitlebens ein Fremder geblieben. Enttäuscht sperrt er sich in seinem Landhaus in der Nähe von Bruneck ein, nachdem sein Versuch, die südtirolische ‚Fremdwelt' zur ‚Heimwelt' zu machen und „ländliche Verbundenheit" (SdG 33) zu zeigen, gescheitert ist. Erfolglos hat er auf seinem Grundstück zunächst

„Erdäpfel" (SdG 33), dann Minze und Lavendel angepflanzt und schließlich – wie „Mussolini in den versumpften Etschauen" (SdG 34) – Pappeln setzen lassen, die aber bald wieder „vom Tiroler Bergwald [...], vor allem von Fichten und Föhren" (SdG 35) abgewürgt werden.

Auch Jul kommt als Fremder „in seine Geburtsheimat" (SdG 118). Bozen erlebt er als „aufregend [...] fremde und doch schon gekannte Stadt, extrem verschieden – die Lauben, der Obstmarkt, der Waltherplatz, die Silbergasse und die Bindergasse, und andrerseits die Mietskasernen von ‚Shanghai', und ‚Bronx', geradezu überschaubar diese südtirolfremden Straßen mit ihren italienischen Namen – Palermostraße, Capristraße, Baristraße, Romstraße etc. Das italienische ‚Shanghai' so nahe und doch viele Hunderte Jahre entfernt von der Altstadt: Silbergasse, Mustergasse, Bindergasse, Goethegasse, Museumstraße und den Lauben." (SdG 113f.) Wenngleich er erkennt, „daß diese seine Heimat" doch „so echt war" (SdG 114), wie die Orte, die er auf seinen Reisen kennen gelernt hat, so kontrastiert diese seine Erfahrung doch mit jener anderen Empfindung, die ihm allerdings nur als Vorstellung einer Erinnerung präsent, deshalb aber nicht weniger folgenreich ist. Auf den Waldspaziergängen mit Mara in der ländlichen Umgebung Brunecks erlebt er, dass „diese Wälder hier, aber auch die Wiesen und die von Flechten grauen Holzzäune" für ihn auch „ein Zurückfinden in Winkel abhanden gekommener Vertrautheiten" (SdG 32) bedeuteten. Es sind gerade diese Fremdheits-Konstruktionen, die Jul zum obsessiven und reaktionären Heimatverteidiger machen. So entwickelt er sich in der Beziehung zu Mara, die er als Italienerin wahrnimmt und in die er exotische Fremdheit projiziert, wie sein Schwiegervater, zum gescheiterten Kolonisator und zum rabiaten Patriarchen. Besonders deutlich zeigt sich dies, wenn er mit Mara, die des Deutschen durchaus mächtig ist, zunächst nur Italienisch spricht und ihr – wie einer Fremden – „die Gerüche seiner Kinderwünsche, die er in einem anderen Dialekt gedacht, geträumt oder auch ausgesprochen hatte", übersetzt und sie ihr „auf italienisch nahezubringen" versucht, auch dann noch als Mara „plötzlich deutsche Wörter einschob und dann auch halbe Sätze [...] als wollte sie die gemeinsame Berechtigung, diese Wiese und diese Bäume als Heimat zu haben, in sein Bewußtsein bringen". (SdG 76) Maras multiethnischer Identität und ihrer sprachliche Selbstbehauptung wird jedoch durch

Juls Bedürfnis nach einer gemeinsamen „Wurzelgeschichte" (SdG 167) der Boden entzogen. Der Umzug von der Stadt aufs Land, der Rückzug in die Territorialität und in die geschichtslose Natur sowie in die Kleinfamilie, der mit dem politischen Rückzug einhergeht – Jul befasst sich in seinen journalistischen „Randbemerkungen" nur mehr mit Fragen des Typs, „wie es mit den Kohlweißlingen bestellt ist im Vergleich zur Schmetterlingsliebe der Menschen" (SdG 207) – , treibt Mara sowohl in die ‚intrasubjektive' als auch in die ‚kollektive kulturelle Fremdheit'. So gibt sie ihre Pläne als Modezeichnerin auf und lebt nur mehr für die Familie; in der ländlichen Umgebung sieht sie sich mehr und mehr einer strukturellen Fremdheit ausgesetzt, die sie in ihrer Heimat zur italienischen Touristin werden lässt, ja die sie zur ungeliebten fremden Italienerin macht, der man feindschaftlich begegnet – Zuschreibungen, denen sie, wie Jul glaubt, mit Sympathiekundgebungen für die Italiener und die italienische Kultur begegnet.

Nur kurz scheinen in *Der Schmerz der Gewöhnung* ‚Zwischenwelten' oder vielleicht besser, ‚Zwischenräume' auf, wo die Fremdheitserfahrungen aufgehoben scheinen. Dazu gehören die „Garage" (SdG 41) in Bozen, wo sich Jul und Mara kennen lernten, die Gegend um den Montiggler See nahe Bozen, weiters Rom oder die kroatische Insel Korčula. Sie alle sind mit der gemeinsamen politischen Arbeit für die 68er Bewegung verbunden. Doch auch Wien mit seinen „Straßen und Gassen", seinen „Kreuzungen" und „staubsandigen Plätzen", der „Verlassenheit" seiner „Fassaden", vermittelt Jul „inspiriertes Denken" und das Gefühl „tatsächlich noch dabeizusein." (SdG 187)

Wie engmaschig Zoderer in diesem Roman das Netz der ‚intrasubjektiven Fremdheitserfahrung' geknüpft hat, zeigt sich nicht zuletzt auch in jenen Passagen, in denen sich Jul in der rückerinnernden Reflexion der Beziehung zu seiner Tochter Natalie fragt, wem sie mehr gleiche und wem sie sich zugehörig gefühlt hat, und dann zugibt, in „Maras Gesicht nichts anderes als Natalies Gesicht" (SdG 269) zu suchen. Das damit verbundene unstillbare Begehren nach Einssein, das dem Selbstverlust gleichkommt und Todessassoziationen weckt, jedoch zur psychischen Struktur des Individuums gehört und notwendig mit dem Anderen verknüpft ist, scheint auch der mehrdeutige Romanschluss anzusprechen – so wenn es heißt, dass Jul „diese unbefristete Fremdheit im Süden gesucht hat, um in Maras anderer Heimat zu verschwinden" (SdG 285). Diese Lesart stützt die embryonale Position, die Jul während seines Bewusstseinsverlusts einnimmt. Der Roman schließt mit dem Bild:

> Dann ließ er seine Knie tun, was sie wollten. Er kniete, weil er anders nicht mehr konnte, auf dem schmierigen Teppich vor der Portiersloge nieder, fiel auf die Seite und zog die Beine instinktiv zum Bauch. Er rollte sich ein wie sein Hund, weit weg in den Bergen. (SdG 290)

Die oppositionelle Inszenierung eines heimischen (südtirolischen) und fremden (italienischen) Raums – beide Räume fungieren als Erinnerungstopographien der ihre individuelle und kollektive Identität überpüfenden Figuren – sowie die damit verbundenen interkulturellen Differenzen, die vielfach über ethnische Stereotype zum Ausdruck gebracht werden, mag dazu verführen, die Romane *Die Walsche* und *Der Schmerz der Gewöhnung* als literarische Kartographien Südtiroler Verhältnisse zu lesen. Diese Lesart übersieht, dass Zoderer in seinen Romanen ein dichtes Geflecht von Fremdheitstopographien, wie sie Waldenfels beschrieben hat, aufbaut, das die existentielle Fremdheit des Ich und sein Begehren nach Aufhebung dieser Fremdheit in den Mittelpunkt rückt. Zoderers Protagonisten versuchen obsessiv ihr Fremdsein zu entschlüsseln und abzustreifen und fallen dennoch immer wieder in das ‚radikal Fremde' – ein Aspekt, der sie mit den Fremdheitsfiguren der literarischen Moderne verbindet.

---

1 Peter Hamm: *Einheimisch fremd*. Joseph Zoderer hat am vergangenen Wochenende den Hermann-Lenz-Preis erhalten. In: FF – Die Südtiroler Wochenzeitung (Bozen) v. 26.06.2003.

2 Ebda.

3 Vgl. dazu Ruth Esterhammer: *Joseph Zoderer im Spiegel der Literaturkritik*. Wien/ Berlin: LIT 2006. Esterhammer kommt zum Schluss: „Während die ausländi-

schen Rezensenten in Zoderers Romanen die Ver- bzw. die Entwurzelung des Menschen als zentrales Thema ausmachten, stand für die Südtiroler Journalistik die Auseinandersetzung mit Südtirol und seinen Problemen im Vordergrund." (S. 17)

4 Susanne Gurschler: *Leichte Irritation.* Joseph Zoderer. Der Südtiroler Schriftsteller spricht über Anerkennungen, unangenehme Schubladisierungen, existenzielle Heimatlosigkeit und faule Leser. In: Echo (Innsbruck) v. 28.04.2005.

5 Ebda. Vgl. auch Joseph Zoderer: *Die Sprache der anderen.* Vom Grenzgang der Sprache: Über die Seelenlage eines „österreichischen Autors mit italienischem Pass". In: FF – Die Südtiroler Wochenzeitung (Bozen) v. 13.12.2001.

6 Norbert Dall'O /Georg Mair: *„Ich würde gerne böse sein".* In: FF (Bozen) v. 11.11.1995.

7 Joseph Zoderer: *„Von der Ambivalenz einer Sehnsucht".* Interview. Innsbruck: Literaturhaus am Inn, 7. 3. 2002. Zit. n. Siegrun Wildner: *Ethnizität und Identität in deutschsprachiger Literatur aus und über Südtirol.* In: Trans. Internet-Zeitschrift für Kulturwissenschaften (2004), Nr. 15. http://www.inst.at/trans/15Nr/05_08/wildner15.htm. [Stand Sept. 2010].

8 Ebda.

9 Vgl. Peter Widmer: *Subversion des Begehrens.* Eine Einführung in Jacques Lacans Werk. Wien: Turia+Kant 2004.

10 Joseph Zoderer: *Wir gingen.* In: Ders.: *Der Himmel über Meran.* Erzählungen. München: Hanser 2005, S. 36f.

11 Ebda, S. 11.

12 Joseph Zoderer: *Der Himmel über Meran.* In: Ders.: *Der Himmel über Meran,* S. 127.

13 Ebda, S. 138.

14 Ebda, S. 129.

15 Ebda, S. 138.

16 Ebda, S. 134.

17 Ebda, S. 128.

18 Bernhard Waldenfels: *Topographie des Fremden.* Studien zur Phänomenologie des Fremden 1. Frankfurt a. M.: Suhrkamp 1997, S. 33. Vgl. a. S. 66-84. (= suhrkamp taschenbuch wissenschaft. 1320.) (In der Folge zitiert als TdF mit einfacher Seitenzahl.)

19 Wolfgang Hallet & Birgit Neumann: *Raum und Bewegung in der Literatur: Zur Einführung.* In: *Raum und Bewegung in der Literatur.* Die Literaturwissenschaf-

ten und der Spatial Turn. Hrsg. v. Wolfgang Hallet & Birgit Neumann. Bielefeld: Transcript 2009, S. 11.

20 Joseph Zoderer: *Die Walsche*. Roman. Frankfurt a. M.: Fischer 1997, S. 7. (= Fischer-Taschenbuch. 13249.) (In der Folge zitiert als W mit einfacher Seitenzahl.)

21 Christoph König / Hermann Korte: *Joseph Zoderer*. In: *Kritisches Lexikon zur deutschsprachigen Gegenwartsliteratur*. Hrsg. v. Heinz Ludwig Arnold. München: edition text+kritik 1978ff. S9. [Stand 1.8.2007.]

22 Ebda.

23 Joseph Zoderer: *Lontano*. Roman. München/Wien: Hanser 1984, S. 40f. (In der Folge zitiert als L mit einfacher Seitenzahl.)

24 Josef Breitfuß: *Der Reiseroman in der österreichischen Gegenwartsliteratur*. Innsbruck, Dipl. Arb. 1987, S. 51.

25 Joseph Zoderer: *Das Schildkrötenfest*. Roman. München/Wien: Hanser 1995, S. 9. (In der Folge zitiert als SF mit einfacher Seitenzahl.)

26 Christoph König/Hermann Korte, *Joseph Zoderer*, S. 17.

27 Ebda.

28 Joseph Zoderer: *Der Schmerz der Gewöhnung*. Roman. München/Wien: Hanser 2002, S. 227. (In der Folge zitiert als SdG mit einfacher Seitenzahl.)

29 Michail M. Bachtin: *Chronotopos*. Aus dem Russ. von Michael Dewey. Frankfurt a. M.: Suhrkamp 2008, S. 7. (= suhrkamp taschenbuch wissenschaft. 1879.)

Auftritt als Autor
Joseph Zoderers Auseinandersetzung mit den sozialen Bewegungen und der Literaturdebatte um 1968. Mit einem Blick auf seinen ersten Lyrikband

„Wozu schreiben?", fragte im September 1969 der damals 33jährige Joseph Zoderer bei einer Tagung in Bozen, dem von der Südtiroler Hochschülerschaft organisierten „Literarischen Kolloquium". Die Frage war Titel und Thema eines Vortrags, des Einleitungsreferats der viertägigen Veranstaltung im Bozner Waltherhaus. Wenige Wochen später war Zoderers Referat auch im *skolast*, der Zeitschrift der Hochschülerschaft, nachzulesen.[1]

„Wozu schreiben?" diese grundlegende Frage zur Textarbeit, stellte der Schriftsteller Zoderer zu einem für ihn frühen Zeitpunkt. Er hatte zwar eine Reihe von kurzen Prosatexten und zwei Romanmanuskripte fertig gestellt, aber kaum etwas publiziert.[2] Einige wenige Veröffentlichungen in Zeitschriften und Sammelbänden sind in den 1960er Jahren zu finden: in kleinen Südtiroler kulturpolitischen Periodika wie dem *fahrenden skolast* bzw. *skolast* und der linken Monatszeitung *die brücke*, in der Anthologie der Österreichischen Jugendkulturwochen in Innsbruck 1965 oder in der Zeitschrift *Literatur und Kritik*.[3] Buch von ihm lag keines vor.

Folgt man Franz Schuh, der zum Status eines Schriftstellers anlässlich der ersten postumen Buchpublikationen von Norbert C. Kaser, einem literarischen Weggefährten Zoderers, formulierte: „Ein Schriftsteller ist im Sinn der marktgängigen Kultur einer, von dem ein Buch stammt"[4] – dann war das Hauptreferat dieser für die Region bedeutenden Kulturveranstaltung einem Nicht-Autor anvertraut. Damit glich Zoderers Situation, obwohl er in Wien lebte, obwohl er seit Jahren literarisch tätig war, jener der anderen zwölf AutorInnen, durchwegs jüngeren Südtiroler Schreibenden, die beim Kolloquium auftraten, unter ihnen Kaser, Gerhard Kofler oder Konrad Rabensteiner.[5]

Hier referierte einleitend und tonangebend ein Schriftsteller, der im literarischen Feld noch nicht, noch längere Zeit nicht, als solcher wahrgenommen wurde. Zoderer nahm insofern einen Stellvertreter-Status für eine ganze Generation von aufbegehrenden Jung-Literaten ein. Deren Kolloquium im September 1969 war gedacht als eine erste kollektive Manifestation des drei Wochen zuvor, Ende August, bei der Brixner Studientagung der Hochschülerschaft von Kaser und von anderen angekündigten Umbruchs in der regionalen Literaturlandschaft, Ausdruck für das mit Emphase postulierte „Uns gehört das Wort."[6]

Zoderer überraschte mit seiner Fragestellung „Wozu schreiben?" angesichts dieser Voraussetzungen, des kulturpolitischen Aufbegehrens gegen die konservativen Kulturinstanzen im Land, das Kaser in Brixen zugespitzt, respektlos und mit großem Echo angekündigt hatte: „Das Schlachtfest wird grandios werden. [...] Und unter den Schlächtern sind sicher zwei, drei Leute, die beim Beruf bleiben, denen es gefällt, den Tiroler Adler wie einen Gigger zu rupfen und ihn schön langsam über dem Feuer zu drehen."[7]

Der Kontext: Kursbuch 15

So unverständlich Zoderers Fragestellung angesichts dieser Programmatik zunächst wirken mag: Er stellt die Grundsatzfrage ausgehend von einem anderen Hintergrund und nähert sich in seinen Ausführungen der von Kaser stellvertretend formulierten Sichtweise interessanterweise an.

Gefragt wird nicht nur nach dem Sinn der Tätigkeit, wie der Titel nahe legt, gefragt wird auch nach Themenstellungen von Texten: Die Überschrift ist doppeldeutig zu lesen. Gefragt wird ausgehend von der aktuellen Debatte des Jahres 1968 nach dem gesellschaftlichen Stellenwert ästhetischer Literatur. Dieser gesellschaftspolitische Kontext gibt den Rahmen vor.

Auch wenn Zoderer die Titelfrage gleich eingangs mit der Bemerkung relativiert, sie sei „provokatorisch gemeint", so lotet er in seinem Vortrag die in der Überschrift angedeutete Problemstellung dennoch vielfältig und differenziert aus. Vor allem differenziert er nach regionalen Kulturräumen, zieht, wie zu zeigen sein wird, für das literarische Schaffen in Südtirol Anfang der 1970er Jahre spezifische Schlüsse.

Zoderers Klarstellung der Motive für seine Fragestellung zeigt den Einfluss der zeitgenössischen Debatten deutlich:

> Wenn ich die Frage nach dem Wozu stelle, [...] dann spricht daraus die Skepsis, die provokativ angemeldete Skepsis, ob es noch einen Sinn hat, ob Literatur heute noch einen sinnvollen Zweck erfüllt, das heißt, eine feststellbare positive Wirkung in Richtung auf Bewußtseinsbildung und gesellschaftlicher Veränderung, und zwar heute in einer ganz bestimmten Gesellschaftsform, in der Gesellschaft der frustrierten Konsumenten, in der Gesellschaft der angeblich totalen Toleranz.[8]

Ausgangspunkt von Zoderers Überlegungen sind die knapp ein Jahr zuvor, Ende 1968, in deutschen und österreichischen Kulturzeitschriften wie *Merkur*, *Literatur und Kritik* und vor allem im *Kursbuch 15* geführten Debatten über die Funktion von (,bürgerlicher') Literatur in Zeiten des (erwarteten) gesellschaftlichen Umbruchs. Zoderer bringt dem Südtiroler Publikum Debattenbeiträge von Werner Hofmann, Peter O. Chotjewitz und der beiden Kursbuch-Herausgebern Hans Magnus Enzensberger und Karl Markus Michel näher[9], wobei auffällt, dass vom ,Tod der Literatur', jenem schlagwortartigen Diktum, mit dem *Kursbuch 15* häufig in Verbindung gebracht wird, bei Zoderer keine Rede ist – passenderweise. Denn ohnehin erweist sich bei einer Re-Lektüre dieses *Kursbuch*-Heftes vom November 1968 die Behauptung, hier sei der ,Tod der Literatur' ausgerufen worden, als eine hartnäckig sich haltende Legendenbildung literaturhistorischer Rezeption und nicht als brauchbare Charakterisierung. In dem 200 Seiten starken Heft wird ein spannendes Spektrum internationaler Beiträge mit einer Vielfalt an Gattungen und Schreibstilen präsentiert – vom Lebensbericht eines ehemaligen kubanischen Sklaven (*Der Cimarrón*), Gedichten von Ingeborg Bachmann, Prosa von Daniel Charms, dem Anfang der Erstübersetzung von Samuel Becketts *Watt* oder dem Essay *Über das Phantastische der Literatur* von Lars Gustafsson bis zu einem Gedicht von Mao Tse-Tung. Und die für die europäische Debatte einflussreichen Texte des Chinesen Lu Hsün (Chou Shu-Jen) über *Literatur und Revolution* sowie die Essays von Enzensberger, Michel und Walter Boehlich spiegeln zwar – obwohl „unabhängig voneinander entstanden", wie die Redaktion betont[10] – eine Stimmung in der politisierten Kulturlandschaft wider, nähern sich aber der Frage nach dem Engagement des Schriftstellers und der Wirkung und Funktion von Literatur aus zu unterschiedlichen Blickwinkeln, mit divergierenden Akzentsetzungen, als dass diese zentralen Texte von *Kursbuch 15* auf einen gemeinsamen Nenner, gar auf die Diagnose vom ‚Tod der Literatur' zu reduzieren wären.

So ist Enzenbergers Aufruf zu einer „politischen Alphabetisierung Deutschlands" eine Aufforderung eines Schriftstellers zum Schreiben: „Es ist nichts damit gewonnen, wenn wir, vom Selbstzweifel angenagt und durch Sprechchöre verschüchtert, die herkömmliche Imponier- mit einer neu eingeübten Demutsgeste vertauschen."[11]

Karl Markus Michels mit viel Ironie und Provokation geflochtener *Kranz für die Literatur* – mit seinem insistierenden, wiederholten Zwischentitel „Wozu Dichter?" – spielt mit den Graffiti vom Pariser Mai, dem viel zitierten „L'art est mort, ne consommez pas son cadavre"[12] (Die Kunst ist tot, konsumiert nicht ihren Kadaver!), um dann kritisch anzumerken, letztlich für ästhetische Texte plädierend, dass „in den schönen Garten Literatur [...] ein Barbar eingebrochen" sei, der „nicht unterscheiden mag zwischen Unkraut und Kraut. Ihm ist alles ‚Ware', Alibi', ‚Manipulation'".[13]

Selbst Walter Boehlich, dessen als Heftbeilage gestaltetes *Autodafé* mit der Feststellung einsetzt „die Kritik ist tot", endet nach einer Litanei von Fragen mit einem Plädoyer: für „eine Kritik [...], die endlich die gesellschaftliche Funktion jeglicher Literatur als das Entscheidende versteht und damit die künstlerische Funktion als eine beiläufige" erkenne: „Diese Kritik wäre lebendig".[14]

REGIONALE PERSPEKTIVEN, PRIVATE KONSEQUENZ

Auffällig ist, dass Zoderer in seinem Referat diese facettenreiche Debatte zuspitzt und damit auch ein wenig reduziert. Er geht vom „Warencharakter" des Kunstwerks „im Westen" aus, wodurch „sogar der Protest zur Unterhaltung", Pop-Art etwa „als ästhetisches Bonbon geschluckt" werde. Von der Ironie Enzenbergers und Michels ist hier nicht die Rede, die Differenzierungen der *Kursbuch*-Redaktion macht sich Zoderer nicht zu eigen. Michels

Ausführungen fasst er in seinem Vortrag so zusammen: „Dieses Gesellschaftssystem verdaut alles, was ästhetisierbar ist, alles, was nicht tatsächlich Macht beansprucht, Veränderungen anstrebt, in dem es Macht macht und Veränderung in der Aktion schafft. Diese Gesellschaft läßt sich nicht mehr poetisieren, nur mehr verändern."[15]

Daran anschließend, anknüpfend an diese für sich adaptierten Analysen folgt die Sinnfrage:

> Wozu also heute noch Literatur machen, wenn sie für die Veränderung, wenn sie für den Fortschritt nutzlos ist, wenn sie nur dem Prestige des Autors [...] dienlich ist, wenn sie schlimmstenfalls ein reaktionäres, spätbürgerliches, kapitalistisches System unterstützt, indem sie eine Scheinwelt offeriert, indem sie Zustände verschleiert, indem sie propagiert, dass die Freiheiten, von denen sie spricht, nur als Schein zu haben sind?[16]

Der Zweifel ist fundamental. Die Antwort, eine Perspektive, formuliert Zoderer nur für den regionalen Südtiroler Kontext. Denn hier, nur hier, sieht er Wirkungsmöglichkeiten für Literatur. Angesichts „der geistigen Abgeschnürtheit" des Landes, „halbfeudale[r]" Verhältnisse „sehe ich eine reelle Möglichkeit der Herausforderung, auch der literarischen Provokation." [17] Während Literatur „anderswo" nur noch als „ästhetischer Pseudoschock" absorbiert würde, sieht Zoderer in der Provinz noch die „Möglichkeit zur Bewußtseinsbildung"[18]. Die These ist gewagt: Die „Deterritorialisierung" (Deleuze/Guattari)[19] des Landes, eines weitgehend – sprachlich vom italienischen, institutionell vom österreichischen und deutschen – abgekoppelten (deutschsprachigen) Südtiroler Literaturraums, sieht Zoderer als brauchbare Voraussetzung für literarische Produktion.

Er konkretisiert, formuliert auch, wozu geschrieben werden könnte, macht thematische Vorschläge: „Die Problematik der ethnischen Blinddarmexistenz, die Problematik des Sprachgrenzlandes, die Problematik der Kulturenkollision sind kaum einmal von Literaten, die hier geboren wurden, aufgegriffen worden."[20] Mit dem Roman *Die Walsche* hat Zoderer gut ein Jahrzehnt später diese 1969 formulierten Vorgaben selbst aufgegriffen und

damit auch erstmals ein größeres Interesse des deutschsprachigen Literatur-
betriebes für die Provinz wecken können.[21]

Trotz der beim Kolloquium formulierten regionalen Perspektive macht
Zoderer, der in Wien lebt, einen konsequenten Schnitt: Er wendet sich für
mehrere Jahre vom Schreiben ab. Zunächst fährt er mit Bus und per Auto-
stopp durch die USA (Reiseeindrücke wurden später im Roman *Lontano*
von 1984 verarbeitet)[22], dann, nach seiner Rückkehr, beginnt er sich in der
außerparlamentarischen Bewegung zu engagieren und übersiedelt 1971 nach
Südtirol, um als Journalist beim öffentlichen Rundfunk, der RAI-Bozen, zu
arbeiten.[23]

Paradoxerweise war er hier, in der heimatlichen Provinz, ein Jahr zuvor,
1970, als er sich gerade vom Schreiben verabschiedet hatte, als Autor aufge-
taucht: mit einem Prosatext in der von Gerhard Mumelter herausgegebenen
Anthologie *neue literatur aus südtirol*. Die Anthologie war in Zusammenhang
mit dem Literarischen Kolloquium entstanden und Ausdruck des angekündigten regionalen Aufbruchs, „ein Neubeginn nach Jahren des Stillstands",
formulierte es der Herausgeber selbstgewiss im Vorwort.[24]

Bei dem von Zoderer hier veröffentlichten Text, einem Auszug aus dem
bereits vor dem Kolloquium fertig gestellten Romans *Schlaglöcher* (der erst
1993 vollständig veröffentlicht wurde), handelt es sich um einen experimentellen Prosatext ohne Handlungsfaden, einen Text, der sich einer raschen
Rezeption entzieht: Assoziative Reihungen, ohne Satzeichen, lose Sätze und
Prosaminiaturen, folgen ohne ersichtliche Ordnung aufeinander, manchmal
durch Wortspiele verschränkt, Floskeln und Parolen verfremdend: „frei ist
was für Investitionen frei ist und / es lohnt sich / es lohnt sich Feinde zu
haben die Verdienstmöglichkeiten steigen Belohnungen machen dankbar /
dankbar für Belohnungen / mehr Krieg mehr Lohn [...]".[25] Der Text mit
seinen nicht verknüpften Absätzen und Sätzen ist ein holpriges Terrain, ein
‚Anti-Roman'.[26]

Verblüffenderweise wurde die Reaktion auf die Anthologie zur Bestätigung für Zoderers These von der Wirkung von Literatur im regionalen
Kontext, am deutlichsten am Beispiel seines eigenen Textes, obwohl dieses
Stück Prosa weder die Problematik des Sprachgrenzlandes noch der Kul-
turkollision zum Thema hatte: Das Experiment kollidierte mit sprachlichen

Gewohnheiten: „Muss man solche Texte wirklich drucken lassen?"; fragte der Rezensent der Tageszeitung *Dolomiten*.[27]

Das Echo auf die Anthologie, deren Titel *neue literatur aus südtirol*, nicht nur auf Abgrenzung von alten, gemeint war: epigonalen Texten zielte, sondern auch auf eine Wahrnehmung von außen, ein Echo außerhalb des Landes, blieb bescheiden. Diese Buchpublikation, die für viele Autoren ihre erste war, für andere, wie etwa für Kaser die umfangreichste zu Lebzeiten bleiben sollte, blieb zunächst eine Einzelerscheinung.[28]

In der Folge rührte sich wenig in Südtirols Literaturlandschaft, die Region blieb weitgehend literarisches Brachland, sieht man von Büchern von Hubert Mumelter, Reinhold Messner und Luis Trenker ab, also der variantenreichen alpinistischen Publizistik. Und Franz Tumler, der in Berlin lebte, dessen Texte nach Veröffentlichungen bei Suhrkamp nun bei Piper erschienen, sowie Herbert Rosendorfer, im Hauptberuf Richter in München, wurden in den 1970er Jahren nicht als Südtiroler wahrgenommen und kaum in der Heimat.[29]

1972 schrieb die Literaturkritikerin der *Tiroler Tageszeitung* Krista Hauser: „Die große Literaturrevolution, von der mancher Autor träumen möchte, hat auch nach Erscheinen dieses Dokumentationsbandes nicht stattgefunden."[30] Selbst wenn man die ironische Übertreibung relativiert: Diese Feststellung behielt noch Jahre ihre Gültigkeit. Bis Südtirol als Literaturraum in der deutschsprachigen Literaturlandschaft rezipiert wurde, verging fast ein weiteres Jahrzehnt. Erst mit den postumen Veröffentlichungen der Texte Kasers und vor allem mit Zoderers Auftritt beim Bachmann-Wettbewerb 1981 und der anschließenden Veröffentlichung der *Walschen* bei Hanser sollte sich dies ändern.

Es ist hier auch daran zu erinnern, dass in Südtirol selbst in den 1970er Jahren keinerlei Vermittlungsinstanzen für die erwachende ‚neue literatur' zur Verfügung standen: kein Verlag, keine Autorenvertretung, auch keine ernsthafte Literaturzeitschrift. Auch der 1974 gegründete „Kreis für Literatur" im Südtiroler Künstlerbund konnte nicht Abhilfe schaffen: Fast alle Jungliteraten blieben zu dieser weitgehend konservativ ausgerichteten Organisation auch aus ideologischen Gründen auf Distanz. Erst ab 1981 gab es mit der von Literaten selbst initiierten Südtiroler Autorenvereinigung (SAV), die sich in Konzept und Bezeichnung an die auch personell verbundene Grazer Autorenversammlung (GAV) anlehnte, eine Interessenvertretung.[31]

Die Lyrik und die Zeitung

Joseph Zoderer kehrte Anfang der 1970er Jahre vorerst nicht zur literarischen Arbeit zurück. Umso intensiver widmete er sich der politischen Journalistik, neben seinem Brotjob bei der RAI. Er engagiert sich in der italienischen außerparlamentarischen Linken, arbeitet für die im März 1972 von Alexander Langer gegründete *Rote Zeitung*, die deutsche Monatsbeilage der Zeitung und gleichnamigen Gruppierung *Lotta Continua*: „Mein Leben änderte sich radikal, die Literatur, die ich bis dahin geschrieben hatte, schien mir auf einmal lächerlich", sagte er rückblickend fast vier Jahrzehnte später.[32]

Unter den linken Gruppierungen, die im Zuge der Protestbewegungen Ende der 1960er Jahre in Italien entstanden sind, versuchte Lotta Continua am intensivsten Anliegen der Studentenbewegung mit jenen von Fabrikarbeitern zu verbinden.[33] Die *Rote Zeitung*, „eine Zeitung für Arbeiter, Lehrlinge, Soldaten, Studenten und überhaupt alle Ausgenützten"[34], die bis März 1974 erschien, war neben der 1968/69 erschienenen *brücke* sichtbarstes Zeichen für Auswirkungen der in manchem spezifisch italienischen Protestbewegungen um und nach `68 auf Südtirol.[35] Da keiner der Artikel in der *Roten Zeitung* namentlich oder auch nur mit Namenskürzel gezeichnet ist, verschwindet auch Zoderer in der Anonymität des Redaktions-Kollektivs. Drei Jahrzehnte später hat er diese Redaktionsarbeit, die „nächtelange[n] Diskussionen in einer Garage ohne Autos" erzählerisch verarbeitet im Roman *Der Schmerz der Gewöhnung* (2002).[36]

Zoderers Kontakt zum Intellektuellen und Politiker Alexander Langer – der Ende der 1970er die erste zweisprachige Partei des Landes gründen, ab den 1980er Jahren zu einem der europäischen Köpfe der Grün-Bewegung werden sollte – ist nicht nur von biografischem Interesse wegen der anhaltenden gegenseitigen Wertschätzung. An einigen Texten zeigt sich, dass ihr Blick auf die Realität Südtirols eine Reihe von Gemeinsamkeiten aufweist. In einer Rezension der italienischen Übersetzung von Zoderers *Walscher* 1985 spricht Langer vom ersten Roman, der die neue Südtiroler Realität einfange, die Verflechtungen und Konflikte zwischen den Volksgruppen, zwischen Gefühlen von Zugehörigkeit und Fremdheit, zwischen Stadt und Land.[37] Zoderer wiederum drückt seine Anerkennung in einem Nachruf auf Langer aus (1995), in dem er an die gemeinsame Zeit bei der *Roten Zeitung*, die „täglichen Diskussionen zwischen jungen Südtirolern, Deutschen und Italienern", erinnert, und Langer als „Fremdheitsspezialisten"[38] bezeichnet[39], eine Titulierung, mit der die Literaturkritik später Zoderer versehen wird.[40]

Erwähnt werden muss in diesem Zusammenhang auch, dass Zoderers *Walsche* entstand, als in Südtirol heftige Auseinandersetzungen rund um die Volkszählung von 1981 stattfanden: Die mit dieser verbundene verpflichtende Erklärung, ob jemand der deutschen, italienischen oder ladinischen „Volksgruppe" angehörte – eine Kategorie von Zwei- oder Mehrsprachigen war nicht vorgesehen – , war gekoppelt mit dem Erwerb von Rechten, etwa für die nach Volksgruppen getrennt zu besetzenden Stellen im öffentlichen Dienst. Eine von Alexander Langer angeführte Bewegung machte gegen diese „Option 81" mobil[41]: Die polemische Bezeichnung war eine Anspielung auf die Option von 1939, das Hitler-Mussolini-Abkommen, das die Südtiroler zwang, sich zwischen dem faschistischen Italien („Dableiber") oder einem Auswandern nach Nazi-Deutschland („Optanten") zu entscheiden. Zweifelsohne ist *Die Walsche* auch vor dem aktuellen Hintergrund dieser politischen Debatte 1981 zu lesen.

Zoderers Engagement bei *Lotta Continua* und der *Roten Zeitung* hatte Folgen. Die Auswirkungen auf seine zu dieser Zeit, 1973/74, wieder einsetzende literarische Tätigkeit sind unverkennbar. Seine erste eigenständige Buchpublikation, der Lyrikband *s maul auf der erd oder dreckknuidelen kliabn*, 1974,[42] ist geprägt von einem sozialkritischen Zugang. Möglich, dass auch Zoderers Herkunft als Sohn eines Arbeiters und seine Jobs als Hilfsarbeiter, wie von manchen Kritikern vermutet[43], diese Sichtweise geprägt haben. Die Bezüge zur linken Zeitung, für die er in dieser Zeit schrieb, sind jedenfalls evident.

In manchen Gedichten kommt eine auf Veränderung durch Solidarität zielende gesellschaftspolitische Perspektive zum Ausdruck: „statt die hantln foltn / di faischt zoagn / und zsommenholtn" (Statt die Händchen zu falten, die Fäuste zeigen und zusammenhalten).[44] Wie ein Credo wirkt der antikirchlich gewendete Aufruf zur Solidarität in dieser Strophe, deren drei Zeilen miteinander stilistisch verschränkt sind. „*H*antln *f*oltn" ist durch Alliteration und Reim mit „*f*aischt und zsommen*h*oltn" verbunden, mit den in Opposition gesetzten politischen Haltungen; der Diminutiv „hantln" steht dem durch Rhythmuswechsel in Zeile 2 akzentuierten Zeigen der Faust – die dem Autor als Logo der *Roten Zeitung* bestens bekannt war – gegenüber.

Mundart: Material mit Potential

Neben solchen Aufrufen und wiederholten Exklamationen des Aufbegehrens („sogs imenen ini / muck au")[45] und des Aufschreis („tat i gern inibelfern"/würd ich gern hineinbellen)[46] finden sich vereinzelt auch gereimte sozialkritische Parolen wie „de do obn huckn / solln si selber buckn"[47] und andere Verse im Stil der politischen Lyrik wie etwa das Gedicht „sou a roats tiachl...", eine Hymne wohl an das bei linken Demonstrationen gern getragene rote Halstuch, und im übrigen eine weitere Parallele zu ‚Zoderers' politisch positionierter *Roter Zeitung*: „so a roats tiachl isch / wos schians / [...] / aber die wampeten machts gonz verfluacht / weils imenen am orsch guzzelt".[48] Zoderers eigenes Glossar, ein an vielen Stellen erhellender, stellenweise mit Ironie versetzter Subtext[49], unterstreicht die politische Note des Gedichts durch die Erläuterung, dass mit „a wampeter" in der Mundart „ein Reicher" bezeichnet werde, abgeleitet von „wampet", hochdeutsch „dickbäuchig", also „einer der sich durch gutes und vieles Essen einen Bauch angelegt hat".[50] Das ironische Bild am Gedichtende spitzt zu: Das auch als Taschentuch „zun schneizn" benutzte „tiachl" – auch hier dient der Diminutiv der Kontrastierung (zu „wampet") – wird als politisches Symbol gegen die Mächtigen eingesetzt. „Orsch" holt als Vokabel der Unterschicht und Ausdruck der Respektlosigkeit „de do obn" auf die gleiche soziale Stufe wie die aufbegehrenden Arbeiter.

Trotz solchen mit dem Impetus des gesellschaftlichen Aufbruchs, ja Umbruchs geschriebenen Zeilen ist diese Gedichtsammlung alles andere als eine lyrische Kampfschrift. Für die artifiziellen Brüche in den Texten sorgen nicht nur kleine ästhetische Widerhaken wie die Kleinschreibung und der Verzicht auf Interpunktionen: So nimmt etwa das Fehlen des Rufzeichens kämpferischen Parolen ihr Pathos. Auch die Verwendung der Mundart – so sehr sie auch eine politische Dimension hat – sorgt für einen ähnlichen sperrigen Effekt, da die Lektüre, anders als beim Vortrag in einer öffentlichen Lesung, mehr Konzentration erfordert als das Lesen hochdeutscher Texte, und bei jenen, die dieses (Burggräfler) Dialekts nicht kundig sind, gar eine Übersetzung ins Hochdeutsche erforderlich macht. Gleichzeitig setzt Zoderer auf das akustische Potenzial der Mundart, dabei wohl von der Wiener Gruppe angeregt, als deren „Anhänger"[51] er sich in den 1960er Jahren sah. In manchen Gedichten ist das Sprachexperiment mit der Mundart als Material vordergründig: „kluanweis / haifnweis / edelweis".[52]

Unverkennbar ist jedenfalls eine durchgehende Sympathie, ja ein Parteiergreifen für die ‚Ausgenützten' in dieser ersten Buchpublikation Zoderers. Immer wieder zeigt dies der Autor mit gesellschaftlichen Gegenüberstellungen, die sozial definiert sind: Wenn sich etwa das Ich stolz zeigt, ein Instrument zu besitzen, das für politische Aktionen brauchbar ist, die Trillerpfeife, und das bildungsbürgerlich codierte Streichinstrument keineswegs vermisst: „kuane geign honn i / aber a wischpele zwischn di zänn"[53]. Oder, wenn die Sozialisation dieses Ichs thematisiert wird: „mit eidotter und mehlspeis / homms mi nit augepappelt /... muas ohne dergongane butter dafir a por / brusn kakau / um di roschpn hommer ins gschleint".[54]

Ein wichtiges Thema der Gedichte ist die Arbeitswelt, die Welt der Fabriksarbeiter, festgehalten vor allem in Alltagsbeobachtungen, die nicht selten mit ironischen Versatzstücken versehen sind. Eingangs macht ein durchaus programmatisch zu lesender Dreizeiler deutlich, dass das lyrische Ich Mühe hat, sich Gehör zu verschaffen: „heint isch feierobnd / loßts mi laut lachn / s maul af der erd"[55].

Durch die Verwendung der Mundart, des Südtiroler Dialekts des Burggrafenamtes, der Sprachumgebung seines Geburtsorts Meran und der Sprache seiner Eltern, weist sich Zoderer mit diesem seinem ersten Buch, bei seinem Auftritt als Autor, als Südtiroler Schriftsteller aus. Die Verwendung der Mundart verstärkt auch die Intention einer Verbundenheit mit der Sprache der Arbeiter, der „Ausgenützten" (*Rote Zeitung*), was aber dem Autor von nahe stehenden Kollegen nicht nur Lob einbrachte: Polemisch sprach etwa Norbert C. Kaser in einem Brief, der allerdings nicht an Zoderer gerichtet war, von „anbiederung an die volksseele".[56] Vor allem aber verweist Zoderer durch das Thematisieren von Fabrikarbeit und Arbeiterleben im Dialekt auf ein Problem von ethnopolitischer Brisanz: „vor dr schicht zuagschaut / honn i in dr bar tschulio".[57] Der in Mundart sprechende Schichtarbeiter, der der italienischen Aussprache von „Giulio" nicht mächtig und daher als ein Arbeiter vom Land zu erkennen ist, verweist auf ein wichtiges soziologisches Faktum: In der Bozner Industriezone, auf die Zoderer anspielt[58], die in den 1920er Jahren während des Faschismus auch als Instrument einer ‚Italianisierungspolitik' errichtet worden ist, waren Anfang der 1970er Jahre selbstverständlich auch Südtiroler deutscher oder ladinischer Muttersprache beschäftigt, nicht wenige Bauernsöhne aus den Talschaften, die gezwungen waren den heimatlichen Hof zu verlassen. Zoderers Gedichtzeilen in Südtiroler Mundart entlarven damit die in der politischen Debatte immer noch häufigen Verweise auf die vermeintlich ‚italienische' Industriezone als eine politische Instrumentalisierung zur Aufrechterhaltung der auf rigider Trennung der Volksgruppen basierenden Landespolitik, vornehmlich der Südtiroler Volkspartei. Auch hier ist in der Verknappung thematisch vorweggenommen, was im Roman *Die Walsche* in der Figur des Genossen Silvano, der sich für die Solidarität deutscher und italienischer Arbeiter in der Bozner Industriezone engagiert, facettenreich ausgeführt werden wird.

RESONANZ

Die Gedichte erzielten Wirkung, auch wenn diese weitgehend auf den regionalen Südtiroler und Tiroler Resonanzraum beschränkt blieb, was angesichts der Veröffentlichung in einem Kleinverlag, wenn auch in einem Münchner, der Verwendung der Mundart und an der nach wie vor fehlenden Vermittlungsinstanzen wenig überrascht.[59]

Für beachtliches Echo sorgte dennoch, ihrerseits, die Rezension in der Bozner Tageszeitung *Dolomiten*. Der Verriss von Josef Rampold mit dem Titel *Mundartverse als Agitation* ist nicht nur wegen der dadurch ausgelösten Debatte in der Leserbrief-Rubrik bemerkenswert, bei der Zoderer unter anderem nahe gelegt wurde, die schriftstellerische Tätigkeit zu beenden; dabei war er als Autor erst in Erscheinung getreten. Diese Besprechung zeigt vor allem, dass die spezifische Verwendung der Mundart in der Lage war, Unbehagen auszulösen: Zoderer, so der Vorwurf. diene der Dialekt „nur als Tarnsprache", um Sozialkritik zu formulieren.[60]

Umgekehrt fand Claus Gatterer, ein Südtiroler Journalist, der in Wien lebte, gerade an dieser veränderten Funktion, die der Mundart in der Lyriksammlung zukam, Gefallen; er begrüßte, dass einer „die gerade im patriotischen und wirtschaftlichen Florieren für viele ihrer Kinder so ungerechte Heimat beim Wort nimmt, und zwar beim verachteten Dialektwort."[61]

Das Buch, das in der Region großteils mit Neugier aufgenommen wurde, war auch ein Signal: Es scheint, als habe die regionale Literaturlandschaft auf eine Buchpublikation eines Autors, der sich an zeitgenössischen Techniken orientiert und die soziale Realität in den Blick nimmt, gewartet. *s maul auf der erd oder dreckknuidelen kliabn* ist der erste publizistische Ausdruck des beginnenden Aufbruchs, der 1968/69 emphatisch angekündigt worden war. Der Lyrikband war ein Signal vor allem an die Region, die Heimatregion des Autors. Selbst wenn Südtirols zeitgenössische Literaturproduktion erst Anfang der 1980er Jahre größere Aufmerksamkeit in der überregionalen literarischen Öffentlichkeit erfahren sollte, und wohl erst in dieser Spiegelung eine erste Selbstvergewisserung stattfinden konnte: Joseph Zoderers Auftritt als Autor 1974 war dafür eine wichtige Grundlage.

---

1 Josef [sic!] Zoderer: *Wozu schreiben?* In: skolast 14 (1969), H. 4, S. 3-7; (ab 1969 trägt die Zeitschrift den früheren Titel *der fahrende skolast* für mehrere Jahre als Untertitel). Zoderers Text ist in diesem Band wieder abgedruckt. Zur Veranstaltung und zum kulturellen Kontext siehe auch Benedikt Sauer: *norbert c. kaser. Eine Biografie.* Innsbruck: Haymon 1997, S. 75-101, insbesondere S. 97ff.

2 Das *Frühwerk* erschien in drei Bänden zwischen 1993 und 1995 bei Raetia, Bozen: Band 1: *Schlaglöcher. Dauerwellenroman;* Band 2: *Die Ponys im zweiten Stock.* Erzählungen; Band 3: *Der andere Hügel.* Roman. Siehe auch Zoderers italienische Ansprache *La vita è sempre un naufragare* bei der Präsentation von *L' Altra Collina.* Rovereto: Zandonai 2008, der italienischen Übersetzung von

Der andere Hügel, im Dezember 2007 in Bozen. [http://www.retididedalus.it/Archivi/2008/gennaio/letterature_mondo/zoderer.htm, Stand Okt. 2010].

3   Zehn Prosatexte Zoderers und zwei Gedichte, letztere unter dem Pseudonym Valentin Tichtl, verzeichnet das von Reinhold Staffler herausgegebene Skolast-Register (= Skolast-Sondernummer), Bozen: Südtiroler Hochschülerschaft 1990, S. 55f. bzw. S. 53. Außerdem lagen vor: *Pierre* und *Die Ponys im 2. Stock.* In: Innsbruck '65. Eine Dokumentation der XVI. österreichischen Jugendkulturwoche. Gütersloh: Mohn 1965, S. 106-109; *Ungewißheiten.* In: Literatur und Kritik (1968), H. 30, S. 579-585; derselbe experimentelle Text erschien mit einer teilweise anderen Absatzfolge in: die brücke (1968), Nr. 14, S. 7-8.

4   Franz Schuh: *Über einen anderen Typus von Schriftsteller.* In: Franz Schuh: *Das Widersetzliche der Literatur.* Kritische Kritiken. Wien: Jugend & Volk 1981. (= Protokolle 16, H. 4.) S. 92-95.

5   Vgl. *Buchlandschaft Südtirol.* Hrsg. v. Franz Berger und Luis Egger. Bozen: Landesassessorat für Unterricht und Kultur 1981, S. 30-66.

6   Sauer, *norbert c. kaser*, S. 92ff.

7   Norbert C. Kaser: *Südtirols Literatur der Zukunft und der letzten zwanzig Jahre* („Brixner Rede"). In: N.C.K.: *Prosa.* Gesammelte Werke Band 2. Hrsg. von Benedikt Sauer und Erika Wimmer-Webhofer. Innsbruck: Haymon 1988, S. 109-118, hier 117. Dort auch das Zitat „Uns gehört das Wort."

8   Zoderer, *Wozu schreiben?*, S. 3.

9   Werner Hofmann: *Für eine Kunst der politischen Konsequenz.* In: Merkur 22 (1968), H. 4, S. 289-304; Peter O. Chotjewitz: *Ist Lyrik wieder aktuell?* In: Literatur und Kritik (1968), H. 30, S. 587-603; Karl Markus Michel: *Ein Kranz für die Literatur.* In: Kursbuch 15 (1968), S. 169-186; Hans Magnus Enzensberger: *Gemeinplätze die Neueste Literatur betreffend*, ebda. S. 187-197.

10 *Redaktionelle Anmerkungen.* In: Kursbuch 15 (1968), S. 199.

11 Enzensberger, *Gemeinplätze*, S. 196.

12 Michel, *Ein Kranz für die Literatur*, S. 169.

13 Ebda, S. 184.

14 Walter Boehlich: *Autodafé.* Kursbogen zu Kursbuch 15. In. Kursbuch 15 (1968), Beilage.

15 Zoderer, *Wozu schreiben?*, S. 5.

16 Ebda.

17 Ebda.

18 Ebda, S. 6.

19 Vgl. Gilles Deleuze/ Felix Guattari: *Kafka. Für eine kleine Literatur.* Frankfurt a. M.: Suhrkamp 1976 (= edition suhrkamp. 807.) S. 24-27; diese Arbeit wurde erstmals von Wendelin Schmidt Dengler/ Hansjörg Waldner: *Norbert C. Kaser.* In: Kritisches Lexikon zur deutschsprachigen Gegenwartsliteratur. Hrsg. v. Heinz Ludwig Arnold. 19. Nlg. München: edition text + kritik 1985, S. 2, auf den Südtiroler Literaturraum bezogen.

20 Zoderer, *Wozu schreiben?*, S. 5.

21 Vgl. Joseph Zoderer: *Die Walsche.* Roman. München/Wien: Hanser 1982.

22 Vgl. Joseph Zoderer: *Lontano.* Roman. München/Wien: Hanser 1984.

23 Vgl. Christoph König; Hermann Korte: *Joseph Zoderer.* In: Kritisches Lexikon zur deutschsprachigen Gegenwartsliteratur. 87. Nlg. Hrsg. v. Heinz Ludwig Arnold. München: edition text + kritik 2007, S. 1.

24 Gerhard Mumelter: *Vorwort.* In: *neue literatur aus südtirol.* Hrsg. v. G. M. Bozen: Südtiroler Hochschülerschaft 1970, Zitat S. 4.

25 Joseph Zoderer: *Schlaglöcher.* In: *neue literatur aus südtirol,* S. 329; der gesamte Text ist mit dem Untertitel „Dauerwellenroman" 1993 bei Raetia, Bozen, als Band 1 des *Frühwerks* erschienen.

26 Vgl. dazu auch Walter Methlagl: *Wie die Kunst von Kunst kommt.* Über Joseph Zoderers frühe Arbeiten. In: *Literatur in Südtirol.* Hrsg. v. Johann Holzner. Innsbruck: StudienVerlag 1997, S. 47-53.

27 Hermann Eichbichler: *Zu einer Anthologie: Ja und Nein.* In: Dolomiten (Bozen) v. 7.1.1971.

28 Vgl. Sauer, *norbert c. kaser,* S. 118.

29 Die einzige nennenswerte Überblicksdarstellung in den 1970er Jahren zur Literatur in Südtirol ist ein Aufsatz von Alfred Gruber: *Zeitgenössische Literatur in Südtirol.* In: Der Schlern 47 (1973), S. 584-600. Gruber bietet zu elf Autoren bio-bibliografische Abrisse mit kurzen Anmerkungen zum Werk; dort finden auch Tumler und Rosendorfer Erwähnung. Franz Tumler wurde erst 1982, 70jährig, in Südtirol publizistisch gewürdigt, mit der Sondernummer der Zeitschrift *Arunda* (Schlanders): *Franz Tumler. Zum 70. Geburtstag.* Eine Anthologie.

30 Krista Hauser: *Interview mit den Kulturgewaltigen.* In: horizont 5. Beilage zur Tiroler Tageszeitung (Innsbruck) v. 8. 9. 1972, S. 13.

31 Vgl. Sauer, *norbert c. kaser,* S. 166ff.

32 Zoderer, *La vita è sempre un naufragare,* 2007: „La mia vita è cambiata radicalmente, la letteratura che avevo scritto fino a quel momento mi sembrava d'un tratto ridicola [...]." (Übers.: BS)

33 Zur Geschichte der Gruppe Lotta Continua, 1969 - 1976 siehe die Sondernummer *1968. Dal movimento ai gruppi*, Beilage zur Zeitung il manifesto, Oktober 1988 (darin vor allem die Aufsätze von Rossana Rossanda, S. 4f., Adriano Sofri S. 17f., Luigi Bobbio S. 19-21, Daniele Barbieri S. 19-21).

34 Rote Zeitung (1972), Nr. 7, S. 2.

35 Rote Zeitung für Südtirol (Bozen) erschien vom März 1972 bis April 1974 als monatliche Beilage zur Zeitung „Lotta Continua". Die Monatszeitung „die brücke". Südtiroler Zeitschrift für Kultur und Gesellschaft, erschien vom November 1967 bis zum März 1969.

36 Das Zitat in Zoderer: *Der Schmerz der Gewöhnung*. Frankfurt a. M.: Fischer 2004 (= Fischer-Taschenbuch. 15776.) S. 36.

37 „[...] una traduzione sensibile del primo romanzo che parla della nuova realtà sudtirolese, quella degli intrecci e dei conflitti tra etnie, tra sensi di appartenenza e di estraneità, tra città e campagna." Alexander Langer: *Zoderer e Vasalli*. Due libri sul Sudtirolo. In: Reporter (Rom) v. 14./15.09.1985; auch in: Alexander Langer: *Aufsätze zu Südtirol / Scritti sul Sudtirolo* 1978-1995. Hrsg. v. Siegfried Baur / Riccardo Dello Sbarba. Bozen: Alfa&Beta, 1996, S. 74-80, das Zitat aus dem italienischen Aufsatz auf S. 75.

38 Dieses Wort hatte Zoderer in der *Walschen* für den Vater Olgas geprägt.

39 Vgl. Joseph Zoderer: *Ti abbiamo lasciato solo a cercare una „Heimat"*. In: il mattino (Bozen) v. 5.7.1995.

40 König/ Korte, *Joseph Zoderer*, S. 20.

41 Vgl. Alexander Langer: *Mane, Thekel, Phares*. Bibel, Option, Bischof. [1982] In: Langer, *Aufsätze zu Südtirol*, S. 64-66.

42 Zoderers *s maul auf der erd oder dreckknuidelen kliabn* erschien zunächst im Relief-Verlag München, 1974, mit dem (an ein auch überregionales Publikum gerichteten) Untertitel *Südtiroler Mundarttexte*. Zitiert wird in diesem Aufsatz nach der unveränderten Neuausgabe von 2001 (Bozen: Raetia).

43 Vgl. etwa die Besprechungen im Katholischen Sonntagsblatt (Bozen) vom 27.10.1974 und in der Presse (Wien) vom 24./25.8. 1975.

44 Zoderer, *s maul auf der erd*, S. 49.

45 Ebda, S. 16.

46 Ebda, S. 34.

47 „die da oben sitzen, sollen sich selber bücken", ebda, S. 49.

48 Ebda, S. 27; ins Hochdeutsche gebracht vom Südtiroler Rezensenten Claus Gatterer: „so ein rotes tuch ist etwas schönes / aber die fetten herren ärgert es / weil es sie am arsch kitzelt", in: Zoderer: *s maul*, S. 103f.

49 So steht etwa zu *bouzn:* „die Landeshauptstadt Südtirols: Durchreiseort Goethes, Heines und anderer Touristen", *s maul,* S. 86.

50 Zoderer, *s maul,* S. 100.

51 „[...] mi consideravo un seguace della scuola letteraria viennese", sagte Zoderer bei seiner Ansprache *La vita è sempre un naufragare,* Bozen 2007.

52 Zoderer, *s maul,* S. 67.

53 Ebda, S. 71.

54 „mit eidotter und mehlspeise haben sie mich nicht aufgepäppelt / [...] mus ohne zerlassene butter dafür ein paar / krümel kakau/ um [uns] die krusten [zu sichern] haben wir uns beeilt", *s maul,* S. 7.

55 Zoderer: *s maul,* S. 5; in drei Gedichten der Sammlung (auch S. 37 und S. 83) findet sich die erste Hälfte des Titels *s maul auf der erd* wider, immer aber auffälligerweise mit dem dialektalen „af", während für den Titel der Sammlung (sowohl der ersten wie der zweiten Ausgabe) das hochdeutsche „auf" bevorzugt wurde.

56 Brief Kasers an Siegfried de Rachewiltz vom „nov. 74". In: Norbert C. Kaser: *Briefe.* Hrsg. von Benedikt Sauer. Innsbruck: Haymon 1991, S. 213.

57 Zoderer, *s maul,* S. 23.

58 Auch im folgenden Gedicht (*s maul* S. 27) wird auf die Bozner Industriezone angespielt: „vier glasln roatn / honn i heint trinken miassn/ bissimi *oi*getraut honn / in di fabrik" ([...] bis ich mich *hinunter* getraut habe / in die fabrik): Die Industriezone liegt im Talboden des südlichen Etschtals.

59 Eine Aufstellung der Rezensionen findet sich in: Ruth Esterhammer: *Joseph Zoderer im Spiegel der Literaturkritik.* Wien/Berlin: Lit 2006. (= Innsbrucker Studien zur Alltagsrezeption. 2.) S. 63-65. Auszüge aus den Besprechungen auch im Anhang der bei Raetia (Bozen) erschienenen Neuausgabe, 2001, S. 102ff.

60 Vgl. Josef Rampold: *Mundartverse als Agitation.* In: Dolomiten (Bozen) v. 25.11.1974 (s. auch den Anhang in der Raetia-Edition von 2001, S. 102ff.)

61 Claus Gatterer: *Bandiera Rossa auf Südtirolerisch.* In: Alto Adige. Das Blatt für deutsche Leser (Bozen) v. 02.02. 1975.

BEOBACHTUNGEN ZU ZODERERS STIL IN
DAS GLÜCK BEIM HÄNDEWASCHEN

Diesen Beobachtungen zum Stil von Zoderers erstem Roman müssen zwei
Bemerkungen vorangestellt werden. Erstens die, dass dieser erste Roman in
Wahrheit nicht der erste Roman des Schriftstellers ist, sondern dass vorher
neben vielen (verstreut veröffentlichten) Erzählungen die Romane *Der andere Hügel* (1966/67) und *Schlaglöcher* (1968/69) entstanden sind; ein Teil
von diesen, einem in hohem Maß experimentellen Prosatext, ist 1970 in
einer Anthologie der Südtiroler Hochschülerschaft erschienen, zur Gänze ist
das Frühwerk erst spät gedruckt worden.[1] Dessen ungeachtet: Zoderer war
1976, als *Das Glück beim Händewaschen* erschienen ist, kein Anfänger. Er
war es umso weniger, als er auch als Journalist sehr viel geschrieben hatte.

Zweite Vorbemerkung: Alles, was im Folgenden über die lange Erzählung
gesagt wird, bezieht sich auf die 1982 bei Hanser erschienene und mehrfach
nachgedruckte Fassung.[2] Zoderer hat für diese Neuauflage in sein Buch[3] ein-
gegriffen; wie weit diese Änderungen gehen, konnte für diese kleine Unter-
suchung nicht überprüft werden.

Was immer über Zoderer veröffentlicht worden ist, hat vor allem Inhaltliches
und Thematisches diskutiert, manchmal (zu selten) hat man wenigstens den
raffinierten Aufbau seiner Romane gewürdigt. Zu diesem gehört bei dem
hier behandelten Buch nicht zuletzt der sich oft nur in den Erinnerungen der
Hauptfigur vollziehende Schauplatzwechsel zwischen Südtirol, Österreich
und der Schweiz (wobei der Ort, an dem sich das Internat befand, Heerbrugg, nur nebenher – vgl. 58, 63, 111 – genannt wird, wohl im Sinn der
Abschwächung des ‚Autobiografischen‘). Dieses Neben- und Ineinander der
Orte unterstreicht die Unruhe, die Faschismus, Nationalsozialismus, Option
und Krieg auch in das persönliche Leben ganz junger Menschen gebracht
haben. Wichtig ist ferner der Gegensatz zwischen dem zerrissenen Leben in

Österreich und Südtirol einerseits und der ungebrochenen Kontinuität der Institutionen in der Schweiz andererseits etwa in dem lakonisch-erstaunten Satz des Neuankömmlings in der Schweiz:

„Zu Hause waren die Lebensmittel noch rationiert." (7)

Zoderer hebt ihn hervor, indem er ihn einen ganzen Absatz bilden lässt.

Damit sind wir schon bei Zoderers Stil. Seine Sprachkunst ist bisher kaum beachtet worden, obwohl die Wirkung seiner Prosa sich in hohem Maß ihrer sorgfältigen sprachlichen Gestaltung verdankt.[4] Wie wir jetzt aus seinen zugänglich gewordenen Tagebuchnotizen über die Arbeit an der *Walschen* wissen[5], ist Zoderer ein unermüdlicher Überarbeiter, dessen Texte erst nach vielen Fassungen fertig sind.

Selbst bei flüchtiger Durchsicht der Romane bleibt nicht verborgen, dass sich der Stil des Autors verändert, aber nicht linear, beispielsweise hin zu immer größerer Komplexität oder zu größerer Schlichtheit, sondern im Sinn einer jeweils optimalen Übereinstimmung zwischen Thema und Sprache. *Die Walsche* (1982) und *Der Schmerz der Gewöhnung* (2002), in ziemlich großem zeitlichen Abstand voneinander entstanden, dürften stilistisch mehr gemeinsam haben als etwa der eben genannte Roman von 2002 und der letzte vor ihm entstandene, *Das Schildkrötenfest* (1995), in dem, sehr vereinfacht ausgedrückt, der exotische Schauplatz einen ‚exotischen' Stil provoziert hat, womit ich nicht die vereinzelten Wörter aus fremden Sprachen oder das zur Beschreibung der mexikanischen Landschaft notwendige Vokabular meine. Die langen Sätze, in denen die Hauptfigur von *Lontano* (1984) atemlos die Probleme mit dem Verlust der Partnerin artikuliert, unterscheiden sich wiederum völlig von den eher protokollartig formulierten Gedanken Olgas in der unmittelbar vorhergehenden *Walschen*. Der titelgebende Text von Zoderers letztem Erzählungsband, *Der Himmel über Meran* (2005), nähert sich in manchem lyrischer Sprache an, wie sie in der bisherigen Prosa Zoderers eher selten gewesen ist (vielleicht mit der Ausnahme von *Dauerhaftes Morgenrot* von 1987).

Man vergesse nicht, dass Zoderer die 1960er Jahre in Wien verbracht hat, in der Zeit, in der dort die Sprachartistik der Wiener Gruppe, mit ihren Ausstrahlungen auf Jandl, Handke, Bernhard, Jelinek, den literarischen Diskurs beherrschte. So hat wohl auch seine literarische Sozialisation ein ausgeprägtes Sprachbewusstsein geschärft, dem es zu danken ist, dass die sonst leider oft so ergiebige Suche nach Leerformeln, Wortgeklingel und falschen Tönen in Zoderers Prosa vergeblich ist. Selbstverständlich postuliere ich damit nicht irgendwelche ‚Einflüsse' auf den Erzähler.

Im Folgenden geht es nur um Zoderers ersten veröffentlichten Roman und auch in ihm nur um einige wenige Auffälligkeiten, um Beobachtungen eben, um Bausteine zu einer Stilanalyse. Behandelt werden einige wenige besonders auffällige, aber für die Thematik besonders funktionale Stilelemente. Auf die Frage, ob *Das Glück beim Händewaschen* eine autobiografische Erzählung ist oder ob man besser den Begriff „Autofiktion"[6] anwenden sollte, gehe ich nicht ein.

Da Zoderers erfolgreichstes Buch, chronologisch sein vierter, aber der zweite erschienene Roman, sechs Jahre nach dem *Glück beim Händewaschen* gedruckt, mit großem Geschick ein unersetz- und unübersetzbares Wort aus der regionalen Sprache als Titel gewählt hat, *Die Walsche*, liegt es nahe, auch im früheren Buch nach den Regionalismen zu suchen, zumal sich der Hanser Verlag veranlasst gesehen hat, in einem wenige Zeilen umfassenden Anhang Erklärungen zu ein paar Wörtern zu bieten (vgl. 127)[7].

Man wird dabei nicht sehr fündig. Zwar kommen auch, soweit ich sehe aber nur zwei Mal, die „Walschen" vor, als Zitate des Sprachgebrauchs, der das Ich in seiner Familie umgibt, zumal nach deren Rückkehr in die 1940 verlassene Heimat. Das Ich selbst gebraucht immer – nicht sehr oft – „Italiener", „italienisch" usw. Einmal erzählt der Vater – meist mit einem ausgeprägt dialektalen Wort „Tatta" genannt[8] – davon, wie er in den dreißiger Jahren „oft nachts auf Italiener, die Walschen, Jagd gemacht hatte, mit einem Stecken" (101) – wobei durch einen zweiten Regionalismus („Stecken") die Emotionalität der Stelle noch unterstrichen wird; ein zweites Mal ist vom Ersten Weltkrieg die Rede, in dem der Vater „als Kaiserjäger an die Front gegangen [ist], um Tirol gegen die Walschen zu verteidigen." (104) An beiden Stellen geht es um den nationalen Konflikt; an beiden sind die mit dem Wort verbundenen Emotionen nicht die des Ich, sondern die der Elterngeneration. Das regionale Wort dient der Differenzierung der Generationen.

Bei weitem das wichtigste von den wenigen regionalen Wörtern ist „Köpfel", häufig vorkommend und im erwähnten Glossar so zutreffend wie unzureichend mit „Eigensinn, Stolz" erläutert. Denn wenn mich nicht alles täuscht, hat „Köpfel" eine viel positivere Stilfärbung als die beiden hochsprachlichen Wörter, drückt auch etwas Anerkennendes aus wie etwa ‚eigenständige Persönlichkeit', ‚Mut zum Widerstand' und Ähnliches. Das Wort wird auch und gerade im helvetischen Umfeld des Internats gesetzt, in das es sprachlich selbstverständlich nicht gehört – als Mittel der Bewahrung der persönlichen Sprache des Ich? In der autobiografischen Erzählung geht es gerade darum, dass die religiöse Indoktrinierung das „Köpfel" schwächen, die Eigenständigkeit brechen, die ‚Sekundärtugend' „Gehorsam" zur Haupttugend machen will. Durch die Wiederholung, durch die Alliteration und durch einen eigenen Absatz wird das Wort bei seiner ersten (gleich mehrfachen) Erwähnung hervor gehoben: „Es ging darum, kein Köpfel zu haben." (28) [9]

Das häufig wiederkehrende Wort ist für die Thematik von *Das Glück beim Händewaschen* zentral: Wie kann sich ein junger Mensch gegenüber den strengen ‚Regeln' einer autoritären Erziehung zu einem eigenständigen Charakter entwickeln, sein ‚Köpfel' bewahren? Nicht zufällig wählt Zoderer dieses regionale Wort mit der starken Emotionalität, die Wörtern aus der gesprochenen Sprache eigen ist, als Leitmotiv.

Das Wort fällt auch in einem Südtiroler Kotext: Einmal gebraucht es der Vater (98); vor allem aber verwendet es der Onkel des Ich, der Pfarrer von Gargazon. Einem „hohen Besuch", wohl dem Bischof, küsst das Ich nicht den Ring, sondern gibt ihm die Hand.

> Mein Onkel erzählte die Angelegenheit mehrmals bei späteren Besuchen. […] Trotzdem kanzelte mich [Onkel] Vigil wegen meines Köpfels ab. Er sagte nicht Stolz, denn im privaten Gespräch ging er großen Worten aus dem Wege. (68)

Das ist zugleich eine Rechtfertigung des Gebrauchs von „Köpfel" in diesem Roman anstelle eines großen Worts und eine Abschwächung der potentiell antiklerikalen Wirkung des Buchs. Denn dass Vigil – in dieser Hinsicht eine sehr wichtige Figur – von dem Vorfall erzählt, mehrmals erzählt, kann nur so verstanden werden, dass dieser Kleriker, anders als die Schweizer Patres, im Grunde Verständnis für das „Köpfelx" eines Jugendlichen hat.

Der regionale Sprachgebrauch trägt auch im Bericht vom Aufenthalt beim Vater in Meran (vgl. 95-99, 102-106, noch einmal 107-110) zur Bedeutungskonstitution bei. Dort häuft sich auffällig das Wort „die Fremden", ein Wort, das ja grundsätzlich der Befindlichkeit des Ich, im Internat und anderswo, entspricht – übrigens nicht nur in dieser frühen Erzählung – , etwa an der Stelle: „als ich fremd unter Fremden im Zug nach Chur saß" (63). Hier aber wird es im süddeutsch-umgangssprachlichen Sinn von ‚Touristen' gebraucht, etwa: „Wir wohnten in einem Haus, das so alt war, daß die Fremden davor stehenblieben." (96) Der Gebrauch dieses Worts, dessen Homonym sich auf ein zentrales Thema des Buchs bezieht, zumal sein gehäufter Gebrauch, kann nur als Ironiesignal gelesen werden. Denn das Ich lässt ja keinen Zweifel daran, dass es sich selbst trotz der Anwesenheit von Vater und Geschwistern und trotz der Geburt in Meran in dieser Stadt nicht zuhause fühlt, in ihr ‚fremd' ist, doch auf ganz andere Art als die Touristen.

Es gibt noch vereinzelte andere Wörter mit regionaler Färbung; insgesamt bedient sich Zoderer dieses Stilmittels jedoch sparsam und dafür umso wirkungsvoller. Das gilt auch für die Helvetismen, die er fonetisch schreibt und mit denen er gelegentlich die Differenz zwischen dem Ich und den anderen Schülern des Internats markiert, übrigens nie den Abstand zu den Patres, welche man sich ja wohl auch als Schweizer denken muss. Da die Helvetismen darüber hinaus das andere Land charakterisieren sollen, haben sie eine grundsätzlich andere Funktion als die sparsam eingesetzten Wörter aus der Sprache der Eltern des Ich.

Ob der Gebrauch des regionalen Wortes „Kukuruz" ziemlich am Anfang des Werks (30) – bei der Beschreibung der Schweizer Landschaft aus der Sicht des erzählenden Ich – bewusst im Gegensatz zum später gebrauchten Wort ‚Mais' („Maiskolben", 114) steht (während in der Umgebung dieser Stelle der Austriazismus „Paradeiser" verwendet wird) oder ob das Kompositum die Wahl des standarddeutschen Worts bedingt, wage ich nicht zu entscheiden.

Nicht zu übersehen sind die ausgeprägten parodistischen Züge übernommener Sprache, etwa:

> Ich schrieb: Dunkel umgarnt mich, und ich schrieb: also schwanke ich noch in trüber Unsicherheit. Ich notierte: zur Klarheit kann ich mich nicht durchringen, noch sind Wolken auf meiner Zielbahn. Und ich munterte mich auf: jauchzende Opfer. (86f.)

Wohlgemerkt: Das schreibt ein Vierzehnjähriger! Das ist selbstverständlich Sprache aus zweiter Hand, verdünnte Predigt, Trivialisierung kirchlich empfohlener Lektüre, schärfer ausgedrückt: Folge einer Indoktrination. Die Sprache der Patres wird kaum je wörtlich angeführt, sondern immer in solchen parodistischen Verkürzungen, zu denen man auch viel von dem spezifisch kirchlichen Vokabular in dem Roman zählen muss, wie: „Liebesmahl" (89), wie „Maria, unsere Führerin" samt der „Schlange, die sie zertrete" (120); „näher zum Gipfel", „Stunde der Versuchung" (41) usw. Im Grunde ist Zoderers Verfahrensweise hier die der Montage; mit ihr stellt er die zwei Welten im Kopf seines Ich einander gegenüber.

Die Übernahme dieser Floskeln in die Sprache des Ich, ihr unkritisches Zitieren macht deutlich, dass *Das Glück beim Händewaschen* nicht ein ‚normaler', an der Psychologie der Entwicklung interessierter Internatsroman ist – in der Art von Hesses *Unterm Rad* –, sondern ein Buch schärfster Kritik an totalitärer Beeinflussung, am Zwang zur Internalisierung von Regeln, die andere vorgeben. Ich sage bewusst ‚totalitär' und nicht ‚kirchlich', weil das Buch, in den Jahren unmittelbar nach dem zweiten Weltkrieg spielend, offensichtlich zur Verallgemeinerung der Darstellung von Indoktrination einlädt. Aber das führt schon von meinem Thema der stilistischen Beobachtungen ab – oder doch nicht ganz, denn die insistierenden Wiederholungen jener Brocken aus der Sprache der Kirche machen wie das Leitmotiv „Haus der Regel" (zuerst 10; auch, 12, „Regel-Kameraden" und andere Varianten) Parallelen zu einem System der totalen, eben, Regelung aller Tatsachen des Lebens erkennbar. „Auch im fast leeren Haus bestimmte die Regel den Tag und die Nacht." (49) Es ist kein Zufall, dass am Beginn der Internatsgeschichte mehrfach von der Herkunft des Ich-Erzählers aus dem eben besiegten Hitler-Staat und dass später so viel von den sozialistischen Staaten, dem verfolgten Kardinal Mindszenty und dem Koreakrieg die Rede ist. Wobei diese Motivkette vielleicht weniger in die allgemeine Totalitarismuskritik Zoderers gehört als der Charakterisierung des in den späten 40er Jahren omnipräsenten Antikommunismus dient; es wird ja auch eine positive Einstellung der Patres zu McCarthy angedeutet (vgl. 121).

Die Ironie vieler Stellen darf nicht übersehen werden, etwa wo es um die Noten und den Leistungsdruck geht: „Gottes Stellvertreter [demonstrierten] eine peinlich genaue Bewertung der gebotenen Leistungen. Ausfragen in Latein: 3,4, dann 4,9 [...]". (41) Der Witz liegt noch mehr als in der pathetischen Umschreibung „Gottes Stellvertreter" für die geistlichen Lehrer als solcher im Gegensatz zwischen ihr und den pedantischen Kommastellen der Notengebung. Zugespitzt wird diese Darstellung in der die Perspektive des Jugendlichen fast schon sprengenden „Befürchtung [...], daß Gott vielleicht gar nicht mitrechnete" (41), ein weiteres Beispiel für die in dem Buch nicht seltenen ironischen Pointierungen.

Dass für die Zitate aus der Sprache des „Hauses der Regel" vielfach erlebte Rede genutzt wird (vgl. z. B. 28, 40f.), kann ich hier nicht weiter analysieren. Der Sachverhalt scheint mir aber wichtig, denn erlebte Rede ist hier ein Mittel der Überbrückung des zeitlichen Abstands zwischen dem sich erinnernden und dem erlebenden Ich, eines Abstands, der nur an wenigen Stellen (vgl. z. B. 44f.) markiert ist.

Zum ironischen Infragestellen des Alltags im Internat gehört ferner Zoderers Ausnützen von Möglichkeiten der deutschen Wortbildung, der Gebrauch von Komposita, die nicht gebräuchlich, nicht-usuell sind und durch den Effekt der Verfremdung witzig wirken: Die „Erdäpfelschällektüre" (87) – aus der übrigens eine weitere ironische Pointe, das eben zitierte umgarnende Dunkel stammt – gehört ebenso hierher wie die „Zehnmeterdistanz" im Refektorium (49, u. ö.), die „Aufsichtssoutane" (53), der „Schluckabtod" (9), die „Seelendurchleuchtung" (53) und der „Nachfolgechristispruch" (122). Zoderer nützt dieses Mittel nicht so exzessiv wie manche seiner Zeitgenossen, vielleicht sind die betreffenden Stellen deshalb so wirkungsvoll. Soweit ich sehe, kommen solche distanzierenden Komposita nur dort vor, wo vom Internat berichtet wird, nicht oder so gut wie nicht in den Passagen, die in Graz oder Meran spielen. Das bedürfte aber noch einer genaueren Überprüfung.

Fast zur Parodie einer Litanei steigert sich die Häufung der Gebetsbezeichnungen im „Haus der Regel" ziemlich am Anfang des kleinen Romans:

> Auch daß ich immer zerstreut war, bei jeder Art Gebet, beim Aufsteh-Gebet, beim Betrachtungsgebet, beim Vor-dem-Morgen-Gebet, beim Nach-dem-Morgen-Gebet, beim Stufen-Gebet, beim Credo, beim Agnusdei, beim Vor-dem-Studium-Gebet, beim Nach-dem-Studium-Gebet, beim Vor-dem-Mittag-Gebet, beim Nach-dem-Mittag-Gebet, beim Vor-der-Lourdes-Staue-Gebet und so weiter. (19)

Hier tendiert die Aufzählung schon zur Satire, die sich sonst bei Zoderer eher selten findet; die Passage bringt aber auch die Ermüdung des jungen Burschen durch die Fülle der Rituale zum Ausdruck.

Unter anderen zu beobachtenden stilistischen Auffälligkeiten, etwa dem Vokabular für Körperfunktionen und für die Sexualität oder der variierenden Darstellung der Kommunion – bei der ja die (jedoch stets vermiedene) Gefahr der Blasfemie droht (vgl. etwa den „Schluckabtod", 9) – , hebe ich nur noch eine hervor, die mir besonders wichtig erscheint.

Der Erzähler – dessen zeitliche Position zum Erzählten nicht ganz deutlich, jedenfalls nicht die eines aus großer Distanz Zurückblickenden ist – spricht am Beginn von „eintausendfünfhundert Tagen" (10), also etwa vier Jahren, die er im „Haus der Regel" verbracht habe, erzählt aber beispielsweise nur zwei Mal von Ferien. Dieser Verzicht auf chronologische Vollständigkeit unterstreicht das immer Gleiche dieser Internatstage. Diesem Effekt dient auch ein stilistisches Mittel: die häufigen verblosen Sätze und die zahlreichen Parallelismen, die einen Eindruck völliger Statik erwecken. Ein paar Beispiele:

> Das Gute begann damit, daß wir schwiegen, wenn man das Schweigen von uns erwartete, und daß wir etwas sagten, wenn man uns zum Sprechen aufforderte. Wir gingen dorthin, wo sie wollten, daß wir hingingen.

Wir setzten uns, wo sie wollten, daß wir uns hinsetzten. Und wir standen und saßen, schliefen und wuschen uns, wie es angeordnet wurde [...] (52)

Oder:

Nie war die Rede von größerer Biegsamkeit oder größerer Fügsamkeit. Entwicklung des Ich in Form seiner Auflösung. Die Förderung des Individuums, um es in einer schlichten Lebensfeier verschwinden zu lassen [...]. Die gefalteten Hände, auf daß nichts damit begriffen werde. Die keusche Flamme der stillen Onanie. Das Fleischlose, das Unsichtbare [...] (55)

Oder:

Triumph und Pranger. Schweißausbrüche, Herzklopfen und Scham, oft bis zum Brechreiz. (42)

So wie wir waren, Rülpser verschluckend, Fürze verkneifend, Neid verdrängend, machten uns [...] (42)

Solche Parallelismen und Häufungen, auch von kirchlichem Vokabular und von Bezeichnungen für religiöse Akte, nicht zuletzt die häufige Verblosigkeit setzen den Eindruck des semper idem geradezu direkt in Sprache um – was im Übrigen ganz gut zu den sprachlichen Möglichkeiten eines Heranwachsenden passt.

Die Grazer und Meraner Handlungsstränge sind stärker chronologisch nach dem Prinzip von davor/danach gegliedert; vermutlich kommen auch die eben beschriebenen Stilelemente dort weniger oft vor. (Sie finden sich allerdings in den Klosett-Studien des noch fast kindlichen Ich in Graz. Vgl. 24f.)

Noch ein letztes Beispiel für das anti-pathetische Schreiben Zoderers, für einen gewissen Hang zum understatement, der hier (wie einige Jahre später in der *Walschen*) den Schluss des Buches prägt, sei hier angeführt. Ich zitiere ohne weiteren Kommentar:

> Ich erinnerte mich nicht einmal, ob ich das schwarzlackierte Eisentor hinter mir zuzog oder ob ich es offenließ. (126)[10]

Vieles ist in diesen unsystematischen Beobachtungen zum Stil Zoderers in seinem ersten veröffentlichten Roman ungesagt geblieben, musste unerörtert bleiben. Ich will hier auch keine weiteren Andeutungen machen; über den Meraner Handlungsstrang habe ich kaum, über den Grazer so gut wie gar nicht gesprochen, in denen sich stilistisch manches vom Bericht über das Haus der Regel unterscheidet.

Selbst diese unsystematischen Beobachtungen zu ausgewählten Stilelementen sollten aber deutlich gemacht haben, wie bewusst Zoderer diesen Roman im sprachlichen Detail gestaltet hat. Dabei unterstelle ich dem Autor nicht, dass er jede Entscheidung mit Rekurs auf Grammatik und Wörterbuch getroffen hat. Die braucht er nicht oder selten: Er hat eben Gefühl für die Sprache, er kann schreiben.

---

1   Joseph Zoderer: *Frühwerk in 3 Bänden*. 1: *Schlaglöcher. Dauerwellenroman*. 1993. 2: *Die Ponys im zweiten Stock*. Erzählungen. 1994. 3: *Der andere Hügel*. Roman. Mit einem Nachwort von Walter Methlagl. 1995. Bozen: Rätia 1993-1995.

2   Joseph Zoderer: *Das Glück beim Händewaschen*. Roman. Frankfurt a. M.: Fischer 1986 (= Fischer Taschenbuch. 5440.) (In der Folge zitiert mit einfacher Seitenzahl.)

3   Vgl. die Erstausgabe: Joseph Zoderer: *Das Glück beim Händewaschen*. Roman. München: Relief 1976.

4   Ungerechtfertigt polemische Stilkritik an der *Walschen* übt eine frühe Besprechung des Romans durch Kurt Lanthaler: *Die schummerigen Flecken auf dem Schuppendach. Der Verlag will den Autor verbraten*. In: Sturzflüge (1982), H. 1,

S. 60-62. Ich erwähne diese Besprechung nur, weil sie eines der wenigen Beispiele für Arbeiten über Zoderers Stil ist.

5 Siehe Edith Plaickner: *Die Entstehung von Josef Zoderers* Die Walsche. Materialien aus dem Vorlass des Autors. Innsbruck, Dipl. Arb. 2010, sowie den auf dieser Arbeit beruhenden Beitrag der Verfasserin in diesem Band.

6 Zu diesem Problem Gérard Genette: *Diction et fiction.* Paris: Seuil 1991, S. 84ff.

7 In der Ausgabe des Hanser-Verlages 1982 auf S. 170.

8 An der Stelle, an der das Wort zum ersten Mal vorkommt (45), wird es sowohl erklärt als auch durch Kursivdruck hervorgehoben.

9 Interessant ist die standarddeutsche Parallele in *Wir gingen,* in Joseph Zoderer: *Der Himmel über Meran.* Erzählungen. München: Hanser 2005, S. 22f.: Der auch hier vorkommende Priesterbruder rät dem Vater des Ich, er solle – in der faschistischen Ära – „den Kopf ein wenig niedriger tragen".

10 Es ist in Erinnerung zu rufen, dass dieses Eisentor zu den Leitmotiven des Romans gehört.

DIE ENTSTEHUNG VON JOSEPH ZODERERS *DIE WALSCHE*.
MATERIALIEN AUS DEM VORLASS DES AUTORS

Der Ankauf von Joseph Zoderers Vorlass durch die Autonome Provinz Bozen macht es möglich, durch die Tagebucheinträge und Korrespondenzen den Weg von der Idee bis zum Druck der *Walschen* nachzuvollziehen. Der Vorlass wird vom Forschungsinstitut Brenner-Archiv der Universität Innsbruck aufbewahrt und erschlossen. Meine Diplomarbeit[1], auf der dieser Artikel beruht, ist durch die Zugänglichkeit der einschlägigen Materialien im Brenner-Archiv ermöglicht worden.

Im Vorlass befinden sich 60 Tagebücher bzw. tagebuchähnliche Aufzeichnungen von 1970 bis 2006, die in drei Kassetten archiviert sind. Für die *Walsche* sind vier Tagebücher ausschlaggebend, die den Zeitraum von Dezember 1980 bis Dezember 1983 umfassen. Die Tagebücher sind überaus gewissenhaft und mit großer Sorgfalt geführt sowie detailliert dokumentiert; sie ermöglichen dem Leser einen tiefen Einblick in die Ideenvielfalt des Autors.

Die Korrespondenzen werden in 13 Kassetten aufbewahrt, wobei der Briefwechsel mit dem Hanser Verlag, genauer gesagt mit dem Lektor Christoph Buchwald im Mittelpunkt steht. Aber auch die Korrespondenzen mit Jürg Amann, Heinz Ludwig Arnold, Hans Bender, Bruno Kehrein und Werner Masten wurden berücksichtigt, denn durch ihre Ratschläge haben sie den Autor bzw. *Die Walsche* wesentlich beeinflusst.

Den Tagebucheintrag mit der ersten Idee für die *Walsche* schreibt Zoderer am 5. März 1981, als er sich gerade in Rom aufhält: „Eine Idee beschäftigt mich (die Betrunkene im Männergasthaus) [...]." (17:45 Uhr; 26)[2] Interessanterweise hat Zoderer von Anfang an darüber nachgedacht, dass sich die Thematik seines Buches auch für einen Film oder ein Theaterstück eignen würde; mit dieser Voraussage behielt er Recht: *Die Walsche* wurde 1986 unter der Regie des gebürtigen Südtirolers Werner Masten verfilmt (der auch Zoderers *Glück beim Händewaschen* verfilmte), und im Frühjahr 2010 fand die Uraufführung des Theaterstückes *Die Walsche* nach der Bühnenfassung von Sabine Göttel und unter der Regie von Torsten Schilling an den Vereinigten Bühnen Bozen statt.

In den ersten März-Tagen 1981 sammelt Zoderer zahlreiche den Inhalt betreffende Ideen, von denen einige bis zum Druck des Buches erhalten bleiben. So verliert er das Konzept einer Frau, die aus einem Dorf stammt und die mit einem Italiener in der Stadt eine Bar führt, bis zum Ende nicht aus den Augen: „ [...] war sie allein heraufgefahren in dieses Nest auf tausenddreihundert Meter über dem Meer, sehr weit entfernt von Ebbe und Flut, in dieses Bergloch [...]"[3]. Bereits zu diesem Zeitpunkt sucht Zoderer nach einem geeigneten Titel für seinen Roman und notiert dabei Vorschläge wie „Die Besoffene", „Die Italienerin" oder „Die Verräterin", entscheidet sich schlussendlich aber für „Die Walsche". Er ist der Meinung, dass die Hauptfigur als wirkliche Italienerin „ein Minimum an Respekt aus Höflichkeit zu spüren bekommen" würde (Rom, Sonntag, 8. März 1981, 12:00 Uhr; 28).

Der Autor schreibt auch einige Ideen auf, die sich im Laufe des Schreibens verändern oder gänzlich fallen gelassen werden sollten: Figuren wie ein Urlauber, ein Maler und ein Wiener oder eine Behinderte namens Hilde kommen in der *Walschen* ebenso wenig vor wie ein Ich-Erzähler. Dieser Ich-Erzähler nimmt zunächst die Rolle eines Beobachters ein, der sich zwar mitten im Geschehen befindet, sich selbst in einer der früheren Manuskript-Fassungen aber als nicht zum Dorf gehörig bezeichnet. Zoderer hat den Ich-Erzähler erst nach einiger Zeit durch einen Reflektor[4] ersetzt, also eine Figur, von der in der 3. Person erzählt wird, durch deren Augen und durch deren Gedanken wir aber die Ereignisse und Zustände wahrnehmen. Bei solchen Veränderungen haben Kontaktpersonen Zoderers eine wichtige Rolle gespielt und den Autor durch ihre Ratschläge beeinflusst. So kommt die Idee, *Die Walsche* während der Aufbahrung und der Beerdigung von Olgas Vater spielen zu lassen, von Werner Masten:

> Olga, deren Vater gestorben ist, kommt ins Dorf zurück. Sie wohnt im Lehrerhaus und erinnert sich an ihren Vater, ihre Kindheit, ihre Erlebnisse, ihre Umwelt, die den Keim gelegt haben, was sie jetzt ist, nämlich

die Walsche. Sie bleibt 3 Tage, Zeit der Aufbahrung, der Rosenkränze im Dorf, sie beobachtet dabei die Menschen, das Äußere des Dorfes, sein Erscheinungsbild. (Brief Mastens an Zoderer, Pein, 9. Juni 1981; 102)

Masten hat in einem ausführlichen Brief an Zoderer eine Fassung der *Walschen* genauestens analysiert und ist dabei u. a. auf den Ich-Erzähler, das Zusammenleben der deutschen und italienischen Sprachgruppe, den Schluss, die direkte Rede sowie die Figurenkonstellation eingegangen. So ist Masten der Meinung, dass zu viel über den Vater erzählt wird und der Leser zu wenig über die „Walsche" erfährt. Deshalb rät er Zoderer, die Beziehung zwischen Olga und ihrem Vater intensiver darzustellen und auch „das spezifische Problem des Zusammenlebens der zwei Sprachgruppen" (Brief Mastens an Zoderer, ohne Datierung; 100) ausführlicher zu beschreiben. Mit Masten war Zoderer nicht nur brieflich in Kontakt, sondern sie trafen sich auch, um gemeinsam am Manuskript der *Walschen* zu arbeiten. Masten zeigte sich über den Roman und dessen Thematik von Beginn an begeistert und fand vor allem die Figur Olga gelungen („geradezu unheimlich, wie es dir gelungen ist, in eine Frau hineinzuschlüpfen"; Weberhof, Donnerstag, 7. Jänner 1982, 14:45 Uhr; 62).

Nach der schriftlichen Analyse Mastens notiert Zoderer in seinem Tagebuch weitere Ideen; so möchte er einen Idioten in den Roman einbauen und die Lehrerstochter am Ende in einem Stadel oder in einer Heuschupfe verbrennen lassen (vgl. Margen, Sonntag, 26. April 1981, 17:00 Uhr; 37). Die Figur des Idioten nimmt in der *Walschen* Olgas behinderter Stiefbruder Florian ein. Interessanterweise hat Zoderer den Namen dieser Figur zweimal verändert: zunächst heißt Olgas Bruder Erwin, dann Andreas, bevor sich der Autor schlussendlich für Florian entscheidet (die letzte Änderung wird erst spät durchgeführt, als *Die Walsche* bereits für den Satz fertig ist). Auch Olgas italienischer Lebensgefährte Silvano hatte ursprünglich einen anderen Namen: Luigi (vgl. Margen, Donnerstag, 7. Mai 1981, 16:40 Uhr; 39). Die Idee, Olga in einem Brand umkommen zu lassen, verwirft Zoderer. In der Schlussszene der Manuskript-Version trinkt die „Walsche" nach der Beerdigung ihres Vaters massenweise Alkohol und die Situation gerät außer Kontrolle:

> Die Olga hatte sich bis auf die Knie aufgerichtet und erbrach sich. Dabei schüttelte sich ihr Körper so sehr, daß der Hut zur Seite rutschte u. auf den Boden fiel. Und der Steffl stand hinter ihrem Rücken u. zog sie langsam an den Haaren vom Boden auf, und da sah ich, daß sie keine Perücke trug. (120)

Doch ist dies selbstverständlich nicht der endgültige Schluss der *Walschen*.

Zoderer beschreibt in seinen Tagebucheinträgen oft seinen Gemütszustand, das Auf und Ab während des Schreibens: Manchmal geht es ihm gut, er ist „euphorisch" (Rom, Freitag, 6. März 1981, 16:30 Uhr; 26) und mit seiner Arbeit zufrieden, dann wiederum kommt er ins Zweifeln, ist mit seinem Roman unzufrieden, findet ihn nicht gut genug oder es fehlt ihm die „innere Kraft" (Rom, Dienstag, 10. März 1981, 11:30 Uhr; 28).

Auch Gedanken, die das Sprachliche betreffen, finden in den Einträgen des Autors Platz. So hat er ursprünglich einen Dialekt-Dialog im Kopf, will dann aber eine Mischung von direkter und indirekter Rede einführen. Dialekt kommt schließlich in der *Walschen* kaum vor; die wenigen dialektalen Ausdrücke und italienischen Wörter, die Zoderer im Roman verwendet, werden in einem Anhang erklärt. Das Hauptaugenmerk liegt auf der indirekten Rede, obwohl Masten in der bereits erwähnten Textanalyse davon abgeraten hatte, da dadurch die Geschichte methodisch eingeebnet würde (vgl. 101); in den wenigen Fällen, in denen der Autor die direkte Rede gebraucht, verzichtet er auf die Anführungszeichen (vgl. 108). Durch die Mischung von indirekter und direkter Rede bietet sich Zoderer die Möglichkeit eines inneren Monologs, der Grad der Glaubwürdigkeit steigt und „alles erhält mehr Fächerung bzw. Variationsmöglichkeiten in Höhe u. Tiefe" (Margen, Sonntag, 10. Mai 1981, 17:50 Uhr; 40).

Eine wichtige Station im Entstehungsprozess der *Walschen* ist die Teilnahme Zoderers am Ingeborg-Bachmann-Preis in Klagenfurt, wo er im Juni 1981 einen Auszug aus seinem Roman vorliest. Der Text kommt sehr gut an und Juroren wie Marcel Reich-Ranicki loben Zoderers „außerordentlich redliche u. authentische Prosa" (Klagenfurt, Sonntag, 28. Juni 1981, 8:40 Uhr; 49). Durch diesen Auftritt werden Verlage auf Zoderer aufmerksam, darunter der Carl Hanser Verlag. Dessen Lektor Christoph Buchwald wendet sich im Juli 1981 in einem Brief an Zoderer und bekundet das Interesse des Verlages an der *Walschen*. Auch andere Verlage wie Piper, Claassen oder List zeigen sich interessiert, doch schlussendlich entscheidet sich Zoderer für den Hanser Verlag in München und unterschreibt schließlich im September 1981 den Vertrag. Als Erscheinungstermin für *Die Walsche* wird der Herbst 1982 festgesetzt.

Worum es Zoderer mit seinem Roman in erster Linie geht, beschreibt er in einem Brief an Buchwald:

> Mir geht es nicht um einen oder DEN Dorfroman/Südtirol, sondern um ein sehr altes Problem – die Komplexität und Schwierigkeit des Ich-Du, das durch die Nationalitätenkomponente nur/nichts anderes als eine folkloristische Unterstreichung erfahren soll (also Einsamkeit/Fremdheit immer zwischen Ich und Du). Angesiedelt ist das Ganze freilich in meiner Wirklichkeit, ohne daß ich das Wort Südtirol gebrauchen möchte. […] ich glaube, daß DIE WALSCHE ein gutes Buch werden kann, das viele von Fremdheit betroffene Menschen als Leser finden könnte. (Brief Zoderers an Buchwald, Terenten, 22. August 1981; 83f.)

Überhaupt ist die Korrespondenz mit Buchwald sehr aufschlussreich: Zoderer schreibt über seine Probleme mit der *Walschen* z. B., dass er auf jeden Fall verhindern will, eine der Bevölkerungsgruppen zu verurteilen, seien es nun die Südtiroler Bergbauern oder die Italiener. Vielmehr zählen für ihn die Schwerpunkte Fremdheit und Identitätskrise (vgl. Brief Zoderers an Buchwald, Terenten, 18. Oktober 1981; 85).

Um ein besseres Gefühl für die zwei verschiedenen Welten der Olga-Figur zu bekommen, fährt Zoderer zum einen nach Bozen, um dort die Italiener, vor allem die Männer, zu beobachten und besucht zum anderen in Terenten die Sonntagsmesse, um „Gesichter u. Bewegungen u. Atmosphäre aufzunehmen" (Margen, Montag, 2. November 1981, 10:20 Uhr; 60). Die Identitätskrise Olgas will er sowohl durch die äußeren Umstände als auch durch den inneren Konflikt noch ausführlicher darstellen, denn das Thema der Identitätssuche soll sich wie ein roter Faden durch den gesamten Roman ziehen. Der Autor spielt mit dem Gedanken, Olga am Ende wegfahren zu lassen, allerdings nicht mehr zurück zu ihrem Lebensgefährten Silvano; in der Schlussversion der *Walschen* bleibt offen, ob Olga nun zu Silvano, also auch in die italienische Welt, zurückkehrt oder nicht:

> Als sie sich in ihren Wagen setzte, sah sie durch das Scheibenglas die weißgrünen Flechten am Lattenzaun vor dem Holzschuppen und dahinter die Wiese bis zum Wald, Vaters Welt, in milchiger Dämmerung. Sie startete den Motor und legte den Rückwärtsgang ein, bevor sie aber den Fuß von der Kupplung nahm, beugte sie den Kopf zum Lenkrad hinunter und küßte den Rücken ihrer Hand. (DW, 153)

Den Kuss Olgas auf ihre Hand nennt Zoderer in einem Tagebucheintrag den Beweis dafür, dass „sie das gehirnlose, unkritische, christlich barbarische Establishment ‚Heimat‘ geschlagen" hat (München, Sonntag, 17. Jänner 1982, 16:00 Uhr; 63).

Eine weitere wichtige Erfahrung, die Zoderer macht, ist die Teilnahme an einem Totengebet im Juni 1982. Auf *Die Walsche* hat dies allerdings keine Auswirkungen mehr, da der Roman zu diesem Zeitpunkt bereits druckfertig ist, doch in seinem Tagebuch vermerkt der Autor: „Jetzt würde ich ‚die Walsche‘ anders schreiben." (Pein, Samstag, 19. Juni 1982, 10:00 Uhr; 74)

Beim Schreiben der *Walschen* geht Zoderer nicht immer der Chronologie nach vor. So schreibt er an einem Tag einen neuen Schluss und am nächsten Tag macht er wieder einen Sprung zum Anfang des Romans. Im Jänner 1982 ist das Arbeitsmanuskript der *Walschen* fertig und nun steht das gemeinsame Lektorieren mit Christoph Buchwald auf dem Programm, das zum größten Teil in München, aber auch in Terenten stattfindet. Das ist nicht immer ganz einfach, denn Zoderer ist manchmal mit Verbesserungsvorschlägen Buchwalds nicht einverstanden oder fühlt sich missverstanden, so schreibt der Autor einmal in seinem Tagebuch:

> Er korrigiert mich in der Weise, dass der gemeiniglichen Erwartung entsprochen wird, hobelt und macht meinen Text glatt u. platt, vordergründig durch sein Bemühen um Klarheit, aber damit verstopft er das Loch, das ich offen gelassen hatte für mehrere Denk- und Vorstellungsmöglich-

keiten. Kurzum, ich meine: er macht das Komplizierte unkompliziert. (Margen, Donnerstag, 18. Februar 1982, 12:10 Uhr; 68)

Doch schlussendlich können sie sich immer verständigen. Nach dem Lektorieren geht es an kleinere Arbeiten, so muss ein passendes Umschlagbild gefunden werden. Buchwald hat dafür zunächst ein Munch-Bild ausgesucht, doch das ist einigen Verlagsvertretern zu dunkel, und so wird am Ende ein Bild des aus dem Trentino stammenden Malers Giovanni Segantini mit dem Titel „La morte" (dt. Das Vergehen) ausgewählt. Dieselben Vertreter wollen mit Rücksicht auf den bundesdeutschen Buchhandel auch den Titel „Die Walsche" durch „Die Fremde" ersetzen, allerdings sprechen sich sowohl Zoderer als auch Buchwald erfolgreich dagegen aus.

Zu diesem Zeitpunkt ist Zoderers Arbeit an der *Walschen* noch keineswegs beendet: Korrekturen und Streichungen (z.B. von Wiederholungen) werden vorgenommen, ein Klappentext muss angefertigt werden ebenso wie eine Buchbinde, die den Titel in Norddeutschland erklären soll. Auch über eine mögliche Übersetzung des Titels ins Italienische macht sich der Autor Gedanken.

Wie bereits angedeutet, liegen im Vorlass Zoderers auch Manuskripte und Typoskripte der *Walschen*. Der Autor beschreibt die Din-A4-Blätter meistens nur auf der rechten Hälfte; die linke Hälfte bleibt frei oder wird mit Bemerkungen versehen. Viele Blätter werden an den verschiedensten Stellen zerschnitten und dann in einer anderen Reihenfolge wieder mit Klebestreifen zusammengeklebt. Ebenso ist das händische Schreiben für Zoderer bedeutend:

Ich versuche wieder mit der Hand zu schreiben; die neue Methode wäre: tagsüber mit dem Kugelschreiber, am nächsten Morgen mit der Maschine das Material vom Vortag übertragen. Ich sehe momentan darin zwei Vorteile: mit der Hand schreibe ich ungezwungen, spontan, am nächsten Morgen habe ich d. nüchterne Distanz u. komme umschreibend (selektionierend) automatisch in die Materie hinein, an der ich weiterarbeiten will. (Margen, Samstag, 1. August 1981, 15:30 Uhr; 111)

Aus den Tagebucheinträgen geht außerdem hervor, dass Zoderer *Die Walsche* größtenteils in einem braungetäfelten Zimmer einer aufgelassenen alten Schule in Margen, einer Fraktion von Terenten, oder am Weberhof (seinem damaligen Wohnsitz) geschrieben hat. Allerdings hat der Autor dort nicht immer seine Ruhe gefunden, denn vor allem im Sommer war dieses „Haus am Berg […] (Weberhof) unter anderem auch ein Ausflugsziel, umso mehr, wenn dort einer schreibt." (Brief Zoderers an Buchwald, Terenten, 22. August 1981; 83) Das ehemalige Schulzimmer in Margen hingegen war für Zoderer „ein glücklich machender Raum, das idealste Schreibzimmer, das [er] bisher hatte." (Margen, Montag, 27. April 1981, 11:40 Uhr; 37)

Eine letzte Tagebuchnotiz Zoderers im Zusammenhang mit der *Walschen* betrifft Thomas Bernhards *Der Italiener*. Er zeigt sich erschrocken darüber, „wie sehr der Erzählduktus u. die Erzählhaltung" ihn an *Die Walsche* erinnern (Rovereto, Freitag, 9. Juli 1982, 10:00 Uhr; 74).

Durch die Arbeit mit dem Vorlass Zoderers wird ein tiefer Einblick in den Schaffensprozess des Autors gewährt. Sachverhalte und neue Perspektiven werden dargelegt, die bei der ‚bloßen' Lektüre der *Walschen* im Verborgenen bleiben. Derartige Recherchen könnten dank des fleißigen Dokumentierens Zoderers und des gewissenhaften Aufbewahrens seiner Materialien auch an jedem anderen seiner Bücher durchgeführt werden.

---

1   Edith Plaickner: *Die Entstehung von Joseph Zoderers* Die Walsche. Materialien aus dem Vorlass des Autors. Innsbruck, Dipl.-Arb. 2010.

2   Seitenangaben verweisen auf die ausführlichen Zitate (und gegebenenfalls auf die Kommentare dazu) in meiner Diplomarbeit.

3   Joseph Zoderer: *Die Walsche*. München: Hanser 1982. S. 8. Im Folgenden werden Zitate aus der *Walschen* mit DW gekennzeichnet.

4   Zum Begriff vgl. Franz K. Stanzel: *Theorie des Erzählens*. 3. durchges. Aufl. Göttingen: Vandenhoeck & Ruprecht 1985. (= UTB. 904.) S. 84f.

III. Kritiken

Martin Abram

s maul auf der Erd von Joseph Zoderer

Das neue büchl von Joseph Zoderer ist wirklich ein juwel südtiroler mundartdichtung geworden. Seit dem lobenswerten sammelband *neue literatur aus südtirol* wurde nichts lokales mehr veröffentlicht.

Einige unserer dichter haben seit dem letzten erscheinen ihre ansprüche höher geschraubt und sich zur klärung ihres klassenstandpunktes zurückgezogen, andere vorläufig bis heute die weitere Öffentlichkeit gescheut. Auch Zoderer hat eine zeit lang pausiert und der dichtung den politisch relevanteren gebrauchswert des flugblattes der zeitungsspalte vorgezogen. Das soll nicht heißen, daß er hier seine herkunft vergißt, im gegenteil, die themen seiner gedichte sind dort gewachsen, wo er herkommt, und er ist stolz darauf. Er vergißt nicht, daß im tiroler ein bißchen antiautoritäre haltung drinnen ist:

> uamol tat i gern inibelfern
> nit long kopfn
> schnölln lossn
> a wenn mr di mufln geat
> uamol tat i gern in ganzn pichl
> aulupfn

wenn der tiroler diese haltung auch oft begraben hat und ab und zu ein resignativer ton im einen oder anderen gedicht aufkommt, so behält doch Zoderers liebe zum leben, seine neugier, sein vitalismus die Oberhand: hineinbeißen und leben.

s maul auf dr erd
lous i
ob i di hear
pumpern
tuats
bis in di oarwaschl ai
s bluat

Der direkte angriff, die klare politische aussage ist hier in witz und ironie
gekleidet, optisch und akustisch leicht zu lesen, eine gaudi die wortspiele,
die sprache als werkzeug.

Die dichtung nicht überbewertend, kann das büchlein ein „stupfer" sein
für manchen dichterkollegen, auch hiesige gegenwart wieder mitzuformulie-
ren, statt in die nebel jenseits der dichtung tauchen zu wollen.

Der Zeitpunkt der ausgabe ist günstig gewählt, denn auch andere, so
höre ich, werden im bereich des kulturellen demnächst wieder konkretes
vorlegen. So bleibt Joseph Zoderer mit seinem buch nicht isoliert und die
sache läßt sich in einem größeren rahmen sehen. Zoderer selbst beschränkt
sich jetzt nicht auf diesen band mundartdichtung, sondern will bereits im
nächsten jähr im selben verlag mit einem band hochdeutscher lyrik – „die
elfte Häutung" herauskommen.

Sou a roats tiachl isch
wos schians
roat wia di freid wias bluat
wias fuir
sou a roats tiachl isch wos
schians
nit lei zun schneizn
roat wia dr mohn
aber di wampeten machts ganz
verfluacht
weils imenen am orsch guzzlt.

Skolast (Bozen) 1974, H. 3, S. 9

„FETZ IN DIE BLUAMEN"

„n mischter X mochts gonz verfluacht, weils n in o... guzzlt". So steht es deutlich lesbar unter einem Zeitungsausschnitt, auf dem der Schriftsteller Joseph Zoderer in klarer Schrift auch den Namen der Tageszeitung und das Erscheinungsdatum vermerkt hat: „Dolomiten, Montag, 25. November 1974".

Es waren die Zeiten des Kalten Krieges, auch in der Literatur. In Südtirol wurde dieser Krieg härter geführt als anderswo. Wer ins Gehege einbrach, wer die Literatur mit Politik verband, wer zum Volk sprechen wollte (wer immer das sein mochte), wer offen sein Gesicht zeigte, wurde dafür verbal abgewatscht. Leserbriefschreiber empfahlen dem Autor neun Jahre und mehr Schweigen oder ermunterten die Behörden, solche „Elemente" aus dem Verkehr zu ziehen.

Und dennoch: Über Gedichte konnte man wochenlang auf den Leserbriefseiten der „Dolomiten" debattieren. Das waren noch Zeiten für Schriftsteller, ist man geneigt zu sagen: Gedichte wurden als gefährlich erkannt. Und nicht nur die „Dolomiten" mischten sich deftig in die Debatte, auch die Linken schoben einen unterkühlten Marxismus vor sich her und kamen mit Argumenten, die heute wie aus der Steinzeit anmuten. Ein Florian Fiedler (=Franz Kössler) schrieb im „Skolast", der Zeitschrift der Südtiroler Hochschülerschaft, es bestehe der begründete Verdacht, „dass sich hier das Bedürfnis nach literarischer Profilierung nicht ganz legitim politischer Inhalte bedient."

BANDIERA ROSSA

Wer schrieb, wurde in die Zange genommen. „sou a roats tiachl isch / wos schians / roat wia di freid wias bluat / wias fuir / sou a roats tiachl isch wos schians / nit lei zun schneizn / roat wia dr mohn / aber di wampeten machts gonz verfluacht / weils imenen am orsch guzzlt", konnte man in Burggräfler Mundart in Joseph Zoderers erstem Buch lesen. Claus Gatterer sprach damals in der Wiener „Arbeiterzeitung" von „Bandiera rossa auf südtirolerisch". Der Band war in München, im Relief-Verlag, erschienen, mithilfe des Schriftstellers Herbert Rosendorfer, der damals im deutschen Sprachraum schon einen Namen hatte.

S maul auf der erd oder dreckknuidelen kliabn hieß das Buch, und nie wieder sollte Joseph Zoderer so starke, kräftige Gedichte schreiben. Nicht immer zitierten die Rezensenten den Titel des Buches korrekt. Manchmal waren die „dreckknuidelen" auch nur „drecknuidelen". Im Nachhinein gesehen war es das erste Aufbruchssignal für die Südtiroler Literatur. Denn erst später – nach seinem Tod – sollte man entdecken, dass Südtirol in Norbert C. Kaser einen Dichter von europäischem Format besessen hatte. Das Buch – 1974 erschienen und jetzt von der Edition Raetia neu aufgelegt – ist ein Dokument und eine Überraschung zugleich. An ihm lassen sich (durch den Anhang) die ideologischen Frontlinien nachvollziehen, wie sie vor bald 30 Jahren durch Südtirol verlaufen sind. Und das Buch zeigt, was gute Literatur braucht, um nicht vom Zahn der Zeit zerfressen zu werden. Zoderer haut drein, er holt weit aus, er ist direkt, ordinär, er benennt die Dinge beim Namen, er spricht von Arbeitern und Bauern, und man spürt, er selber steht immer mitten drinnen, er, der weder ein Arbeiter noch ein Bauer ist. Es ist – mit Verlaub – eines der besten Bücher des Autors. In diesem Buch stehen beispielsweise Liebesgedichte, die man in jede Anthologie einordnen könnte. Ein Ärgernis hingegen ist die CD von Karl Schwienbacher, die man zusammen mit dem Buch erwerben kann. Der Arzt aus Lana hat die Rhythmusmaschine angeworfen und die Gedichte mit Schmalz übergossen. Dem Autor gefällt's. „Ich habe eine Schwäche für Schnulzen", sagt er, „ich bin mit Mutter in der Küche gesessen und habe die Schlagermusik aus dem Radio gehört." Schon in den 70er-Jahren hatte Zoderer ein umfangreiches Werk vorzuweisen. Einen Roman, Erzählungen (die erst in den 90ern im Raetia-Verlag erscheinen sollten) und Gedichte. Die Karriere allerdings, eine Karriere im Literaturbetrieb, sollte später folgen. Nach dem Auftritt beim Bachmann-Wettbewerb in Klagenfurt im Jahr 1981. Zoderer las aus *Die Walsche*. Der Hanser-Verlag nahm das Manuskript und auch *Das Glück beim Händewaschen*, das schon 1976 im Relief-Verlag erschienen war.

Im Kindergarten Maos

Zoderer – Jahrgang 1935 – war 1971 aus Wien nach Südtirol zurückgekehrt und arbeitete beim Sender Bozen im Aktuellen Dienst. Heute lebt er in Terenten, in der Einöde, was ihm das Schreiben erlaubt und ihm gleichzeitig zu schaffen macht. So, dass er zum Schreiben immer wieder auszieht in die Stadt, ins Hotel. „Es ist meine Schuld", sagt er, „dass ich außerhalb der Metropolen lebe."

S' maul auf der erd war sein erstes Buch und es blieb sein einziges Buch im Dialekt. Später sollten noch zwei Gedichtbände in der Hochsprache folgen: *Elf Häutungen* (1975) und *Pappendeckelgedichte* (1979). Im Jänner 2002 wird eine Literaturzeitschrift aus Bologna, „In forma di parole", neue Gedichte von Joseph Zoderer drucken. Auf Deutsch und in italienischer Übersetzung. Im Februar 2002 wird im Hanser-Verlag sein neuer Roman mit dem Titel *Der Schmerz der Gewöhnung* erscheinen.

Im „hiesigen Kindergarten Maos", so schrieb Josef Rampold, der Mister X der „Dolomiten" damals, sei über Zoderers Mundart-Gedichten Freude ausgebrochen. Freude über eine Literatur, so spottete er, der „viel von einer mephistophelischen Dreck- und Feuer-Geburt anhaftet".

Zoderer schaute dem Volk aufs Maul und blies den Mächtigen den Marsch, in einer Sprache, die einiges von Kraftmeierei hat und dennoch einen großen Charme verstrahlt. Es waren Gedichte aus dem Bauch heraus, gerade ein bisschen vom Gestaltungswillen des Autors gezähmt. Nach Erscheinen des Buches tingelte der Autor zusammen mit dem verstorbenen Alfred Gruber durch das Land und stellte das Buch vor. Im Namen des Südtiroler Künstlerbundes. Neben Peppin dem Roten, wie Zoderer genannt wurde, wurde Alfred Gruber zum roten Pfarrer.

Zoderer war damals ein zorniger, nicht mehr ganz junger Mann, Sympathisant von „Lotta Continua" und Freund von Alexander Langer. Er ist ein politischer Mensch geblieben, der immer wieder nach seiner Meinung gefragt wird, der sich äußern will. „Was soll sich an meinem Zorn geändert haben" sagt er, „wenn die Verhältnisse sich kaum geändert haben." Die Botschaft sei immer die gleiche: „Steh auf, wehr dich, nimm dein Leben in die Hand."

ff – Die Südtiroler Wochenzeitung (Bozen) v. 06.12.2001

Gerhard Mumelter

Zwischen Hoffnung und einer Endzeit

> Ich habe verlernt
> Spucke im Mund zu sammeln
> ich schlucke zuviel
> und habe die Zornananfälle im
> Traum…

Das klingt fast wie ein Erschrecken über sich selbst, wie eine Rechtfertigung für das Vergessen, das die Barrikaden von 1968 überwächst. Wie auch immer, es ist ein deutliches Bekenntnis, das eine Entwicklung umschreibt, mit der Joseph Zoderer nicht alleine dasteht: die Hinwendung vom Zeitkritischen, Aggressiven zu sich selbst. Nicht nur die Zornanfälle spielen sich im Traum ab, sondern in Zoderers neuem Gedichtband ist der Traum ein vielverwendeter Begriff. Gesellschaftliche Realität wird nicht mehr so vordergründig in die Texte eingebracht wie früher.

Gemeinsam ist den 40 *Pappendeckelgedichten* eine Perspektive der Endlosigkeit. Sie wirken wie herausgeschnitten aus einem fortdauernden inneren Monolog. Zugrunde liegt ihnen persönliches Erleben und der Versuch, dem Alltäglichen neue Werte abzugewinnen:

> Heute nachmittag drehte ich
> mit einem Finger
> immer wieder ein graues Hart
> gummirad
> ich war sehr heiter
> als wärs etwas Gutes für einen
> Mann
> mit einem Rad zu spielen
> das Kinder verloren.

Solche Texte zeugen vom Bemühen, den Alltag aus einem neuen Blickwinkel einzufangen und zu hinterfragen.

Am dichtesten wird Zoderers lyrische Aussage dort, wo er persönliches Erleben verarbeitet und dabei in ein Spannungsverhältnis zur Natur und unmittelbaren Umwelt setzt. Diese „Entdeckung" der Natur ist wohl auch der eigentlich neue Aspekt an dieser Lyrik, ans der manchmal geradezu ein Wunsch ·nach Regression spricht, nach Rückkehr in eine Art Urzustand Gottfried Benn'scher Prägung:

> Ein Baum lehnt seine Rinde
> an meine Stirn
> ich greife in die Erde bis
> zur Achselhöhle.

Derart expressionistische Gestaltungsformen hätte Zoderer vor zehn Jahren noch als „Wegrandlyrik" eingestuft. Der Spannungsbogen seiner Lyrik läßt sich daraus klar ablesen. Hauptthema des Gedichtbandes bleibt die Fremdheit oder besser das, was mit dem vielschichtigen Begriff Entfremdung gemeint ist. Viele seiner Gedichte sind aus Trauer gemacht, angesiedelt in einem Bereich zwischen Hoffnung und Endzeit. Die Verwundbarkeit seines lyrischen Ich ist zugleich unser aller Verwundbarkeit:

> … wenn das Geräusch
> der Stille verstummt
> vielleicht wachst Gras dann
> unter weinen Füßen
> wie für einen anderen Morgen..

Zweifel, Ängste und Unsicherheit nehmen manchmal einfachste lyrische Formen an, deren Aussagekraft große Dichte erreicht. Das Fixieren solcher Momente wirkt wie ein vom Stillstand überraschter Bewegungsablauf und für einen Augenblick paßt die Welt genau in den Ausschnitt, in dem sie sichtbar wird:

Denn dieser Pfahl
roh und ungespitzt der
aus der Nachtangst treibt
durchbohrt am Morgen die
Augen
und wächst
blutlos und tränenlos
durch meinen Tag.

Gewiß, ein kurzer, einfacher Text. Solche Gedichte aber gelingen nur einem
Autor, der sein Handwerk versteht. Das ist bei Joseph Zoderer der Fall.

Alto Adige (Bozen) v. 18.11.1979

Oskar Putzer

Das Glück beim Händewaschen

Das Schicksal eines Jungen von der Kindheit an bis zur „schwierigen Zeit des Mannwerdens" ist der Inhalt dieses Romans, der starke autobiographische Züge aufweist. Wer sich allerdings eine harmlos-amüsante Reportage von Lausbubengeschichten mit aufregenden Aktioneinlagen erwartet, wird enttäuscht. Die Eindrücke und Erfahrungen, die hier festgehalten sind, sind keineswegs immer erheiternd; sie stimmen eher nachdenklich. Die wichtigsten Etappen dieser „Entwicklungsgeschichte": die Kindheit in Graz während der Kriegszeit, in der unmittelbaren Nachkriegszeit die Schuljahre im „Haus der Regel", einem Schweizer Internat, die Rückwanderung der Eltern und damit auch die Ferienaufenthalte des „Romanhelden" in Südtirol.

Bereits die erzählerische Gliederung dieses Stoffes deutet darauf hin, daß es sich nicht um einen simplen autobiographischen Bericht in chronologischer Reihenfolge handelt, daß es dem Autor nicht nur um die persönliche Bewältigung der eigenen Vergangenheit geht, daß er sich also nicht nur ein „Trauma von der Seele schreibt" (G. Riedmann); er will vielmehr durch die Wiedergabe von subjektiv Erlebtem objektive Talbestände aufdecken, ungelöste und verdrängte Fragen bewußt machen. Ausgehend vom Aufenthalt im „Haus der Regel", dem der größere Teil der Erzählung gewidmet ist, führt uns der Autor durch meist nur kurze eingeschobene Rückblendungen – plötzlich auftauchenden Erinnerungsbildern gleich – in seine Kindheit, in sein Elternhaus, erzählt von den Kriegs- und Nachkriegserscheinungen in Graz, seiner ersten Reise nach Südtirol als frischdeklarierter italienischer Staatsbürger – aber nicht in wehleidig-klagendem, geheuchelt-anklagendem Ton, sondern im glaubwürdigen Ton desjenigen, der keine Alternative kennt und höchstens hilflose Verwunderung, Verständnislosigkeit mit bitterem Nachgeschmack gegenüber dem empfindet, was mit ihm und um ihn geschieht. In gelungener erzählerischer Synthese münden die beiden

Erzählebenen in einen Schlußabschnitt, der die beginnende Identitätssuche, verbunden mit dem allmählichen Prozeß der Entfremdung vom Elternhaus und der Befreiung vom „Haus der Regel", angedeutet.

In diesem Schlußabschnitt ist die Erzähltechnik des Autors geradezu meisterhaft ausgereift. Die zunehmend ablehnende Haltung des „Helden" bis hin zum endgültigen Bruch mit der vertrauten Umwelt wird nicht in aufdringlicher Direktheit, sondern als allmählicher, nahezu im Hintergrund sich vollziehender Prozeß beschrieben, in Sätzen, die wie beiläufig hingeschrieben wirken: „… und esse n i c h t ein einziges Stückchen vom Leib unseres Herrn" „… löffle zwei-dreimal aus der Suppe, l a s s e sie s t e h e n. Auch das Fleisch und die Erdäpfel", „Im Refektorium wäre ich jetzt gerne noch weiter vom großen Tisch w e g g e r ü c k t", „aber ich denke von vielen Dingen weg. Ich muß immer weiter w e g de n k e n. Nicht von der Annenstraße, die mir nicht mehr einfällt, doch vor allem andern: von Vater, von Mutter, vom Freitagmarkt …", „Überall ungewollt bekannte Gesichter" „ich habe das Unterscheidungsvermögen verloren", „Es trieb' mich in die Richtung von freistehenden Bäumen". Wie viel geschliffener hören sich diese Sätze an gegenüber den am Anfang des Buches (und am Anfang der Entwicklung) stehenden Aussagen: „Es war eher eine Art Erlösung für mich, befreit zu werden von einem der Merkmale, die mich von dem Block der Schonhiergewesenen abhoben", „Ich war eine Anpassungskanone"!

Aber nicht nur am Schluß, auch an zahlreichen anderen Stellen beweist Zoderer ein beachtliches erzählerisches Können. Ohne krampfhaft nach Worten suchend, in einfacher, nahezu naiver Nennung von Details, gelingt es ihm, Situationen, vergangene, weit zurückliegende Augenblicke nicht zu beschreiben, sondern heraufzubeschwören; sie tauchen gleichsam greifbar, riechbar vor dem Leser auf, z.B.: „Ich dachte daran, wie trostlos Mutters Waschtag immer war. Die Dampfschwaden in der Küche, der Laugengeruch, und alles feucht, die Stühle und die Tischplatte, sogar die Fensterbänke und Wände". Sehr bildkräftig, wenn gelegentlich auch zu stark übertreibend sind die zahlreichen Vergleiche, die subjektives Erleben für den Leser nachvollziehbar machen: „Zur Kommunionszeit leerten sich die Bänke wie Gedärme" „Ihr raffiniertes Schwyzerdütsch gefiel mir. Es war, als würden mich Baumstämme streicheln". An einzelnen Stellen wirkt der Autor in sprachlicher Hinsicht noch etwas unstabil. Neben geradezu virtuosen Formulierungen mit oft sogar rhythmischem Duktus, finden sich gelegentlich syntaktisch schwerfällige Perioden, vereinzelt auch Wörter, die als umgangssprachliche oder gar dialektale Regionalismen in einer Schriftsprache mit süddeutschem Charakter wie ein Fremdkörper wirken: „Ich werde zu einem Waschbecken h i n b u g s i e r t, das ich und kein anderer werde benützen dürfen", „Im Panoptikum saß ich vor einer dicken schwarzen Säule und g u c k t e durch eine Art Fernglas". Glücklicherweise bleiben solche Stilbrüche Einzelfälle.

Im Mittelpunkt des Romans steht die Auseinandersetzung mit jenen Erziehungsmethoden, die das Schweigen, Ein- und Unterordnen lehren wollen, die gefahrlose Mitglieder formt für eine auf Gehorsam und Leistung ausgerichtete Gesellschaft, für eine auf Äußerlichkeiten und Heuchelei beruhende „Gesellschaft der gewaschenen Hände": „Die Stunde, die ich dort verbrachte, war ausreichend lang, um das Glück des Händewaschens zu verstehen … Was beim Waschen passiere, ginge mich nichts an. Es komme nur auf eins an: sauber sein oder nicht sauber sein". Es bleibt nur zu hoffen, daß die hier beschriebenen Erziehungsmethoden im Wesentlichen der Vergangenheit angehören und daß Zoderers pessimistische Meinung („Auch heute leben die meisten von uns in einem ‚Haus der Regel'" – Interview mit der Tiroler Tageszeitung v. 28. 10. 1976) zumindest nicht voll zutreffen.

Beachtenswert finde ich die Art, wie der Autor zunächst als Staatenloser, dann als passiver italienischer Staatsbürger das Problem der „Heimat" erlebt und beschreibt. Fern von jedem aufdringlichen, geheuchelt-pathetischen Patriotismus gibt er seine Verständnislosigkeit und eine gewisse hilflose Passivität gegenüber diesen Erscheinungen zu. Nur allmählich wird ihm im Hintergrund die Existenz dieser Frage überhaupt bewußt: „Zwischen Lateinvokabeln und deutscher Grammatik begann plötzlich so etwas wie Heimat mich zu beschäftigen". Lediglich die Sprache gibt ihm so etwas wie ein bewußtes Gefühl, in der „Fremde" („Auch war ich der einzige Ausländer. Ich mußte anders riechen. Zumindest redete ich ein anderes Deutsch") bzw. in der „Heimat" zu sein („In Graz litt ich nie darunter Südtiroler zu sein. Ich sprach wie alle anderen").

Der bedeutsame Satz „die Heimat sei die deutsche Sprache" steht meiner Meinung nach an falscher Stelle. Diese Aussage hat nichts mit dem verlogen-pathetischen Patriotismus zu tun, von dem an dieser Stelle die Rede ist. Sie drückt vielmehr die gerade heute brandaktuelle Kernfrage für eine kulturelle Überlebenschance Südtirols aus.

Die Beschreibung subjektiver Erfahrungen wirkt in diesem Buch wie ein „Medium", durch das der Autor Fragen und Probleme aufzeigt, die nicht nur ihn berühren. Damit erreicht Zoderer jene „objektive Innerlichkeit", die in der gegenwärtigen deutschen Literatur vielfach angestrebt wird. – Nachdem man nämlich die Erfahrung gemacht hat, daß unmittelbar politisches Engagement die Literatur in eine Sackgasse führt, ringt man sich allmählich zur Ansicht durch, daß die Objektivierung subjektiver Erfahrungen keineswegs weniger gesellschaftskritisch und in diesem Sinne politisch wirksam sein kann. – Zoderer hat also durchaus „den Anschluß an die Literatur von heute" (G. Riedmann) gefunden, aber keineswegs in dem negativen Sinne, daß er auf einer Modewelle schwimmt. Es gelingt ihm vielmehr aus eigener Kraft – sowohl sprachlich-gestalterischer als auch emotionaler Kraft – ein „zeitgemäßes" Buch zu schreiben, ohne irgendwelche Vorbilder unmittelbar zu kopieren.

Was hier geboten wird, ist zweifellos „anspruchsvolle" Literatur – in der erzählerischen, besonders sprachlichen Gestaltung vielleicht nicht ganz ausgereift, bestimmt auch inhaltlich in einzelnen Details anfechtbar, aber im gegenwärtigen literarischen Geschehen Südtirols – leider – einmalig. Hier hat sich endlich ein Autor von dem halbherzigen Gedichtchenschreiben abgesetzt und gezeigt, daß auch in einem Sprachgrenzgebiet anspruchsvolles literarisches Schaffen möglich ist, das die eigene Realität sprachlich erfaßt und reflektiert.

Schlern (Bozen) 51 (1977)

Ulrich Janetzki

Zwischen den Südtiroler Fronten

Die Walsche ist Joseph Zoderers zweiter Roman. 1976 debütierte der bis dahin als Mundartdichter aktive Südtiroler mit dem Roman *Das Glück beim Händewaschen* (1982 bei Hanser wieder aufgelegt). Aus der Sicht eines Erwachsenen, läßt Zoderer in *Das Glück...* Stationen seines damaligen Internatsalltags Revue passieren. Das Buch ist eine Chronik fortwährender Demütigungen. Der fast schon lyrische Lakonismus der Berichterstattung, selbst die gnadenlosesten Dressurakte scheinbar anteilnahmslos zu erwähnen, verblüfft und fasziniert zugleich. Zoderers Wortkargheit aber – das gilt in besonderem Maße für *Die Walsche* –, hat Methode: die Authentizität des Berichteten bedarf der knappen und scheinbar emotionslosen Sachlichkeit, der unaufdringlichen und sinnverdichteten Sprache.

Mit *Die Walsche* knüpft Joseph Zoderer nahtlos an seinen ersten Roman an. Dieses Buch gründet sich ebenfalls auf autobiographische Bezüge, auch wenn diese aus der rückwärtsgewandten Perspektive einer jungen Frau entwickelt werden. Olga ist für wenige Tage in ihren Geburtsort, ein Südtiroler Bergdorf, gekommen, um an der Beerdigung ihres Vaters teilzunehmen. Als die Mutter den Vater verließ – sie mochte sich mit den zerstörten Illusionen und alkoholisierten Phantasmagorien ihres Mannes nicht länger arrangieren –, nahm sie Olga mit hinunter ins Tal zu den „Walschen", wie man die Italiener dort abschätzig nennt.

Die vormals vertraute Umgebung verdüstert sich in der Erinnerung des Kindes in dem Maße, wie die oftmals ersehnte Utopie vom Freisein Realität zu werden verspricht. Tatsächlich aber kann sich Olga in den für sie fremden Kultur- und Sprachkreis nicht bruchlos integrieren. Sie schafft es nicht, die ihr von Kind an eingepflanzten Vorurteile gegen alles Italienische abzulegen. Die Distanz zu den Freunden ihres Partners Silvano bewirkt, daß sie sich nach und nach selber fremd wird. „Mit zunehmender Leichtigkeit schlüpfte sie in die Rolle der Sprachbehinderten, es lag eine Verlockung darin, nur halb für die anderen zu existieren." So sieht sie ihre Identität dadurch bedroht, daß jeder von ihr Anpassung erwartet, die sie jedoch noch nicht – für sie selbst begründet – leisten kann. Bewußt wird ihr dies alles erst, als sie nach jahrelanger Abwesenheit wieder in den Heimatort zurückkehrt. „Es gab nichts und niemanden hier, den sie hätte lieben oder hassen können. Höchstens daß sie sich über einen abseitsstehenden Baum freute."

Als Olga die Vorbereitungen für die Beerdigung trifft, stößt sie auf Ablehnung und unverhohlene Verachtung. Man nimmt ihr den (wenn auch kaum von ihr selbst zu verantwortenden) Ausbruch aus der dörflichen Regelwelt übel, noch mehr aber, daß sie unten im Tal mit einem „Walschen" zusammenlebt und überdies eine Bar betreibt. Ihr wird plötzlich bewußt, daß sie sich unten im Tal den anderen verweigert, so wie ihr hier die Dorfbewohner das Geborgensein verwehren. An diesem Punkt beginnt der Roman und entfaltet sich aus Erinnerungs- und Assoziationseinschüben und gegenwärtigen Begebenheiten. Olga erkennt, daß ihr nur die Zeit bis zur Beerdigung verbleibt, den danach zu beschreitenden Weg als Neubeginn zu begründen, um die Entfremdung für immer zu überwinden. Sie liefert sich ihrer Vernunft aus, immer bemüht, vorurteilsfrei ihre Situation zu erfassen. Sie will das Gewordene, ihre emotionalen Bindungen, ihr ganzes bisheriges Leben begreifen und gutheißen, sie will sich akzeptieren, wie sie geworden ist. Nur so erscheinen Aversionen und Vorurteile verständlich und mittels der Vernunft auch auflösbar. Der Besuch im Heimatdorf wird zu einer heilsamen Rückkehr zum Ausgangspunkt. Ihrer selbst bewußt, vermag sie die ablehnenden Gesten der Dorfbewohner zu ertragen.

Zoderer geht davon aus, daß man sich nur derjenigen Dinge erinnern kann, die sich durch bestimmte Gefühle, Stimmungen, Assoziationen vernarbt haben. Diesen Vernarbungen geht Olga nach, ohne jene Wut aber, die immer Schuldzuweisung im Gepäck hätte. Vormals verstrickt in ihre eigene Unsicherheit, hat sie das ihr oktroyierte schlechte Gewissen abgelegt; sie hat die Begründung für einen längst gefällten und praktizierten Entschluß zu formulieren gelernt. In dem Maße wie sie sich ablöst von ihrer dörflichen Herkunft, betreibt sie ihre städtische Integration.

Joseph Zoderers Augenmerk gilt den Außenseitern, denjenigen, die sich nicht voreilig vereinnahmen lassen und es aushalten, eine Weile zwischen den Stühlen zu sitzen. So wie der Internatszögling unbeschadet die klösterliche Ordnungswelt hinter sich läßt, verläßt Olga die spießbürgerliche Idylle des Bergdorfes, um die aus der Irritation gewonnenen Einsichten umzusetzen. Es ist ein Merkmal großer Erzählkunst, wenn ein vom berichteten Einzelgeschehen abgelöstes zeitloses Allgemeines entsteht. *Die Walsche* läßt sich in diesem Sinne lesen.

Der Tagespiegel (Berlin) v. 17.04.1983

Karsten Visarius

Fremdheitsspezialisten

Das Klingeln des Telefons an der Wand reißt die Frau aus dem Gespräch, in dem sie aufgehoben schien. Die Nachricht, die sie vernimmt, entlockt ihr einen Klagelaut, und mit einer heftigen Bewegung schlägt sie ihre Stirn gegen das Gehäuse des Apparats. Diese Frau folgt ihren Impulsen auch dann, wenn sie sich damit Schmerzen einhandelt. Oder muß sie sich Schmerz zufügen, um sich wieder spüren zu können?

Der Tod des Vaters ruft Olga (Marie Colbin) in ihr Heimatdorf zurück. Indessen ist Heimat, dieser lang gemiedene und zuletzt mit dem Film von Edgar Reitz fast schon zum Modethema verkommene Begriff, in *Die Walsche* nur eine gründlich gekannte Fremde, die sich in täuschend heimeligen Postkartenansichten darbietet. Das Dorf in den Bergen Südtirols empfängt Olga mit kaum verhohlener Feindseligkeit, über die auch die Trauer keine Brücken schlägt. Denn sie, die sich jetzt in die Riten des Totenabschieds fügt, lebt in der Stadt mit dem Italiener Silvano zusammen und gilt seitdem selbst als „Walsche", als Italienerin.

Die Problematik von Heimat trägt in Werner Mastens Film, gedreht nach einem Roman von Joseph Zoderer, einen präzisen politisch-kulturellen Akzent. Sie entspringt den latenten Spannungen zwischen der deutschen und der italienischen Bevölkerung in Südtirol, eben jener Region, aus der sowohl Zoderer als auch Masten stammt. Deutlicher noch als das Buch konturiert der Film den Konflikt. Da warnt ein Politiker im Fernsehen vor der Vermischung von Italienern und Südtirolern, und ein anderer fordert die Beseitigung eines faschistischen Siegesmals aus der Zeit Mussolinis; da ist in den Radionachrichten von Sprengstoffanschlägen die Rede, die ein nationalistischer Fanatiker verübt hat. Auf der anderen Seite fühlen sich die Italiener, Silvanos Freunde, die sich in seiner Bar versammeln, als Fremde in dem Land, das sie bewohnen. Olgas Fremdheit aber kommt von viel weiter her. In der Überschwenglichkeit ihrer Gefühle, in der Ungestilltheit ihrer Wünsche treibt sie eine Sehnsucht, der diese Welt kein Zuhause bietet. In der Liebe zu Silvano hat sie es gesucht und muß entdecken, daß auch die Liebe dafür nicht ausreicht. Einen Fremdheitsspezialisten nennt Zoderers Buch einmal ihren Vater, an dessen aufgebahrtem Leichnam sie die fast widerwilligen Beileidsbekundungen der Dorfbewohner entgegennimmt. In diesen zeremoniell geregelten Tagen, die das Leben ganz nach innen drängen, zieht ihre Vergangenheit an ihr vorüber. Und es ist die versteckte, die traurig-tröstliche Pointe des Films, daß sich Olga keinem näher fühlt als dem Toten, der, wie es heißt, sich aus der Welt gesoffen hat. Auch sie, Olga, ist eine Fremdheitsspezialistin, so gut wie ihr Bruder Florian, ein Epileptiker, der schon durch seine Krankheit zum Außenseiter gestempelt ist.

Beständige Disharmonien prägen den Film und verleihen ihm eine innere Spannung, die sich auch gegen die manchmal überinszeniert wirkenden Bilder behauptet. Beständig wechselt der Dialog vom Deutschen ins Italienische; beständig kontrastieren harte Schnitte die historische Architektur des Bergdorfs und die synthetische der Stadt im Tal, die verschlossene Bedächtigkeit der Südtiroler Bauern und die gestenreiche Vitalität von Silvanos italienischen Freunden. Aus deren freundschaftlicher Zudringlichkeit wünscht sich Olga immer wieder fort in die Einsamkeit. „Ich will allein sein", sagt sie sich. Sie ist es seit jeher.

Frankfurter Allgemeine Zeitung v. 27.12.1986

Zu *LONTANO*

WOLFGANG HÄDECKE

PHÄNOTYP DER STUNDE: DER GLEICHGÜLTIGE
DIE GESCHICHTE EINES NAMENLOSEN. *LONTANO* VON JOSEPH ZODERER

Er bewegt sich wie unter einer Glasglocke. Er ist zugleich rastlos und betäubt, als litte er unter einer nicht nachlassenden Benommenheit. Er handelt nicht, es handelt in ihm; auch seine plötzlichen Ortswechsel wirken nicht wie Entschlüsse, sondern wie von einem Mechanismus ausgelöst. Er ist ein jüngerer Mann aus Wien, er hat studiert und eine Zeitlang als freier Journalist gearbeitet, sich beiläufig für Politik interessiert, falls ihn überhaupt etwas wirklich interessiert hat. Er ist mit Mena, einer Heim-Näherin, verheiratet, hat eine Wohnung mit ihr geteilt, hat sie ständig mit ändern Frauen betrogen; nun verläßt sie ihn, geht zu einem anderen, zunächst nicht für immer, und sie schreibt ihm Briefe. Daß sie ihn verließ, könnte die Ursache seiner Rastlosigkeit, seiner Benommenheit sein; man weiß das nicht genau, er scheint es selber auch nicht zu wissen. Er besucht seine Mutter im Krankenhaus; sie ist schon lange gehbehindert, nun hat sie Krebs. Er verschweigt ihr den Weggang von Mena; er verkauft seinen Wagen und fliegt trotz der Erkrankung seiner Mutter, doch mit ihrem Einverständnis, nach den USA, wohin ihn seine in Maryland verheiratete ältere Schwester eingeladen hat. Er lebt dort eine Weile, arbeitet vorübergehend als Handlanger in einem Restaurant, trampt zu Freunden nach Quebec, lungert wochenlang herum, arbeitet kurze Zeit als Anstreicher, fährt mit indischen Zufallsbekannten nach Chicago, erlebt die Ankunft ihres Gurus, erfährt durch ein Telefonat vom Tod der Mutter, bekommt von Mena die Nachricht, daß sie mit dem anderen Mann ihre Wohnung beziehen wird, läßt sich weiterfahren – zuletzt sehen wir ihn zusammen mit einem jungen Paar im Gras unter einer blühenden Linde die Nacht verbringen.

Das Personalpronomen „er" spielt in dieser Rezension eine so große Rolle, weil es in Zoderers Roman, dem dritten nach *Das Glück beim Händewaschen* und *Die Walsche*, die Hauptrolle spielt: Der Mann hat keinen Namen, er hat kein Aussehen, kein Gesicht. Auch andere Personen haben weder Namen noch Aussehen noch Gesicht – das kann kein Zufall, das kann kein Versehen des Autors sein, dafür arbeitet Zoderer zu präzise. Es muß also mit der Hauptfigur, ihrem Wesen zu tun haben, auch mit dem Romantitel: *Lontano* heißt italienisch „fern“, „weit“, das Schlüsselwort fällt, außer im Titel, nur einmal im Buch, als „er“ den „Entschluß“ zum Amerika-Flug gefaßt hat: „Es gab einen Grund zu hoffen in der Entfernung, lontano, sagte er, hinter mir ist Ferne und vor mir ist Ferne, ich freue mich, weil ich mich freuen muß.“

Diese Ferne ist doppeldeutig. Sie kann Freiheit bedeuten, der Mann mag sich vorübergehend sogar einbilden, einreden, sein Wunsch nach „lontano“ sei Freiheit – sie ist es aber nicht; der Mann, der da immer weiter fährt, oder gefahren wird, hat, wie einer der Freunde, nur „schrille Obertöne im Ohr: Liberté, Liberté“, Obertöne der Freiheit, der *Grund*-Ton ist nicht Freiheit, sondern Ferne im zweiten Sinne: Ferne von den Menschen, Ferne der Menschen von ihm, dem Rastlosen, der ins Leere fährt, sinnlos, ziellos, flüchtend. Im Grunde ist er also ein Gleichgültiger, daher die Namenlosigkeit auch scheinbar nahestehender Personen (sie und ihre Namen interessieren ihn nicht), daher das Fehlen von Aussehen und Gesicht – er interessiert sich nicht dafür, er interessiert sich letzen Endes nicht einmal für sich selbst: darum gab auch ihm der Autor keinen Namen, kein Gesicht.

Auf raffinierte Weise flößt Zoderer dem Leser allerdings immer wieder Zweifel ein, ob „er“ wirklich ein Gleichgültiger ist: Hängt er nicht an Mena? Hängt er nicht an seiner Mutter, deren Koma und deren Tod sehr genau geschildert werden? Besitzt er trotz seiner Ruhelosigkeit nicht eine außergewöhnliche Fähigkeit, Außen-Eindrücke aufzunehmen? Er besitzt sie tatsächlich, er (wie der Leser) wird streckenweise von solchen Eindrücken, zum Beispiel Stadt-Bildern, geradezu bombardiert – aber schließlich merkt man, daß alle diese Eindrücke durch den Mann hindurchgehen, daß sie austauschbar sind und *nichts* bedeuten. Auch die Schilderung vom Tod der Mutter bedeutet letzten Endes nichts: Der Mann hat sie ja vom Bruder, dieser hat sie ihm am Telefon weitergegeben, es ist nicht *sein* Bild.

Und Mena, die Erinnerung an sie? Sie kehrt tatsächlich während der Reise, dieser Flucht vor sich selbst, der schrecklichen inneren Leere, mehrfach wieder, der Mann erinnert sich an Szenen ihres gemeinsamen Lebens, er hat vielleicht sogar Sehnsucht nach ihr, aber auch das hält nicht vor. Er kämpft nicht um Mena. Er läßt sie gehen. Er leidet vielleicht manchmal, er hat eingebildete Krankheiten, die sich medizinisch als „nichts" herausstellen – er ist einer jener rastlos umgetriebenen Gleichgültigen, die einen Typus unseres Zeitalters darstellen, einen Phänotyp der Stunde: Er tut, was ihm der innere Mechanismus befiehlt, und sonst nichts. Ob der Autor mit dem Schluß-Bild unter der Linde einen Schimmer von Veränderung, von wirklichem, nicht nur mechanischem, fluchtartigem Aufbruch aufleuchten läßt, ist schwer zu entscheiden; der Rezensent hält es immerhin für möglich.

Zoderer hat seinen Namenlosen, dessen Flucht, seinen Charakter und sein Verhalten, eindringlich geschildert. Zoderer ist ein hervorragender Beobachter und kann dem Leser suggerieren, wie genau sein Gleichgültiger die Außenwelt wahrnimmt: wenn er, beispielsweise, eine Tür streicht. Zoderer verwendet häufig lange, streng durchgearbeitete, vorzüglich rhythmisierte Satzperioden, in denen Erzählung, Schilderung, Monolog, Reflexion, Erinnerung und Rede nahtlos zu komplexen Bildern geformt werden – die indirekte Rede dominiert übrigens, auch das paßt ins Bild von „lontano", vom Gleichgültigen, der, wenn man länger über ihn nachdenkt, Mitleid erwecken, einen aber auch schaudern machen kann. Zoderer versteht es, dem Leser kathartische Schauer über den Rücken zu jagen; er versteht sein Handwerk überhaupt meisterhaft.

Stuttgarter Zeitung v. 29.09.1984

SO FREI SEIN WIE MENA.
JOSEPH ZODERERS ROMAN EINER ERFÜLLTEN SEHNSUCHT: *LONTANO*.

Der Protagonist hat keinen Namen. Sein Alter muß man errechnen. Student an der Kunstakademie in Wien ist er wahrscheinlich, denn er hat Freunde dort und trifft sich mit ihnen. In seiner Wohnung steht ein Regal mit Büchern. Eine Katze ist zu versorgen, und sie springt ihm, wenn er eintritt, ins Genick. Er treibt sich herum, hört und sieht Bekannte und Verwandte. Er lebt, wie er kommentiert, „in der Bereitschaft, in möglichst viele andere Leben einzudringen, und zwar mit zielgerichteter Gleichgültigkeit". Meran, die Stadt an der Passer, ist sein Geburtsort. Südtirol: „diese giftbesprühte Wein- und Äpfelgegend", wo die Einheimischen an den vielen Touristen sich reiben. Ist der Protagonist krank? Hat er die Wunde, die eben verheilt, sich selber zugefügt? In der Universitätshautklinik läßt er sich willenlos als Demonstrationsfall vorführen. Sowohl ein Arzt in Wien als auch ein Arzt in Maryland müssen ihn beschwichtigen: Er habe nichts, absolut nichts; vielleicht eine Medikamentenallergie. „Wenn es so etwas gibt wie einen Schmerzegoismus", bekennt er, „dann war er der perfekte Schmerzegoist."

Wie der junge Mann lebt und denkt und fühlt und warum er sich untätig umhertreibt, hat, genau besehen, drei Gründe: Seine Mutter liegt im Sterben. Die Diagnose läßt keinen Zweifel: Darmkrebs. Man hat sie bereits ins „Sterbezimmer" verlegt, und wenn man sie besucht, gelingt es nur mit Anstrengung, sie aufzuheitern. Man sagt das Erfreuliche, verschweigt das Unerfreuliche; den zweiten Grund, denn auch der Mutter würde er wehtun: Mena, seine Frau, hat ihn verlassen. Der Brief, der die Trennung besiegeln wird, läßt auf sich warten. Erst als er sich selber weit entfernt hat, liest die Schwester am Telephon ihn vor: „Glaube nicht, daß ich dich hasse oder andere Gedanken gegen dich hätte, nur finde ich es richtiger, jetzt so zu leben, wie es meinen momentanen Gefühlen entspricht". Eigentlich will auch er – es ist der dritte Grund – so leben, wie es seinen Gefühlen und dem in ihm erwachten Drang in die Entfernung, „lontano", entspricht. Er hat die Flucht aus der Gewohnheit und aus dem Alltag, in dem andere sitzen bleiben und grade deshalb sich wohl zu fühlen scheinen, längst geplant. Das Ticket für den Charterflug ist besorgt. Er überfliegt den Ozean und faßt Fuß „im Land der unbegrenzten Möglichkeiten". Die ältere Schwester, die schon ganz sich angepaßt hat, und Jim, der amerikanische Schwager, nehmen ihn auf und helfen ihm, Jobs zu finden, die ihn mehr amüsieren als strapazieren. Er erlebt Amerika, wie es sich unterscheidet von Europa, und kann eines Tages zusammenfassen: „Nie zuvor habe ich mich so mitten in der Welt gefühlt."

Aber auch, was zu Hause, in Meran und Wien, weitergeht, läßt ihn so bald nicht los. Aus Briefen und Telephongesprächen hört er, wie furchtbar das Sterben der Mutter in den letzten Stunden war. Er kann Mena auch in der Entfernung nicht vergessen, und was er eben erlebt, wird noch immer unterbrochen von Erinnerungen an sie. Es dringt ihn, weiter fortzufahren. Im Greyhound-Bus, nach Quebec und hinauf zu den kanadischen Seen, und weiter kreuz und quer durch die USA. Die Fahrt an sich ist wichtig: Er weiß, „daß er diese Fahrt, die möglichst lange dauern und weit weg von zu Hause ablaufen mußte", hinter sich zu bringen hatte; er wünschte nichts so sehr wie das Ende dieser Fahrt. Insgeheim hoffte er auf nichts Unerwartetes und wünschte sich dennoch die Verwandlung: „Ich möchte so frei sein wie Mena." Zuletzt ist er zusammen mit einem jungen Paar unterwegs zu einem Superfestival, „toller noch als Woodstock." Die friedlichen Bilder, die ihn bei einer nächtlichen Rast umgeben –„Gemisch von Erde und Gras", „Blütenduft eines Baumes über ihm" – scheinen zu bestätigen: seine Sehnsucht ist erfüllt; er ist frei und befreit.

Die drei Gründe, die dem Roman *Lontano* das Gerüst stellen, sind drei Themen, die in einigen Büchern deutschsprachiger Autoren der Gegenwart mehrere Male wiederkehrten: Krebstod der Mutter; Trennung von der Frau oder Freundin; Ausbruch des Protagonisten aus dem gewöhnlichen Leben. Auch andere Romangestalten flogen nach Amerika oder Kanada, um dort auf den Weiten der Highways und in der Unabhängigkeit von Jobs ein gegensätzliches Leben zu erproben. Wenn Zoderer die modische Thematik nicht scheut, beweist er seine Unbekümmertheit oder seinen Mut. Es kann aber auch sein, daß persönliche Erfahrungen ihm die Themen, und gleich so gebündelt zugespielt haben. Es kann sein, daß er als Autor aus der „Erdäpfel-

und Krautkopfwelt" seiner Heimat Südtirol, die er so gut kennt und schon verwertet hat, ausbrechen wollte: in die Großstadt Wien und in die Fremde Amerikas.

Er bringt alle Kenntnisse mit, die wechselnden Schauplätze, die sein Protagonist erlebt, authentisch zu erfassen. Die Details stimmen. Er hat sie hautnah getroffen, ohne dabei eine naturalistische Beschreibung anzustreben. Er kommt mit den Wendungen und Wörtern aus, die man kennt. Manchmal formuliert er Wörter, die noch nicht im Gebrauch waren; wenn er Substantive zusammenzieht: „Grußlächeln", „Schneckentreppe", „Operationssaalschuhe" oder „Hemdsärmelsprache". Er vertraut auf seine Stimme; und deren melancholischen Beiklang. Gegenüber den Romanen vorher verstärkt er seine Erzählweise noch, indem er vornehmlich Bilder prägt. Wie in einem Film folgt eines dem anderen, ohne daß das nächste Bild das vorige auslöscht. Die Schärfe ist unterschiedlich eingestellt. Manche Bilder behält der Protagonist in seinem Kopf, ohne sie preiszugeben. Die Reflexionen, die Gedanken, die Erinnerungen – Erinnerungen vor altem – werden ebenso wirklich wie die Vorgänge, die Räume, die Gestalten. Zitate konnten es bestätigen. Joseph Zoderer – schon *Das Glück beim Händewaschen* und *Die Walsche* haben es bewiesen – ist ein Erzähler ersten Ranges. Dem, der in der deutschsprachigen Literatur der Gegenwart nur Ermüdungssymptome sehen will, kann man seinen vollkommenen, kleinen, schönen Roman *Lontano* entgegenhalten.

Süddeutsche Zeitung (München) v. 03.10.1984

Martin Lüdke

Sprachbilder vom Glück
Über Joseph Zoderers neuen Roman

„Und so fragten sie ihn, fragten ihn hartnäckig, stellte er sich vor, über sein Gefühl aus. Er hätte eine Weile stumm bleiben können, aber eines Tages oder mitten in der Nacht hätte er wohl zu reden begonnen" und uns diese Geschichte erzählt, die Joseph Zoderer, im Konjunktiv, der Möglichkeitsform, hier nun tatsächlich erzählt, als eine Fiktion, weil es außer den Vorstellungen und Gefühlen, den Empfindungen und Träumen, den Wünschen und Hoffnungen kaum etwas zu erzählen gibt, weil die greifbare Wirklichkeit uns gleichsam zwischen den Fingern zerrinnt und nur (?) Bilder bleiben.

Er hätte also zu reden begonnen: „Zuallererst von den Hunderten aneinandergekuschelten graublauen Tauben auf dem Platz vor dem Hauptpostgebäude, nur notdürftig geschützt vom Halbkreis einer gestutzten Parkhecke. Ich, sagte Lukas, wollte sie mit ihren ins Gefieder geduckten Köpfen in Frieden lassen, doch einmal mußte ich bei diesem Sturmwind die Diagonale des Platzes durchmessen. Und so schritt ich mitten in den dichten, kauernden Schwärm hinein, den blaugrauen See, gut zwanzig Meter lang und etwas weniger breit, der mir einige Wellenspritzer entgegenwischte; nur wenige, einzelne Tauben flatterten da und dort jäh auf, ich sah einige grellrote Füße und beugte mich mit der Hand an der Hutkrempe vor dem nächsten Windstoß, die Augen halb geschlossen, in den Ohren flatterndes Sausen, so daß ich manchmal Lust bekam auf diese Auseinandersetzung und den Platz, den Taubensee, mehrmals, vielleicht dreißigmal an diesem Vormittag, bei Windstärke hundert oder hundertzwanzig über- und durchquerte."

In solchen Bildern erzählt uns Lukas seine Geschichte, zurückblickend, und unscharf in den Konturen, überscharf in den Einzelheiten. Die Dinge, die er beschreibt, werden zum Spiegel seines Bewußtseins. Die Innenwelt wird tatsächlich zur Außenwelt der Innenwelt. „Ich kehrte wieder und wieder um, allmählich auch selbst mit den Armen jäh aufflatternd und mit der Zunge zischelnd, so daß die Tauben zu Hunderten wie plötzlich aufgepeitschte Staubwolken mir ins Gesicht flogen, über das ich jedesmal zu spät die Hände hob, sagte Lukas fast buchstabierend. Aber ich erholte mich jedesmal von meinem Schrecken, indem ich, am anderen Punkt der Diagonale angekommen, ruhig und nacheinander ein Bein hob und jeweils ruhig und langsam schüttelte."

Mit diesem intensiven Bild, das allein den Roman schon charakterisiert, beginnt dieses Buch. Es ist der vierte, wiederum recht schmale Roman von Joseph Zoderer. Der Autor, 1935 in Meran, Südtirol, geboren, lebt heute, nach längeren Aufenthalten im Ausland, wieder in Südtirol, in den Bergen, in der Nähe von Brixen. Sein erster Roman, *Das Glück beim Händewaschen*, stark autobiographisch geprägt, beschreibt seine Kindheit in Österreich und in einem Schweizer Internat. Zunächst in einem Kleinverlag veröffentlicht, wurde dieses Buch, als es 1982 bei Hanser erschien, zu einem großen Erfolg. Im gleichen Jahr erschien auch Zoderers zweiter Roman *Die Walsche*, ein ungewöhnlicher Heimatroman, ganz und gar nicht nach dem Geschmack der deutschtümelnden Südtiroler Nationalisten. Seitdem gilt Zoderer in seiner „Heimat" als Nestbeschmutzer. 1984 erschien *Lontano*, der kurze Roman einer langen Flucht – Zoderers Antwort auf Handkes *Kurzen Brief zum langen Abschied*. Das neue Buch, *Dauerhaftes Morgenrot*, ist, glaube ich, noch stärker Handke verpflichtet, nicht im Stil, den Motiven, der Thematik, sondern in der Haltung, Menschen und Dingen gegenüber. Zoderer ist kein Epigone, aber er hat von Handke gelernt, zum Beispiel was der „sanfte Übergang" zwischen den Sätzen bedeutet, das Vertrauen ins Erzählen, also jene Haltung, die Handke etwa Francis Ponge abgelesen und beispielhaft in seinen Erzählungen übernommen hat. Von dieser Haltung lebt Zoderers Buch. (Und dazu gehört Mut).

Die Handlung läßt sich, ohne Not, in wenigen Sätzen zusammenfassen: Ein Mann verläßt, zeitweilig, seine Frau, Livia, die ihn sogar dazu überredet hat (weil sie sicher ist, daß er zurückkehren wird). Er geht in eine Stadt am Meer, um dort Johanna, eine Geliebte, zu suchen und wahrscheinlich mehr noch: die Liebe überhaupt. Seine Suche bleibt unentschlossen, ziellos. Er streunt durch die Straßen, lungert in den Kneipen herum. Möglicherweise sehnt er sich mehr nach der Sehnsucht als nach Johanna. Er trifft auf dunkle, finstere Gestalten. Wünsche, Traum und Alptraum vermischen sich, Johanna, die Geliebte, und Gianna, eine Prostituierte, könnten identisch sein. Gegenwart und Erinnerung greifen ineinander. Unmerklich verschieben sich die Bilder. Was greifbar wirklich schien, erweist sich im nächsten Augenblick schon als Täuschung, als Wunsch-, wenn nicht als Wahnvorstellung.

Die Bilder bleiben, je für sich, gestochen scharf. Doch sie überlagern sich. Das Szenario wird immer infernalischer. Lukas scheint sich in dieser Stadt am Meer zu verlieren. Gianna scheint an die Stelle Johannas getreten zu sein. Orgiastische Ausschweifungen, Träume, Alpträume werden beschrieben. Lukas kann seine Wahrnehmungen und seine Empfindungen nicht mehr auseinanderhalten. Doch diese Höllenfahrt bringt ihn zurück – zu sich selbst, zu Livia, seiner Frau. Die Sehnsucht kann, offenbar, nur unerfüllt bestehen, sie wird wirklich – nur als Schein, in dieser Folge von Bildern.

Zoderers neuer Roman erscheint mir als ebenso konsequenter wie radikaler poetischer Entwurf. Es ist ein Versuch, die Dinge selber zum Sprechen zu bringen und damit die Differenz von Innenwelt und Außenwelt – poetisch – aufzuheben. Keine Flucht aus der Wirklichkeit, im Gegenteil: Zoderer vertraut nur der Kraft einer Sprache, die in dem, was ist, nicht aufgeht.

Die Zeit (Hamburg) v. 08.05.1987

VERENA AUFFERMANN

ÜBER DIE LIEBE.
LAUTER ABSCHIEDE IM WERK DES SÜDTIROLER AUTORS JOSEPH ZODERER

Er ist einer von vielen, nennen wir ihn Z. Unterwegs ist er mit Hut und Trenchcoat. Je nach Laune trägt er einen Bart. Weil Z. seßhaft ist, ist er immer unterwegs. Er ist kein Flaneur, ein Abenteurer schon gar nicht. Z. hat etwas Besonderes an sich, und das verbindet ihn mit einer Schnecke.

Wo immer wir mit ihm zusammentreffen – in Meran, in Wien, in den USA, in Rom, in Triest – er trägt sein Haus auf dem Rücken, und in dem Haus wartet die Frau.

Z. ist ein altmodischer Mann. Er liebt die Liebe. Mit seinem ersten Roman *Das Glück beim Händewaschen* – die Südtiroler Mundartdichtung *S' Maul auf der Erd* lassen wir einmal denen, für die sie entstanden ist – 1976 geschrieben und 1982 im Münchner Hanser Verlag erschienen, hat Joseph Zoderer drei weitere schmale Romane geschrieben. Der Schreibprozeß hat jetzt den Lebensprozeß eingeholt. Wir sind mit Zoderer à jour.

Weil er, das Südtiroler Kind, in einem Schweizer Internat zu lügen und darunter nicht zu leiden gelernt hat; weil er, wie es heißt, das „Fingerspitzensündengefühl" und die Fähigkeit, Gewissensbisse zu entwickeln, entdecken mußte; weil er herausfand, wie „Stolz, Neid und Zorn nach Quantität und Qualität zu trennen" sind, und weil die Patres, wohl wissend, was sie taten, ihn in die Hierarchie von Gut und Böse eingeführt haben – hat Joseph Zoderer gelernt, sich selbst zu beobachten.

Außer in seinem zweiten Roman *Die Walsche* ist er, der Z., oder welcher Name ihm gefällt, sein eigener Spiegel und das einzige Fenster nach draußen. Zoderer schaut durch sich hindurch.

Weil sein Blick sich selbst zum Echo hat, fällt sein Auge in Richtung Frau immer auf den gleichen blinden Fleck. Joseph Zoderer schreibt über die Liebe wie eine Tantalusqual. Er will haben, was er niemals bekommt, er will für ewig fliegen, um morgen für immer zurückzukehren. Er ist ein Realist, der träumt und träumt und weiß, daß am Morgen alles ganz anders ist.

Wenn man also *Das Glück beim Händewaschen* (1982), wenn man die *Walsche* (1982), *Lontano* (1984) und Zoderers soeben erschienenes *Dauerhaftes Morgenrot* wie einen einzigen Fortsetzungsroman liest, dann hat man ein Buch der Abschiede vor sich: „Allein sein, niemandem antworten zu müssen", heißt es in *Lontano*. „Ich will nicht mehr an dich denken, ich will dich nicht denken", sagt Lukas im *Dauerhaften Morgenrot* zu sich.

Der „Schmerzegoist" Zoderer kann besser leiden als lieben. „Es gibt welche, die gut leiden können. Ich kann besser klagen …" notierte der junge Brecht in sein Tagebuch. Klagen kann Joseph Zoderer auch. Nun, werden Sie denken, der Skorpion, der sich selbst verletzt, der Schriftsteller, dem der

Refrain von Sehnsucht und Leid den Kopf blockiert, der Romancier, dem das eigene Spiegelbild den Blick nach draußen verstellt, ist das nicht ein armer Kerl, werden Sie bestenfalls denken. Was, werden Sie fragen, was geht mich das an?

In einer Zeit, in der Schweigen nichts mehr gilt, obgleich für Gefühle die Worte fehlen, beschreibt jemand in größter Ruhe das Dilemma von Nähe und Entfernung, die Diskrepanz von Wunsch und Wahrheit. Wie in der *Walschen* und in *Lontano* beginnt im *Dauerhaften Morgenrot* alles mit dem Abschied. Lukas, und das ist die alltäglichste aller Geschichten, verläßt Livia, seine Frau. Er nimmt keinen Koffer mit auf die Reise, weil er weiß, daß er nicht lange fortbleiben wird. Wir treffen Lukas auf einem Platz nahe der Hauptpost in einem atemberaubenden Wettlauf mit Hunderten von Tauben verstrickt. Selten spielt Zoderer mit Symbolen. Aber als Einstieg in ungezählte Tage versuchter Freiheit tut er es. Während er in einem kargen Hotelzimmer Quartier bezieht, während er die Stadt durchstreift, zu sehr mit sich selbst unterwegs als in Regen und Wind das Draußen sehend, kostet er lange Erinnerungen aus. Livias „kaputte, müde gewordene Locke" kommt ihm in den Sinn, ihre Blicke, ihre großen gelangweilten Blicke verfolgen ihn, und er ist nicht allein. Je heftiger Lukas spürt, daß es kein Entkommen gibt, desto größer wird seine Sehnsucht nach Liebe. Er denkt und dichtet sie sich herbei. Sein Tonfall ist nicht unpathetisch und doch robust. Vor allem aber ist er eines: aufs Eindringlichste sinnlich. Ja, das traut Zoderer sich, ohne zynisch zu sein, er traut sich, er, der „hoffnungslose Realist", der er in der Einschätzung mancher Kritiker ist, ins Phantastische überzuwechseln.

Außer mit dem Hotelportier und dem Mann in der Bar spricht er zu niemandem anderen als zu sich. Er beschwört die Liebe, die, die es vielleicht nie gegeben hat und niemals geben wird, herauf und läßt das Glück rückwärts laufen. Immer wieder trennt die Gegenwart die Erinnerung durch einen harten Schnitt.

Melancholisch, und zu sehr von Sehnsucht erfaßt, um sich hinter der Melancholie versteckt zu halten, gibt er nicht auf, Livias gewachsener Gleichgültigkeit auszuweichen.

Bunt, laut, falsch, ein Haufen Gauner und Huren lärmt in der Welt, in die Lukas sich hineinfallen läßt. Grell und gefährlich wie im Zirkus, in dem der Dompteur mit der Peitsche knallt und die Mädchen am Trapez unter der Decke baumeln. Lukas' Tour de force durch die Unterwelt endet bei Gianna. Mit ihr setzt er sich zu Tisch, und sie bestellt ihm ein Gastmahl. Noch sitzen sie allein zwischen weißgedeckten Tischen und, vergleichbar mit der anfänglichen Jagd mit den Tauben, wird jedes servierte Gericht zum Symbol. Die Seeschnecken und Einsiedlerhörnchen, die winzigen Happen, die in voller Länge an Zahnstochern baumeln, die zierlichen Tritonhörnchen und die pelzigen, haarigen Wasserspinnen, wie die in Olivenöl gebackenen Krabben. Während also das Meer seine Delikatessen auf den Tisch legt und Gianna gleich einer Nymphe den passenden Moment abwartet, in dem sie für immer aus seinen Augen verschwinden kann, erinnert sich Lukas an die Glockenblumen- und Hahnenfußwiese, an Sonntagshemd und Sommerhose und an den Moorbach, der das alles schwarz eingefärbt hat.

Hier, wie so häufig in diesem Roman, setzt Zoderer die Welten gegeneinander: Die bodenständige seines realen Lebensraums und die mit erotischen Sinnbildern für nichts als den Augenblick hingetuschte Traumwelt. Wie das Bild der zwei Frauen, da Livia, an deren „Normalität" er sich gewöhnt und die er deshalb auf Zeit verlassen hat, dort Johanna oder Gianna, die ihn lockt und verführt und verläßt, bricht sich die Kraft der Vorstellung an den Regeln der Realität. Dieser Wettlauf durchzieht sein Werk wie die Wellen, die unentwegt Wasser an den Strand spülen.

Dauerhaftes Morgenrot ist Joseph Zoderers gewagtestes Buch. Die äußere Handlung ist in wenigen Sätzen erzählt, anders als in *Lontano* wird die Entfernung von der Vergangenheit nicht durch eine Reise in ein fremdes Land unter fremde Menschen geschildert, anders als in der *Walschen* wird nicht der Tod einer Person zur Hilfe genommen, um das Leben noch einmal zu denken. Im *Dauerhaften Morgenrot* ist Lukas mit sich ganz allein. Er muß Bilder finden für die Fremde, die in ihm und die nicht draußen zu suchen ist. Er traut sich, und das ist seine große Kunst, Begehren und Sinnlichkeit mit scheinbar alltäglichen Dingen, wie dem weichen Leder von Giannas Stiefeln in Verbindung zu bringen.

Zwischen der Trauer über die Beschränktheit des Glücks – „als gäbe es ein Glück aus Gefühllosigkeit" – wippt die Bereitschaft, sich selbst zu erschaffen. Lukas wird am Ende zu seiner Frau zurückkehren. Das ist nicht feige und auch nicht falsch. Mena in *Lontano* mußte ihn verlassen, damit er fortreisen konnte. Im *Dauerhaften Morgenrot* ist eine Reise, und wenn die Zeichen stimmen, endete die Bahnfahrt in Triest, nicht mehr die Rettung, sondern nur eine Unterbrechung, eine Flucht aus der Gewohnheit.

Zoderers Sprache beschreibt zwingend. Räume öffnen sich, Städte haben wie Frauen einen eigenen Geruch. Man fühlt das Leben, von dem er spricht. Er spricht so nüchtern wie möglich und so schillernd wie notwendig davon, und man fürchtet sich manchmal, daß er sich vergreift, daß er zuviel erzählt und plötzlich nach zu schriller Farbe verlangt.

Aber Zoderer weiß die Orgie, in der Messer gewetzt und Schläge ausgeteilt werden, abzukürzen. Eine Perücke ist alles, was von dem Maskenball bleibt. Auf das heiße Wasser folgt das kalte. Zoderer hat gelernt, Illusionen als das zu begreifen, was sie sind: Tagträume, Spielzeug, zerbrechliche Ware.

Wer nun den Schriftsteller, der 1935 in Meran geboren wurde und uns vieles über seine Kindheit im *Glück beim Händewaschen* erzählt hat, ja, der in diesem ersten Roman – mit dem er seine Redakteurstätigkeit beim Rundfunk in Bozen 1981 beendete, um lebenslang schreiben zu können – schlüssige Antworten auf sein weiteres (Flucht-)Verhalten gegeben und der bei seinem Wunsch „mitten in der Welt" und zugleich allein und außerhalb zu sein, beobachtet hat, weiß, daß dieser Autor der Erfüllung noch nie so nah gewesen ist. Jetzt glaubt Zoderer nicht mehr, wie noch in *Lontano*, daß er „alles hinter sich und sich selbst wieder zur Verfügung" haben könnte, jetzt weiß er, was diese Rückkehr und das „Maßnehmen an den gewohnten Gegenständen" bedeutet. Er weiß auch, daß jede zerborstene Illusion ein Stück Leben nimmt.

„Ein Autor ist mehr als nur ‚Verfasser' oder ‚Urheber'", schreibt Reinhard Baumgart, ein Autor ist „jenes lebendige Wesen, das übrigbleibt neben und vor allem nach allem Schreiben, lebenslänglich sich selbst zur Last in fast allen Fällen …" Zoderer hat sich selbst aus dem Märchen Liebe zurückgeschickt in die Monotonie des Alltags. Er zeigt, daß man selbst die Liebe erschaffen muß, zwischen falschen Haaren und altem Lachen. Er prophezeit die Begrenztheit der Liebe und sagt, daß sie verlockend ist wie die Beute und flüchtig ist wie ein Dieb.

Frankfurter Rundschau v. 11. 04.1987

GERHARD MELZER

DER VERLOCKUNG HINTERHER
JOSEPH ZODERERS JÜNGSTER ROMAN *Das Schildkrötenfest*

Loris, der Held von Joseph Zoderers jüngstem Roman, *Das Schildkrötenfest,* hat einen Namen mit literaturgeschichtlichem Gewicht. So nannte sich, zu Beginn seiner Laufbahn, der junge Hugo von Hofmannsthal, weil er als Schüler unter seinem richtigen Namen nicht publizieren durfte. Das allein wäre kaum mehr als eine aparte Anspielung, knüpfte Zoderers Loris nicht auch an Weltsicht und Lebensgefühl seines Namensvetters an. Beide verabschieden auf ihre Weise die Vorstellung von einer „objektiven", unverrückbaren Wirklichkeit, und so könnte als Motto über Zoderers Roman stehen, was Hofmannsthal 1891 in sein Tagebuch notierte: „In der Natur gibt es nichts Festes, Begrenztes, nur Übergänge."

Ganz im Sinn dieses Befunds ist die Welt, in die es Loris verschlägt, eine trügerische Welt, ein Blendwerk der Sinne. Vordergründig hat das mit Mexiko, dem Schauplatz des Geschehens, zu tun. Exotischen Ländern haftet immer etwas Scheinhaftes an. Vor ihre Wirklichkeit schieben sich Sehnsüchte, Wünsche und Illusionen, und derart gebrochen, haltlos und fragwürdig präsentiert sich auch die mexikanische Realität des Romans.

Vom Augenblick an, da der Held der Geschichte die amerikanische Grenze überschreitet, wächst dem konkreten Vorgang zusätzliche Bedeutung zu: fortan sieht sich Loris in einen Prozess unablässiger Grenzüberschreitung verstrickt. Zur Grenze im übertragenen Sinn wird jetzt alles, was er „weiss", was er fassen und zuordnen kann, doch die Wirklichkeit, auf die er trifft, will nicht aufgehen in diesem „Wissen". Die fleckigen „Tapeten" an der Wand seines Hotelzimmers gibt es nicht, das „Maschinengewehrgeräusch" hat nur er selbst gehört, und die Kakteen, die er die ganze Zeit über für „Opuntien" hält, entpuppen sich zuletzt als Ocotillos. Mit einem Wort: die Wirklichkeit ist überall dort, wo Loris mit seinen Kategorien nicht hinreicht, sie ist *zwi-*

schen den Kategorien, ein flüchtiger Durchgangsort, dem nur gerecht wird, wer sich einrichten kann im unbegreiflich-begriffslosen Augenblick.

Derlei Momente tagträumerischer Präsenz erlebt Loris vor allem mit Nives, einem weiblichen Fabelwesen, wie es ähnlich bereits durch Zoderers Roman *Dauerhaftes Morgenrot* (1987) geistert. Nives hat keine scharfen Konturen; die Merkmale, die sie charakterisieren sollen, nehmen sich reichlich widersprüchlich aus, und schon ihr erstes Auftreten im Text weckt Zweifel, ob sie eine Gestalt aus Fleisch und Blut ist oder ein Trugbild im Zwielicht der Sprache: „Sie stand da, und Loris dachte: zu schön, ja tatsächlich, wo immer er sie zum erstenmal gesehen haben mochte, zuerst und vor allem anderen hatte er gedacht: zu schön, und gleich darauf: irgendwie zu grell; für diese Worte hätte er später andere Worte einsetzen können, wie: zu lebhaft oder zu fröhlich, oder zu lustig, zu lebenslustig; er hätte statt grell auch schrill sagen mögen."

Chamäleonhaft schillern die Zuschreibungen, ohne ihren Gegenstand wirklich in den Griff zu bekommen. Was Nives kennzeichnet, ist jenes „Zuviel", das die Figur schliesslich im Jenseits des Sag- und Fassbaren ansiedelt Sie verkörpert die Verlockung zur Grenzüberschreitung und zugleich das Paradox solcher Verlockung: „Unsichtbar „ sei sie geworden, sagt Nives einmal von sich, und was für sie selbst gilt, gilt auch für die Situationen, die Loris mit ihr teilt. So sehr ihm diese Situationen das Gefühl einer fraglosen Anwesenheit im Hier und Jetzt vermitteln, so rasch zerfallen sie wieder. Anhaltend „wirklich" ist nur die Verlockung selber, und letztlich weist ihr Sog der ganzen Erzählbewegung die Richtung.

Zoderer schreibt der Verlockung hinterher, doch obwohl er Formen des Reise-, Abenteuer- und Liebesromans zitiert, die auf ihre Weise von Verführungen und Verheissungen handeln, bleibt sein Schreiben notwendig „unerlöst". Es ist „unterwegs" wie Loris, und dabei entfaltet es eine Geschichte, die sich nie zum klassischen „plot" rundet, sondern rastlos hin und her mäandert zwischen Auflösung und Erstarrung. Beides bedroht die Geschichte, und beide Gefahren erscheinen übersetzt in markante Bilder: die Auflösung ins Bild von der tödlichen Grenzenlosigkeit des Meeres, die Erstarrung ins Bild. Von der marmorweissen Maske, zu der das unabsehbare Leben des Gesichts gerinnt. In dieser Polarität steckt die Poetik von Zoderers Roman: zwischen

Entgrenzung und Begrenzung muss er sich seine „Wirklichkeit" von Satz zu Satz suchen, und was er dabei im besten Fall zu fassen kriegt, ist eine Wirklichkeit auf Abruf, wie sie der Schluss des Textes exemplarisch vergegenwärtigt. Loris blickt in den Spiegel, doch es sind nicht die vertrauten Konturen seines Gesichts, die er wahrnimmt, sondern schemenhafte Umrisse, „verdunkelt durch die Sonnenbrille".

Neue Zürcher Zeitung v. 11.07.1995

CHRISTIAN JÜRGENS

DIE WELT IST NICHT GRÖSSER ALS EINE PIZZA
JOSEPH ZODERERS BISHER UNVERÖFFENTLICHTES FRÜHWERK

In Zeiten postmoderner Gemütlichkeit erinnern manche sich gern der grossen Aufbrüche. Und während Spötter meinen, „1968" sei eine Interpretation auf der Suche nach einem Ereignis, kriechen einige der altgedienten Veteranen wieder aus ihren Löchern und gedenken rührselig des guten alten Revolutionsdonners. Oskar Negt beispielsweise widmete „68" gerade ein dickes Buch. Und die Edition Raetia hat nun das unveröffentlichte Frühwerk des künstlerischen und politischen APO-Verfechters Joseph Zoderer herausgebracht. Bekannt geworden ist der 1935 in Meran geborene Zoderer mit seinen mehrfach ausgezeichneten Romanen aus den achtziger Jahren: *Das Glück beim Händewaschen* und *Die Walsche*. Ganz ungefährlich sind solche nostalgischen Projekte nicht. Die Zeiten ändern sich, und Negts Beispiel hat gezeigt, dass man manchmal so spät kommt, dass einen nicht mal mehr das Leben straft.

Zoderers Frühwerk, das sind drei Bände und drei Gattungen: das Prosagedicht *Schlaglöcher,*die Erzählungen *Die Ponys im zweiten Stock* und der Roman *Der andere Hügel*. Zoderers Frühwerk, das ist auch dreimal recht unterschiedliche Qualität.

Im 1967 entstandenen Roman *Der andere Hügel* erzählt Zoderer eine Liebesgeschichte der Fremdheit, die vom „genüsslichen Austausch der Andersartigkeit" handelt. Ein gesichts- und geschichtsloser Mann flüchtet, um Vergessen zu finden, aus einer gescheiterten Liebe in die Beziehung zu einer Frau, mit der er bereits vor Jahren ein Verhältnis hatte. Obwohl er mit lakonischer Teilnahmslosigkeit ihre körperlichen Defizite bemerkt, sie nicht anziehend findet, verspinnt er sie in ihrem Zimmer, das schnell zum Gefängnis mutiert, in ein Beziehungsgeflecht aus Annäherung und Abstossung.

Er erobert sie mit der kalten Neugier des Wissenschafters, der sein Versuchsobjekt taxiert. Ihre gemeinsamen Akte, um die zumindest für ihn die Beziehung kreist, erlebt er als Teilnehmer und Beobachter zugleich. In nahezu manischem Wiederholungszwang lässt Zoderer seine Figuren ein immergleiches Ritual durchlaufen: vom mechanischen Begehren zum postkoitalen Blues. Bis schliesslich der Mann versucht, die Frau als Komplizin einer illusionsfreien Lust jenseits des Netzes der Gewohnheiten zu gewinnen.

EIN IDEALIST

Zoderer gelingt es in *Der andere Hügel* meisterhaft, Schwankungen und Umschläge auf der Intensitätsskala der Gefühle und Befindlichkeiten zu verzeichnen. Einige doch recht zielsicher unternommene Ausflüge in den Kitsch, die 68er Phraseologie sowie manche Längen seien ihm deshalb grossmütig verziehen. Der Autor protokolliert die Erotik, indem er die Sprache bis zu einem Punkt der Versachlichung treibt, an dem sie ins Absurde und Komische umschlägt: „Seine Lippen waren so trocken wie ihre Lippen, und er liess sie auf ihren Lippen liegen, als hätte er ein Gepäckstück deponiert."

Ein amüsantes Buch hat Zpderer deswegen aber nicht geschrieben. Denn er ist kein fröhlicher Sexualzyniker wie Kundera oder Pitigrilli, sondern – man muss es in dieser Härte sagen – ein Idealist. Jene quälende Fremdheit, die wie eine Glasscheibe zwischen Zoderers Figuren steht und bewirkt, dass der andere stets auf einem „anderen Hügel" sich befindet, ist nur Kontrastfolie.

Zoderers Protagonist sucht eigentlich, Platons Mythos vom Kugelmenschen gemäss, ein Liebesideal der Verschmelzung: „Er wollte in ihrer Innenhaut unaufhörlich Kreise ziehen." Ausgeführt hat Zoderer diese Vision einer *amour fou* in seinem letzten Roman, *Das Schildkrötenfest* (1995), der vielleicht als Gegenentwurf zum frühen Roman zu lesen wäre. Erzählt er hier von der Fremdheit der Nähe, lässt er dort in der Fremde Mexikos seine Figuren eine unerwartete und fast magnetische Nähe erfahren. *Der andere Hügel* jedoch endet mit dem Beschluss des Mannes, diese Beziehung der Unliebe fortzuführen – als Endloslieebesausbeutung.

Die frühen Erzählungen Zoderers, entstanden von 1962 bis 1965, versammelt der Band *Die Ponys im zweiten Stock*. Zoderer entwirft in diesem sicherlich schönsten Teil des Frühwerks auf engstem Raum Miniaturskizzen zwischen Alltäglichkeit und Absurdität. Er erzählt von einem Garderobier, der seine Fliege in Hagebuttentee baden lässt, von Herrn Ferndorfer, der sich für seine Siamkatze die Haare schlohweiss färben lässt. Von einem Opfer, das sich mit einem Mörder angeregt über Kohlmeisen und Stieglitze unterhält, bevor es niedergeschlagen wird, und von einem Rausch, in dem „die ganze Welt nicht grösser (war) als eine Pizza".

Zoderers Erzählungen erinnern an übereinander photographierte Bilder. Sie versammeln Entferntestes auf engstem Raum. Alltägliches erscheint neben Bizarrstem und alttestamentarischen Bildern, Kleinbürger durchlaufen Metamorphosen wie einst die Helden Ovids. Sind auch die Einzelaufnahmen gestochen scharf, so bewirkt die Überblendung der Bilder, dass die Grenzen des Realen im Ganzen verschwimmen. Die Welt ist verwackelt und bizarr, selbst alltäglichste Dinge wie ein Mord gelingen nicht mehr mit Garantie: „Als Emil Karg mit einem wuchtigen Schnitt den Kopf der verwitweten Pelzhändlerin Anna Wohl vom Leibe trennte, hatte er damit nicht die Witwe zu belustigen gedacht. Mit Staunen bemerkte er jedoch, wie sie ihm vom Boudoirtischchen, auf das er den Kopf gestellt hatte, verschmitzt zuzwinkerte."

Zoderer entwirft in *Die Ponys im zweiten Stock* einen Kosmos von Einsamen, die wie Monaden durch eine absurde Welt ziehen. Eigentlich haben sie alle die Sehnsucht nach Nähe, doch sind sie unfähig, ihre Einkapselung zu überwinden. Es prallen nur monologisierende Monaden aufeinander, Kommunikation findet nicht statt. Dadurch werden Zoderers Figuren immer wieder schuldig, banal und alltäglich, durch Wegschauen oder Bequemlichkeit.

Seinen Titel erhält Zoderers Erzählband nach einer Geschichte, in der ein Erzähler sich seines Jugendfreundes Hans-Werner erinnert, der während des Krieges behauptete, in seiner Wohnung im zweiten Stock seien Zirkusponys untergebracht. Als er sich die Ponys anschauen will, findet er das Haus zerbombt. Doch war, so der Schlusssatz, „Hans-Werner der einzige, dem er noch heute geglaubt hätte, dass Ponys im zweiten Stock wohnen". Wie in dieser Titelgeschichte erfahren Zoderers Erzählungen keine Auflösung. Sie bewahren in sich etwas von dem Absurden und Rätselhaften der Welt, die sie erzählen.

WORTSCHWALL

Der 1968/69, also auf dem Höhepunkt des Revolutionsdonners, entstandene sogenannte „Dauerwellenroman" mit dem Titel *Schlaglöcher* hingegen entwirft kein Rätsel, er ist eins. Es handelt sich hier um einen Wortschwall, der sich irgendwo zwischen Dada, Agitprop und Silbenklingelei über 165 Seiten ohne Interpunktion verströmt. Das geht – in wahllosem Zitat – dann so: „endlich vogelfrei erlöst endlich freie Vögel endlich ... die Erlösung von den Freien endlich ohne Glied entgliedert die Losung der Vögel endlich die Endlösung". Es tauchen diverse Personen auf, von denen eine aus einem Orgelkonzert kommt und eine andere auf einem Eisbärenschädel sitzt. Der Verfasser des Klappentextes scheint augenscheinlich ebenfalls keine Ahnung zu haben, worum es hier gehen könnte. Immerhin wird kühn vermutet: „Es ist eine Bestandesaufnahme der politischen und sozialen Lage des Individuums im Netz der Kompromisse." Da öfter mal von Produktionsverhältnissen, Unterdrückung und Totalität die Rede ist, klingt das ganz plausibel.

Nun mag es ja sein, dass, wenn man dem Fluch der Konvention entfliehen will und gegen das sogenannte Establishment anschreibt, zunächst einmal die Sprache dem Griff der Gewohnheit entwendet werden muss. Doch auch wenn man Beckett zugesteht, dass nicht immer nur die Sahneschicht des Sinns von Texten abgeschöpft werden darf, so wäre man doch froh um einen Anhaltspunkt, der die Vermutung stützt, es handle sich nicht nur um blosses Assoziationsgeraune. – Vergebens die Suche nach dem verlorenen politischen Kontext: Ein Frühwerk in zwei Bänden hätte es daher wohl auch getan.

Neue Zürcher Zeitung v. 24.07.1996

143

Heinz Ludwig Arnold

Mara und ihre Brüder
Fremd in Südtirol: Joseph Zoderer belauscht Zugereiste

Früher schrieb Peter Handke so gute Sätze und Bücher wie noch immer Joseph Zoderer. Die sinnliche Kompaktheit von Handkes Prosa aus der *Stunde der wahren Empfindung*, die unmittelbare Glaubwürdigkeit der Sätze, ihre klingenden Melodien – all das, was Handkes Büchern mittlerweile abhanden gekommen ist, hat Zoderer in seinem gerade erschienenen Buch wie selbstverständlich zu bieten: Der Roman *Der Schmerz der Gewöhnung* ist sein ehrgeizigstes und auch bestes Buch – und ein Roman, der auf unterschiedlichen Ebenen des Erlebens und des Erinnerns erzählt wird.

Jul, ein Mann wohl Anfang Sechzig, hat viel verloren und ist nun dabei, auch sein Leben zu verlieren; denn er hat Krebs, unheilbar. Verloren hat er vor Jahren bereits seine Tochter, Natalie, sie ertrank wenige Monate vor ihrem neunten Geburtstag. „Nach Natalies Tod war er ein Zeittöter geworden, langweilte sich nie. Konnte stundenlang in einem Raum hocken, liegen, herumlaufen, er lebte, phantasierte, zerkaute Erinnerungen."

Mit dem Verlust der Tochter ging die Entfremdung von seiner Frau Mara einher, der er, weil sie, als Natalie ertrank, nicht aufgepaßt hatte, insgeheim und vielleicht auch nur unbewußt schuld am Tod der Tochter gibt. Auch Eifersucht spielt in die sich auflösende Beziehung hinein, auf Maras Freund Luca aus alten, schon Achtundsechziger-Zeiten.

Da haben sich auch Jul und Mara kennengelernt, in der Naivität und Absolutheit ihrer politischen Ansprüche, in denen noch nicht zum Ausdruck kam, was sich dann über die Jahre herauszukristallisieren begann: die ethnische Differenz. Denn Jul ist Südtiroler seit Generationen, Maras Eltern aber stammten aus Agrigento, sind Sizilianer und kamen mit den Faschisten nach Südtirol, als es galt, das deutschsprachige Land italienisch zu okkupieren und kulturell zu infiltrieren. Es ist Zoderers Thema seit seinen ersten Büchern – genau vor zwanzig Jahren erschien sein Roman *Die Walsche,* der das Problem der ethnischen Fremdheit zwischen Italienern und Südtirolern auf den Punkt brachte.

Was damals fast linear erzählt wurde, steht in Zoderers neuem Roman in einem komplexen Geflecht individueller und genereller Probleme. So folgerichtig wie in der *Walschen,* die, weil sie mit einem Italiener verheiratet war, in Südtirol eine Außenseiterin blieb (und deshalb die Sympathie des Erzählers hatte), läßt sich das Fremdheitsthema heute offensichtlich nicht mehr fassen; zu viele Komplexe greifen ineinander.

Da ist zum einen der ethnische Regionalismus, der sich im Zuge eines Zusammenwachsens der europäischen Nationen stärker zum Ausdruck bringt und viel massiver ist als der eher ideologische Nationalismus – Italien ist von diesen Regionalismen besonders betroffen. Da ist zum anderen die Grundierung dieses Regionalismus durch die erzwungene Italienisierung im Faschismus unter Mussolini, die nun, nachdem sie längst verdrängt war, plötzlich wieder zum Thema wird. Und da sind die Erinnerungen an eine einst solidarische Hoffnung, die von den Achtundsechzigern geweckt und verspielt wurde – auch da ein Scheitern.

An diesem Scheitern der Geschichte sind Zoderers Figuren beteiligt: vier Generationen – und die Hoffnung auf die Zukunft wird abgeschnitten durch den Tod Natalies, die ebenjene vierte, die Zukunftsgeneration vertrat. Zoderer schält die historischen, politischen und ethnischen Komplexe ebenso wie die existentiellen Befindlichkeiten und Bezüge seiner Figuren langsam ab. Er schickt Jul auf die Reise – daß Jul krank ist, erfährt der Leser erst gegen Ende des Buches, daß es seine letzte Reise ist, ganz am Schluß.

Jul reist nach Sizilien, besucht in Agrigento, der Heimat seiner Schwiegerfamilie, eine Tante Maras. Die Bilder aus Agrigento sind flacher, gleichsam touristischer als die Erinnerungserzählungen, sollen diese nicht stören, sondern deren Folie sein – Jul will wissen, wie „fremd das Leben eines Menschen aus dieser sonnenöden Tempelstadt im alpenländischen Norden" war, hat aber auch „diese unbefristete Fremdheit im Süden gesucht, um in Maras anderer Heimat zu verschwinden." Einerseits die Verdoppelung des Lebensgefühls, andererseits die Erfahrung von Mangel, und beide gehören zueinander: ethnische Fremdheit und deren Aufhebung in der Familie, die um so geschlossener bei sich selbst bleibt. Jul beschreibt sie, aus der Erinnerung, im Leben der Großeltern, erlebt sie mit im Leben der Eltern, dessen Schema Mara und er durchbrechen, als sie zusammengehen; und er erfährt sie im eigenen Leben: Jul erinnert sich an Auseinandersetzungen mit den Geschwistern Maras: „Er wußte mehr denn je, daß die unsichtbaren Gräben quer durch Freundes- und Familienbande gingen", und spürt ihre Fremdheit daran, daß er die Selbstverständlichkeit ihrer Anwesenheit verliert und meint, sie beschützen zu müssen.

Eindrücklich schildert Zoderer den Streit, in dem die ethnischen Kategorien sich erst langsam verfestigen und dann plötzlich wie Minen explodieren: „Er sah Maras Brüder und ihre Frauen und Kinder als mit Blindheit Geschlagene, die er beschützen mußte. Natürlich sah er auch noch die dunkelgrün gerandeten Kacheln seines Ofens und ihre gelblichgrünen Innenflächen mit den Sprüngen der Jahrhunderte, und er sah auch die von ihm mit risikoreichen Holzschutzsäften getränkte Wandtäfelung, aber sie, diese dunkeläugigen Neffen und Maras kleinwüchsige Brüder mit ihren arabisch klugen Gesichtern, erschienen ihm – nicht weniger als die Mailänder Stadttaugen seiner Schwägerinnen – als eine einzige Manifestation der Nichtzugehörigkeit zu dieser (Südtiroler) Schnee- und Waldbergwelt. Gewiß, wir sind zu selbstverständlich einander durchs Leben begleitende Menschen geworden, dachte er, und plötzlich doch: nein. Er schrie ihnen seine weinselige letzte Wahrheit entgegen: Ihr wißt nicht, daß ich euch schütze, daß ihr unter dem Schirm meines deutschen Namens steht – ihr fühlt euch, wie wenn ihr zu Hause wäret."

Denn sie waren, aber das sagte er ihnen nicht, nicht nur Fremde, sondern auch die Nachkommen der faschistischen Unterdrücker. „Seither litt er unter diesem Alptraum. Er hatte den Faschisten in sich entdeckt, die Intoleranz, die Arroganz eines Rassisten." Die Selbstverständlichkeit des Miteinanders, die sich entwickelt hatte, zerfällt. Eine Welt zerbricht an der Differenz, im persönlichen Bereich wie in den ethnischen Mischungen, es ist wie eine Krankheit, die da plötzlich epidemisch wird.

Joseph Zoderer hat in all seinen Büchern diese Thematik bearbeitet. In *Der Schmerz der Gewöhnung* erzählt er nun die Summe dieser Bearbeitungen: nicht als Erfolg, sondern als kunstvolle Sektion. Schicht um Schicht legt er, am Abend eines Lebens, das sich bemüht hat um die Bekämpfung dieser Epidemie, die Erfahrungen dieses Lebens frei.

Aber sie bleiben individuell, enden mit dem Tod, werden nicht gleichsam genetisch vermittelbar und weitergereicht. Natalie, die Hoffnung auf eine Zukunft, ist tot, ertrunken – wer war schuld? Ja, wer ist eigentlich schuld an dieser Epidemie, die immer wieder ausbricht? Zoderer hat sie aus eigener Erfahrung erzählt. Wir kennen sie aus allen Teilen der Welt. Auch aus uns selbst.

Frankfurter Allgemeine Zeitung v. 23.09.2002

ULRICH WEINZIERL

EIN HUND WEIT WEG IN DEN BERGEN

In Italien gilt er als „scrittore italiano di lingua tedesca". Das charakterisiert Südtirols bekanntesten Schriftsteller, Joseph Zoderer, nicht schlecht. Sein Oeuvre ist der idealtypische Ausdruck solcher Gespaltenheit: eines Grenzgängertums zwischen zwei Kulturen und Mentalitäten. Südliches Sehnen und nördliche, alpine Verwurzelung machen aus ihm eine Art nationalen Zwitter: kein ganzer Tiroler und schon gar kein ganzer Italiener. Freilich bringt das Manko manchen Vorteil – etwa den, nirgends wirklich heimisch und überall ein bisschen fremd zu sein. Was die Person belastet beflügelt den Künstler, der erst aus einem Ungenügen heraus zu schaffen vermag. Die stürmische Geschichte des 20. Jahrhunderts hat Zoderers Existenz entscheidend geprägt. Geboren 1935 in Meran, erlebte er den Bombenkrieg in Graz, weil sein Vater – wie 86 Prozent der deutschsprachigen Bevölkerung – fürs Deutsche Reich optiert hatte. Internatserfahrungen verarbeitete er im Debütband *Das Glück beim Händewaschen*. Bereits in *Die Walsche* (1982) hat Zoderer den Südtiroler Nationalitätenkonflikt mit all seinen Verästelungen thematisiert, nicht vordergründig, diskursiv, sondern als genuiner Erzähler.

In *Der Schmerz der Gewöhnung* wird von einer Reise berichtet, die alles andere ist als touristisches Vergnügen: Ausbruchsversuch aus unerträglich gewordenem Leben, Expedition in den dunklen Kontinent namens „Ich". Jul, so nennt Zoderer seinen Helden, fährt aus dem Norden nach Sizilien – bis Agrigento, wo die Familie seiner Frau Mara herkommt. Es ist eine Flucht vor Gegenwart und Vergangenheit, vor dem Tod seiner Tochter Natalie, die – von ihrer Mutter kurz aus den Augen gelassen – vor Jahren in einem Schwimmbad ertrank. Seit damals schweigen Mara und Jul aneinander vorbei. Seit damals wird Jul von Migräneanfällen gequält.

Schicht um Schicht legt Zoderer Juls Schicksalsweg frei. Wie es kam, dass der Tiroler Jul die halbe Sizilianerin Mara, der Proletariersohn die Bürgerstochter heiratete, die sozusagen aus faschistischem Uradel stammte. Denn Maras Vater hatte einst zu jenen gezählt, die in der Provinz „Alto Adige" die Italianisierung vorantrieben. Kennen gelernt hat sich das Paar im studentischen Milieu von anno 68. Dass sie einander fanden, war Zufall, Laune der Triebe; dass sie beisammen blieben, Macht der Gewohnheit und das gemeinsame Kind. In dieser Ehe spiegelt sich die gesamte historische Problematik Italiens – nicht zuletzt der seltsam unbefangene Umgang mit dem Erbe des Faschismus. Doch Zoderer beschreibt das mit der Kunst des Indirekten und der Andeutung. Da kocht im aufgeklärten, „linken" Jul der antiitalienische Affekt hoch, da ertappt er sich bei unwillkürlicher Zwangssolidarität mit knorrigen Tirolern gegen die *Walschen*. Meisterhaft beherrscht Zoderer den Realismus stimmiger Details. Man sieht, man hört, man schmeckt eine kleine Welt. Über ihr liegt, wie Novembernebel, die Schwermut der Vergeblichkeit. Aber nichts wird behauptet, alles gezeigt, dargestellt. Mit so viel Verständnis und Sympathie für die Figuren, dass sie sich wie von selbst auf den Leser überträgt. Wer sich darauf eingelassen hat, der will, von der atmosphärischen Dichte betört, bis zum Schluss nicht aufhören. Dann ist auch Jul am Ende. Und mit ihm eine traurige, keine sentimentale Geschichte. Joseph Zoderer erzählt sie lakonisch und genau und so konkret, dass die zur poetischen Parabel taugt, die Miniatur ein Monumentalgemälde ersetzt: „Er kniete, weil er anders nicht mehr konnte, auf dem schmierigen Teppich vor der Portiersloge nieder, fiel auf die Seite und zog die Beine instinktiv zum Bauch. Er rollte sich ein wie sein Hund, weit weg in den Bergen."

Die Welt (Berlin) v. 02.03.2002

Georg Mair

Vaters Schrei

„Ich hab einen Bock geschossen", brüllt der Vater. Er brüllt es hinaus – unter Schmerzen und Scham. Er brüllt es in sich hinein, so wie einen Abwehrzauber. Ein Bub, vier Jahre alt, hört den Vater schreien, er wird erst später fragen, warum der Vater gebrüllt hat.

Er wird immer wieder fragen müssen. Er wird aus den Erinnerungen anderer rekonstruieren müssen, was im Jahr 1939 passiert ist, als die Familie am Bahnhof von Meran stand und „über den Brennerpass, heim ins Reich gebracht" wurde. Und der Bruder gelackte Schuhe trug. Es ist ihm, als wäre es heute gewesen.

Der Schriftsteller Joseph Zoderer (Jahrgang 1935), der damals vier Jahre alt war, hört bis heute, wie der Vater schreit. Von diesem Schrei ist seine Arbeit, die Arbeit am Wort, bestimmt: Von diesem Schrei rühren, verkürzt gesagt, seine Texte her.

Es ist ein Schrei, der seine Karriere als Schriftsteller bestimmt, seine Einstellung zur Heimat, die unbedingte Suche nach Heimat. Kaum ein Schriftsteller ist in seinen Texten so ein Heimatsucher wie Zoderer, kaum einer kann die Heimat so erzählen wie er. Von dieser Erfahrung rührt auch der Zorn, mit dem er über die Heimat redet, dieses Südtirol und das Südtirol-Elend, ein Thema, das ihn nicht loslässt und das seine Bücher (Romane wie *Das Glück beim Händewaschen, Die Walsche, Der Schmerz der Gewöhnung*) bestimmt.

Welche Fragen er gestellt, welche Antworten er bekommen hat und welche Erinnerungsarbeit Zoderer geleistet hat, kann man in „*Wir gingen – Ce n'andammo*" (zweisprachig Deutsch-Italienisch, Raetia 2004) nachlesen. Der Text wurde zum ersten Mal 1989 veröffentlicht, in einem Sammelband zur Option, herausgegeben vom Bergsteiger Reinhold Messner.

GESCHICHTEBUCH

Die Erzählung – ein Geschichtebuch für die Schule, eine Pflichtlektüre für Nachgeborene – enthält alles, was das Schreiben von Zoderer ausmacht, es benennt präzise, was sich Steinchen für Steinchen in die Erinnerung eingeschrieben hat. Es beschreibt anschaulich das Schicksal einer Familie, die dazwischenlebt – in vieler Hinsicht.

Das Buch beschreibt detailgenau die Katastrophe der Südtiroler Geschichte. Die Option im Jahre 1939, als sich die Südtiroler zwischen Gehen oder Bleiben entscheiden mussten. „Es hieß nicht", schreibt Zoderer, „wie es hätte heißen sollen: die Heimat behalten und deshalb italienisch optieren mit einem weißen Zettel oder die Heimat verlassen, sie verraten und deutsch optieren mit einem orangen Zettel."

In den Büchern, die Zoderer geschrieben hat und mit denen er sich aus Südtirol fortgeschrieben und in Südtirol hineingeschrieben hat, immer tiefer und tiefer, mit einer Leidenschaft und Besessenheit, die nicht vergeht, in diesen Büchern scheint immer wieder die Erfahrung der Option durch, die Erfahrung einer grundsätzlichen Fremdheit, die dem vierjährigen Knaben als unbestimmter Schmerz erschien.

Joseph Zoderer erzählt in *Wir gingen* die Geschichte seiner Familie und seine eigene, die Geschichte eines Verlusts, einer Wunde, die heute noch offen ist, wenn sich über Siegesdenkmal oder Adlern aus Stein die Fanatiker beider Seiten gegenüberstehen und einander spiegeln.

ff-Das Südtiroler Wochenmagazin v. 25.11.2004

Evelyne Polt-Heinzl

Bock geschossen.

Joseph Zoderer legte zu seinem 70. Geburtstag
einen Erzählband vor: *Der Himmel über Meran*

Der Himmel über Meran ist der poetische Titel des schmalen Erzählbandes, den Joseph Zoderer zum 70. Geburtstag vorlegt. Titel wie Thema der sechs Prosatexte können durchaus als eine Art programmatischer Kommentar zum Erzählwerk dieses Autors gelesen werden.

Zoderers Geschichten behalten häufig etwas eigenartig Fremdes; es bleibt ein unauflöslicher Rest, in dem Erstaunen über das Hier und Jetzt mitschwingt, das die Figuren wie ihren Autor an einer finalen Beheimatung zu verhindern scheint. Und Zoderers Prosawerk ist über weite Teile eng an seiner Autobiografie entlang geschrieben. Beide Momente bestimmen auch Rhythmus und Charakter des neuen Buches, das nicht zufällig eine Art Kreisstruktur aufweist.

Die erste und die letzte Erzählung handeln von der Lebenswunde, die zum Zeitpunkt, als sie empfangen wurde, gar nicht als solche erkannt wird. Der Ich-Erzähler war – wie der Autor – gerade vier Jahre alt, als der Vater die verhängnisvolle Entscheidung traf: er votierte „Deutsch", und das hieß Aussiedlung ins Großdeutsche Reich. Auch wenn der Alptraum Polen, in dem die Hitlertruppen gerade den Zweiten Weltkrieg eröffneten, nicht Realität wurde und die Familie vergleichsweise beschaulich in Graz landete – das prägende Gefühl der Fremdheit nahm wohl hier seinen Ausgang. Es ist diese frühe Erfahrung, deren Details sich der Ich- Erzähler mangels eigenem Erinnerungsvermögen vom älteren Bruder erzählen lassen muss, die den Himmel über Meran nie zu einer Selbstverständlichkeit werden ließ. Woran das Kind sich erinnert, ist der immer wieder ausgerufene Satz des Vaters „Ich habe einen Bock geschossen!"

Es ist das Erstaunen über diesen Satz – schließlich war der Vater kein Jäger –, der der dem Kind in Erinnerung blieb, das von der metaphorischen Dimension des Ausspruchs noch nichts wusste. In doppelten Sinn nichts wusste: sprachlich und die eigene Lebensprägung betreffend. „Unter diesem Südtiroler Himmel wandere ich mit dem Bewußtsein, daß alles Teil eines Lebensabenteuers ist", heißt es gegen Ende der letzten Erzählung.

Der Schmerz über die unüberwindbare Distanz zur Welt und zu den Menschen ist auch den beiden Erzählungen eingeschrieben, die vom Sterben der Eltern handeln. Während die Mutter sich in ihrem stets sorgfältig verschlossenen Zimmer ein Schachtelhaus mit Wolldeckendach errichtet, um sich vor der zunehmenden (Todes) Panik zu schützen, erlebt der heranwachsende Sohn den Tod seines Vaters im Krankenhaus parallel mit einer kindlichen Liebesgeschichte zur Krankenschwester, die möglicherweise Laura hieß. Auch auf die Namen als verlässliche Verbindungsbrücken zwischen den Menschen ist bei Zoderer kein Verlass. Dass wir von der Suchtkranken des Dorfes, deren allmähliche Selbstzerstörung Zoderer beschreibt, den Namen schon im Titel erfahren – die Erzählung heißt *Monika* –, macht von vornherein stutzig. Auch die Geliebte in der verzweifelten Trennungsgeschichte *Die Nähe ihrer Füße* bleibt nicht namenlos, dass sich die Erinnerung auf ein physisches Detail konzentriert, zeigt bei aller emotionalen Schräglage aber auch die Größe der einstigen Nähe. Zoderers Geschichten haben häufig eine Distanz und Härte, die mit poetischen Bildern eine eigenartige Verbindung eingehen. Daraus entsteht eine Erzählmagie, der man sich schwer entziehen kann.

Die Furche (Wien) v. 08.12.2005

Alexander Müller

Sommerhaut, Winterlügen
Joseph Zoderer stellt die Liebe poetisch auf den Kopf

Die Grenze zwischen dem Ich und dem Anderen ist undurchlässig. Dennoch streben Menschen, vor allem in der Liebe, nach Vereinigung; wir wollen eins werden, obwohl da doch immer und ausschließlich zwei bleiben. In der Poesie hingegen ist alles möglich. Nicht umsonst schreibt man dem Dichter eine besondere Aufnahmefähigkeit für eigentlich äußerlich bleibende Phänomene zu. Dabei geht es oft um beinahe esoterisch aufgeladene Seherfähigkeiten, um einen lidlosen Blick, um eine Klarsicht, die auch Dinge zusammenschauen und benennen kann, die der flüchtigen Anschauung entgehen – die Basis aller Metaphorik.

Joseph Zoderer, 1935 in Meran geboren und in Graz aufgewachsen, scheint geradezu prädestiniert für jene Art der Durchlässigkeit, die einem feinen Sensorium eignet. Als deutschsprachiger Autor mit österreichischer kultureller Prägung, der einen italienischen Pass besitzt, weiß er seit jeher von Fremdheit und Vertrautheit in einem zunächst wörtlichen Sinne zu erzählen. So kritisierte sein bislang bekanntester Roman *Die Walsche* von 1982 die streng bewachten Grenzen zwischen italienischer und deutscher Kultur und wurde überraschend in italienischer Übersetzung zum Bestseller.

Doch Fremdheit und Vertrautheit, Ausgrenzung und Integration gibt es in vielerlei Hinsicht, wie Zoderer in seinem neuen Gedichtband *Liebe auf den Kopf gestellt* eindrucksvoll belegt. Der gemeinhin als Romancier geachtete Schriftsteller veröffentlichte zwar bereits Ende der fünfziger Jahre erste lyrische Texte, denen unter anderem Dialektgedichte und, 1979, die *Pappendeckelgedichte* folgten, die von einer kompletten Entfremdung des lyrischen Ichs kündeten. Seitdem jedoch widmete er sich vorwiegend der Prosa. Umso erstaunlicher ist es daher, wie mühelos sich nun einzelne Bilder schichten, ohne an Komplexität und Anschaulichkeit zu verlieren.

Oberflächlich betrachtet schildert da jemand sich selbst und seine Umgebung, vor allem die Erscheinungen der Natur. Selten liest man heutzutage, da allerorten von Urbanismus und industriellen Agglomerationszonen die Rede ist, in dieser großen Selbstverständlichkeit von derart vielen Bäumen, Blumen und Vögeln: Eichel und Tannenhäher, Krähen, die „immer gleiche graue Taube", Amseln, Sperlinge, Meisen, Kormorane und Grasmücken bevölkern die zuerst spröde wirkenden, nahezu interpunktionslosen Verse, die rhythmisch vor allem durch Schrägstriche strukturiert werden.

Gleichwohl zeichnen sie kein hinterwäldlerisches, privates Idyll, denn „die Schatten toter Tiere" liegen immer noch auf der Asphaltstraße, wo eine Frau hofft, „ausgetrunkene Bierdosen / und ausgeleckte Pizzapappkartons" zu finden. Und selbst die düstere Weltlage („irakische Massaker") hallt in den Nachrichten wider, um Stadt und Cafebesuche, Spaziergänge, Zugreisen oder einen „mit einem Sonnenspiel durch die Tür" tretenden Morgen zu trüben: „Verschwommen lese ich eine Titelzeile ‚Bush und Blair: Der Krieg war rechtens' / Ich schütte Zucker in den Mokka / das würzt die Kraft der Diabetes / Und außerdem liebe ich das Bittere / Ich brüte Mordgedanken / dazwischen liegt der Atlantik." Von agitatorischem Furor ist Zoderer, der sich einst für die Apo in Wien engagierte, dennoch weit entfernt, weil, wie resignativ festgestellt wird, „weit und breit auch kein feindliches Gesicht" zu erkennen ist. Stattdessen, „aus der Haft der politischen Reden / entlassen", betrachtet er aufmerksam Innen- und Außenwelt, um sie im poetischen Liebesspiel, das nicht frei ist von Widerständen, Kummer und Verzweiflung, miteinander zu verbinden.

Die scharfsinnigen Beobachtungen der Natur finden ihr Echo schließlich über mehrere allesamt unbetitelte Gedichte hinweg im eigenen Körper, in der individuellen Gedankenwelt oder in der Beziehung zu einem geliebten Gegenüber, zur Frau, zur Tochter; das reicht vom recht konventionellen „Fliederduft in deinen Haaren" über „Sommerhaut" und „Winterlügen" bis zum „von Blütenstaub" klebenden Atem. Beiläufig, leidlich schmucklos, klassischer Versformen abhold und in häufig hypotaktischem Stil wird dem vermeintlich Profanen auf diese Weise Bedeutung verliehen oder diese Bedeutung wird im Alltäglichen überhaupt erstmals jäh erkannt und benannt.

Auch wenn Zoderers zuweilen surreale Gedichte nicht in thematisch geordneten Zyklen angeordnet sind, folgen sie einer subtilen Dramaturgie, gebildet aus Motiven des Gegensätzlichen: Erinnerung und Vergessen, Verlust und Wiederkehr, Zweifel und Gewissheit, Trauer und Glück, Nähe und Ferne. Dies alles wird faszinierend unscheinbar und sinnlich miteinander verknüpft mit einer Gelassenheit, die sich deutlich von aufgesetzter Souveränität oder künstlichem Zynismus beide werden in der zeitgenössischen Lyrikrezeption allzu oft mit Lakonie und Sarkasmus verwechselt unterscheidet. Hier wird kein überhebliches Bescheidwissen, keine gottgleiche Perspektive suggeriert; sich selbst und allem anderen begegnet das lyrische Ich Zoderers stets auf gleicher Augenhöhe. Es lohnt sich also, genau hinzuschauen; dies gilt für den Dichter wie für seine Leser gleichermaßen, denn auch der Akt des Lesens verlangt nach einer speziellen Aufnahmefähigkeit und Durchlässigkeit, um, so widersprüchlich das ist, durch die Augen eines anderen zu sehen.

Frankfurter Allgemeine Zeitung v. 07.01.2008

GEORG MAIR

HINTER DEN AUGEN

Der Dichter malt. Er malt wie er es auch in seiner Prosa tut, wie er es in seinem letzten Roman *Der Schmerz der Gewöhnung* getan hat. Joseph Zoderer schreibt in satten Farben, schon im zweiten Gedicht in seinem neuen Buch erscheint eine ganze Palette ungewöhnlicher Farben: „Dies unverfrorene Blau", das „Rot des Blutpflaumenbaums", „das obszöne Grün des Rasens", „das „Blattgrün" der „Buchen in den Bergen".

Aber auch Zoderer weiß, dass Farben und Natur nicht mehr unschuldig sind. „Nein / schrie eine alte Frau", heißt es in dem Gedicht, „und versuchte mich/mit einem Apfelblütenzweig / zu verjagen /Wenn sie wüßte / dachte ich / daß die Buchen in den Bergen / ihr Blattgrün / erst austräumen und die Lärchen / noch grau sind vor Liebesentzug."

Nicht viele Dichter vermögen es, die Natur so genau zu beschreiben wie Joseph Zoderer, die Natur und das, was die Menschen in und mit der Natur angestellt haben. Auch in den neuen Gedichten finden sich in der Natur immer die Spuren des Menschen. Doch es ist nicht nur das, was sein Schreiben bestimmt: Es ist das Drängen der Erinnerung, das hinter diesen Gedichten steht, die Worte, die unmittelbar unter der Haut liegen.

Joseph Zoderer ist ein Erinnerungskünstler, der sich anrühren lässt, der erst im Frühjahr mit Wehmut – und für 250.000 Euro – seinen Vorlass (den Nachlass zu Lebzeiten) an das Land Südtirol verkauft hat. Vielleicht hat er dort auch einige Gedichte wieder gefunden, die er in den Jahren so nebenbei verfasst hat. Zoderer ist ein Autor, der sich Zeit nimmt: Sein letzter Roman ist 2002, der Erzählband *Der Himmel über Meran* 2005 erschienen.

ZODERERS LEBENSTHEMEN

So sind die neuen Gedichte von Joseph Zoderer (1935) gebaut: streng, mit viel Natur und den Themen, die sein Schaffen bestimmen. Fremdheit, Sehnsucht nach Liebe, Kindheit, Eros, die Nähe und ihre Unmöglichkeit, die Verzweiflung, die dennoch nicht in Resignation mündet. Nein, in diesen Gedichten liegen das Dunkle und das Helle eng beieinander, wie in allen seinen Werken, wo die Lust – nicht nur die sexuelle, nein, die Lust am Leben gleich neben dem Schwarz der Verzweiflung liegt.

Liebe auf den Kopf gestellt ist der erste Gedichtband des Südtiroler Autors seit 32 Jahren – er umfasst an die 100 Gedichte. Sie suchen nach dem Unmöglichen: „Zeig mir / Wolfsherz / die Fährte zum dunkelsten Grund / zum Niegefundenen." Zoderers Literatur ist immer ausgefeilt, ihm geht nichts leicht von der Hand, alles hat er immer schon sich selber abgerungen. Diesen Gedichten ist auch das Bild des Autors eingeschrieben: Wie er vor dem Blatt Papier sitzt und streicht und streicht. Bis es nichts mehr zu streichen gibt.

Einer der Vorzüge dieser Gedichte ist die Disziplin. Manchmal jedoch spürt man auch noch das Bemühen, die Mühe, den Sturm der Metaphern zu bändigen, die Gefühle in Form zu bringen. Aber sie sind auch ganz auf den Alltag bezogen, auf die Politik, die von außen hereindringt, es sind kleine

Beobachtungen, das Außergewöhnliche wird durch das scheinbar Banale im Zaum gehalten: „Ich kann den Feldmäusen / kein Zimmerverbot erteilen / ihr Knabbern ersetzt / jedes Schreibmaschinengeräusch / Die Fenster sind offen / Die Zukunft mag kommen/ mit oder ohne Abendkleid.“ Zoderer erzeugt einen doppelten Rhythmus: durch Zeilenbruch und Unterbrechung durch Querstriche. Was würde wohl eine Lyrikerin wie Ann Cotten zu diesen Gedichten sagen, die weder der Klassik noch der Avantgarde verpflichtet sind, die nicht die Sprache umkrempeln? Vielleicht würde sie sagen: „Du kannst ein gutes Gedicht hundertmal lesen und nie wirst du haben oder mitnehmen können aus dem Gedicht, was dich daran angreift. Höchstens verlieren, um es dann wieder anderswo zu finden, in anderen Texten oder Landstrichen, in neuer Formulierung, erwachsener geworden mit dir, aber in neuer Form immer noch so wahr wie damals.“

Gedichte eignen sich weniger für Wut als Prosa. Die Wut ist in *Liebe auf den Kopf gestellt* gebändigt. Manchmal stellt sich sogar so etwas wie Milde ein. Kann man es Abgeklärtheit nennen? Joseph Zoderer hat jedenfalls auch in seinen Gedichten gezeigt, was sein Schreiben ausmacht.

ff- Das Südtiroler Wochenmagazin v. 06.09.2007

Wie umstritten Zoderers Darstellung von Südtirol gewesen ist, wie provokant er gewirkt hat, zeigt der folgende Leserbrief einer Frau aus einem Pustertaler Dorf, der in den *Dolomiten* vom 10.10.1995 erschienen ist. Er ist nicht die einzige derartige Reaktion.

Kritik für Zoderer

In den Dolomiten vom Samstag/Sonntag, 30. September/1. Oktober, habe ich im Kulturteil die Vorstellung von Josef Zoderers neuen Roman *Der andere Hügel* gelesen, wobei auch die beiden vorausgegangenen Jugendwerke *Schlaglöcher* und *Dauerwellenroman* als Zoderers frühes Schaffen anerkannt werden. Ich habe die Buchausgaben, vor allem den letzten Roman *Der andere Hügel* nicht gelesen und kann mir daher auch kein Urteil darüber erlauben. Ich habe aber seinen Roman *Die Walsche* gelesen und im ORF den Film dazu angeschaut, und ich kann es dem Autor nicht verzeihen, wie er darin unsere Leute, besonders die Landbevölkerung, abwertend vorgestellt hat. Man hat dabei den Eindruck, als wäre unser Südtirol von unterentwickelten Primaten bevölkert, und bei der Darstellung ließ es der Autor auch nicht an spitzer Ironie fehlen. Ich war empört. Sicher wird man mich als überholt und rückständig einstufen. Mir genügt es aber, den Mut zu haben, mit dem eigenen Kopf zu denken. H. B., St. Georgen

V. WERKBIOGRAPHIE

DAS WERK JOSEPH ZODERERS

Zoderers Schaffen setzt Ende der fünfziger Jahre mit Veröffentlichungen von Lyrik und bald auch von Prosatexten in regionalen Zeitschriften (hauptsächlich *Der fahrende Skolast, Die Brücke*) und nach Mitte der sechziger Jahre auch in Anthologien und überregionalen Zeitschriften (*Literatur und Kritik*) ein. Vergeblich suchte er für seinen experimentellen Roman *Schlaglöcher* einen Verleger. 1970 kommen zwei Auszüge heraus, einer in der von Gerhard Mumelter zusammengestellten Anthologie *Neue Literatur aus Südtirol,* die den Willen der Südtiroler Literatur signalisiert, Anschluss an die Entwicklung der zeitgenössischen deutschsprachigen Literatur zu suchen, der zweite in der von Hermann Kuprian in Innsbruck herausgegebenen Anthologie *Brennpunkte.*

Erst 25 Jahre später (1993) wurde der Roman mit anderen Prosatexten der sechziger Jahre, dem Erzählband *Die Ponys im zweiten Stock* (1994) und dem Roman *Der andere Hügel* (1995), bei Raetia in Bozen, veröffentlicht. Bedingt war diese Wiederaufnahme auch durch die ‚Schreibkrise' Zoderers nach dem Erscheinen von *Dauerhaftes Morgenrot,* die er durch die Veröffentlichung der Erstlinge zu überwinden trachtete. Dass von dieser Rückkehr Impulse auf die wieder einsetzende Schreibtätigkeit ausgingen, ist wahrscheinlich, da die Arbeit an der Vorbereitung der Drucklegung nach Zoderer selbst hauptsächlich im Kürzen der oft überlangen Manuskripte bestand.

Die so spät veröffentlichten Frühwerke fanden bei Kritik und Leserpublikum nicht die Aufnahme, die sie verdient hätten. Doch hat sich eben der Geschmack nach mehr als 25 Jahren verändert, daher richtete sich das Interesse der Kritik weniger auf die ästhetische Aktualität dieser Texte als vielmehr auf ihre Bedeutung für die künstlerische Entwicklung Zoderers, deren Beginn und Verlauf sie dokumentierten. Somit dementieren sie das nach dem Erfolg der *Walschen* übliche, von Zoderer bekämpfte Vorurteil, das in ihm einen ‚Senkrechtstarter' oder ‚Quereinsteiger' gesehen hat.

Viele der Besonderheiten des Schreibstils und der Erzähltechnik Zoderers sind im Frühwerk schon in nuce vorhanden, was eine neue Perspektive der Interpretation der späteren Romane ab der *Walschen* eröffnet. Dem „Dauerwellenroman" *Schlaglöcher* verdanken nach Methlagl[1] Zoderers spätere Werke „das Moment der freien Assoziation, des Erzählens ohne Geländer", was ihnen ihre „Weiträumigkeit" garantiere und das Dominieren des „Nebeneinanders" gegenüber einer schrittweise sich aufbauenden Handlung, während *Der andere Hügel* als Prototyp dafür verantwortlich sei, dass „in jedem dieser Romane, vor allem aber im neuesten, ‚Das Schildkrötenfest', sich eine Kunstwelt, synthetisiert aus fast absichtslos eingebauten Ding-Motiven, ganz ohne Gewalt als eine Welt heißesten Naturlebens erfahren läßt", somit eine „Vereinigung der äußersten Gegensätze, des Künstlichsten und des Natürlichsten, Sinnlichsten"[2] stattfinde. Der Nouveau Roman mit seinem Vor- und Umfeld (wie Joyce, Kafka, Proust, Camus), an dessen Sehweisen und Techniken sich Zoderer in diesem Roman bewusst anschließe, habe seinem gesamten Erzählwerk entscheidende Impulse gegeben: Erzählstrom, Sprachfluss, Verschmelzung mit lyrischen Elementen, das Strukturprinzip der Spirale, das als Variante dem der absurden Literatur und dem Nouveau Roman (Robbe-Grillet) verbundenen Topos des Labyrinths entspreche.

Von den während seiner Tätigkeit als Journalist 1961 bis 1965 in Wien entstandenen 53 Kurzgeschichten in dem Band *Die Ponys im zweiten Stock*, sind einige (*Pierre, Die Ponys im zweiten Stock, Pension Eden, Der Entschluß, Der Überfall*) ab 1965 in Zeitschriften oder Anthologien erschienen. Manchmal geht es in ihnen nur um Alltägliches, oft schlägt das Alltägliche unversehens ins Skurrile, Absurde, Groteske oder Makabre um. Erzählende Kurzprosa stieß Ende der fünfziger Jahre im deutschsprachigen Raum auf großes Interesse, wie auch weit verbreitete Anthologien zeigen. Am nächsten steht Zoderers Kurzprosa, abgesehen von Kafka und vielleicht Brecht (*Der Angeklagte*), der von Frisch, Hildesheimer, Dürrenmatt und Lettau.

Diese Kurzgeschichten und Skizzen sind kunstvoll, stilistisch ausgefeilt, eilen schnell ihrem Ziel zu, oft mit dem Überraschungseffekt am Ende in dem fast obligatorischen Nachsatz. Dem zeitgenössischen Stil entsprechen auch die Konzentration auf eine Figur, die sofort zu Beginn der Geschichte vorgestellt wird oder sich selbst vorstellt, die meist originelle Namengebung der Protagonisten (Emanuel Fliesendach in *Der Verdacht*, Christian Leisegang in *Das Kindertaschentuch*) und der, wenn es sich nicht um eine Ich-Erzählung handelt, hypothetische Charakter, der durch den Konditional signalisiert wird. Das Erzählte erhält seinen außergewöhnlichen Charakter durch die absurde Perspektive, so, wenn ein unwahrscheinliches Ereignis als alltäglich vorgestellt wird, wie in den makabren Geschichten *Zur Verteidigung meiner Tante*, deren Titelfigur vorgeworfen wird versucht zu haben, einem Invaliden das Glasauge zu rauben, um es in ihre Sammlung von Glasaugen einzufügen, oder *Der verpfuschte Mord*, wo der von einem Mörder abgetrennte Kopf der Witwe Karg weiterlebt und den Mörder durch ironische Bemerkungen zwingt die Polizei zu rufen; nachdem der Polizeirat den Kopf wieder an den Rumpf angeklinkt hat, wird der Mörder als Stümper schimpflich weggejagt.

Die Geschichten berichten von der Unsicherheit der eigenen Identität und jener der anderen, von der Unsicherheit des Ortes und des Geschehens. Diese Unsicherheiten sollen von der oft salopp wirkenden Sprache überspielt werden. Zoderers Tätigkeit als (Gerichts-)Reporter lieferte, wie teils aus den Titeln ersichtlich, viele der Episoden und Reflexionen, die dann absurd verfremdet vorgestellt werden. Wenige Texte bewegen sich auf einer realistischen Ebene, wie die längste Geschichte des Bandes, die von einem Journalisten handelt, der als Berichterstatter nach Lavarone geschickt wird (*Der Dammbruch*). Einige andere Texte haben einen eher nachdenklich melancholischen Zug.

Der Roman *Der andere Hügel* hat eine fast banale Fabel, wenn man überhaupt von Fabel reden will: Es handelt sich um die Geschichte einer Liebesbeziehung, aus der Perspektive des Mannes gesehen, der nach einer gescheiterten Liebe ein Verhältnis zu einer ehemaligen Geliebten aufnimmt. Zumeist ist die Garçonnière der Frau der Ort einer Handlung, die sich monoton wiederholt.

In die Liebes-Pausen fallen ein Spaziergang in den Prater, Überlegungen, Meditationen, wenn er allein zuhause im „Klappbett" liegt, ein Kinobesuch, die Bewegungen zwischen den Orten. Der auktoriale Standpunkt wird aufgegeben, der Leser (und der Autor selbst) sehen nur das, was fortwährend wiederholt in jedem Augenblick der Protagonist sieht, beobachtet und in allen Einzelheiten beschreibt. Während sich der Leser so von der Frau ein einigermaßen genaues Bild machen, ihr Aussehen, ihren Beruf (sie ist Stewardess), ihre Lebensführung aus den Angaben erschließen kann, wenn er auch nie ihren Namen erfährt, bleibt die Figur des Mannes eher im Dunkeln; als Drahtzieher eines fast perversen Experimentierens mit seinem Opfer in einem dauernden Jonglieren zwischen Lüge und Wahrheit ist seine Präsenz dominierend, und selbst als die Frau am Ende durch die Verlobung mit einem anderen versucht, ihre Selbständigkeit zu demonstrieren, fügt sie sich in die „Endlosliebesausbeutung"[3] durch den Mann. Da sie jedoch sein Spiel, seine vielfältigen Strategien durchschaut hat: „Glaubst du, ich weiß das nicht?"[4], erweist sie sich als freiwillige Komplizin. Dem Leser kommt der Zweifel, ob es nicht doch sie war, die von Anfang an das Spiel in der Hand hatte.

Dieses auf Wiederholungsstrukturen beruhende, sich spiralförmig entwickelnde Handlungsgerippe findet auf sprachlicher Ebene eine Entsprechung in der obsessiven Wiederholung von Formeln, Schlüsselwörtern wie „Haut", „Pupille", „Spirale", „Mulde", „Hügel", „ausbreiten", „eindringen", die die Funktion von magischen Urwörtern annehmen, die die einzelnen Kapitel und den ganzen Roman in ein Netz von Bezügen einspannen und Symbolwert erlangen. Neben dem Motiv, das dem Buch den Titel gegeben hat, „der andere Hügel", als Indiz der Beziehungslosigkeit, hat besondere Bedeutung das Motiv der Haut: Es ist dem Roman gewissermaßen als Resümee vorangestellt, durchläuft ihn in verschiedenen Varianten (Innenhaut) und schließt ihn im letzten Absatz ab. Die Haut ist der Grenz- und Schutzbereich des Individuums, das oft nicht aus seiner Haut heraus sich ausbreiten kann, aber auch nicht in das Innere, den Kern des durch die Haut geschützten anderen eindringen kann. Die Haut über die anderen oder auch über die Dinge stülpen bedeutet den Versuch, sie sich anzueignen und in seinen Schutzbereich zu bringen und damit sich aus der Kreiselbewegung, der Spirale, die die sich dauernd wiederholende Zwangssituation des Menschen versinnbildlicht, zu befreien.

Außer den unzähligen Motiv-Wiederholungen macht die Akribie der Schilderung der Dinge, der Handlungen und der Gefühle in dem Sprachfluss, der vom inneren Monolog bestimmt ist, in den nahtlos die Dialoge eingefügt sind, die Erzählung bewusst trägflüssig, in einem ständigen Spiel von Fließen und Stocken.

Die Erzählhaltung schwankt zwischen abstrakt metaphorisch und konkret realistisch: abstrakt metaphorisch, um die zwischenmenschlichen Beziehungen zu beschreiben, die dadurch unbestimmt werden; scheinbar konkrete Bilder hingegen, um psychische Prozesse, Gefühle zu umreißen oder eher zu sezieren.

War schon das Handlungsgerüst im Roman *Der andere Hügel* karg, so verschwindet Handlung gänzlich in dem „romanhaften Gedicht" (so der Klappentext) *Schlaglöcher*, mit dem mehrdeutigen Untertitel „Dauerwellenroman". Als hybrides Gebilde zwischen den Gattungen angesiedelt, kann er als linguistisches Husarenstück angesehen werden, stellt jedoch den Leser, der eben nicht weiß, ob er es mit einem Roman oder einem Gedicht zu tun hat, vor eine harte Probe.

Der Kern der strukturellen und stilistischen Eigenart des Textes besteht in Zoderers Experiment, die Destabilisierung des Establishments, des bestehenden politischen und sozialen Systems, durch die Destabilisierung des sprachlichen Systems zu manifestieren, am Rande der Möglichkeit einer Kommunikation. Die Formeln des politischen Diskurses werden durch die beliebige Kombination und die durch Assoziationsketten bewirkte Nachbarschaft zu der ebenfalls formelhaften Alltagssprache in ihrer Leere deutlich gemacht.

Der Text findet, trotz seiner offensichtlichen Zerrissenheit, eine gewisse Einheit in der sprachspielerischen Vernetzung: Jeder Absatz, jede Texteinheit, spielt gewöhnlich die sprachlichen, lautlichen und inhaltlichen Assoziationen eines oder mehrerer Motive durch. In fast postmoderner Weise werden Zitate, Erinnerungssplitter, aktuelle Notizen und Informationen, traditionelles abgestumpftes Wortmaterial wie Sprichwörter und Redensarten oder auch der politische Diskurs durch die freien, oft willkürlichen Assoziationen sprachlich verunsichert, um dann semantisch neu aufgeladen zu werden, vielleicht mit der Absicht, wie der Klappentext sagt, „die Banalitäten des Alltags, ihrer Sprachhülsen" zu entblößen und „mit ihnen ein beinahe heiteres Mosaik der absurden menschlichen Existenz" zu erstellen. Der fragmentarische Charakter beruht auch auf der vom Nouveau Roman übernommenen Dominanz und Autonomie der Dinge: „[...] vor allem die Dinge müssen für sich sprechen sie müssen ihre eigene Sprache sprechen sie müssen ihren eigenen Lauf nehmen."[5]

Einige der vieldeutigen Ding-Motive (wie Loch, Eis, Haut) tauchen in verschiedenen Texteinheiten des Romans (oder in vorherigen und späteren Texten) immer wieder auf und bewirken auch eine strukturelle Vernetzung.

Doppeldeutigkeit ist Absicht und wird schon durch den Titel signalisiert: konkret Schlaglöcher in der Straße, metaphorisch unvorhergesehene Hindernisse auf dem schwierigen Parcours, der sich vielleicht durch den Untertitel „Dauerwellenroman" umschreiben lässt. Ich sehe hierin einen erzähltechnischen Hinweis: Die Dauer-Welle tritt an die Stelle der Spirale als Strukturelement des Romans. Wie die von einem anfänglichen Impuls eingeleitete Wellenbewegung eines Stricks, die sich bis zum anderen Ende fortsetzt, so vollzieht sich die Bewegung des Romans: „wer hätte das gedacht von einem Pol zum anderen mitten in den vielen Sätzen bediene ich mich der alten Tagträume die sich nachts wiederholen und die kaum noch variieren"[6]. Der einen Sinn oder eine Fabel oder eine Geschichte suchende Leser, der Leser, der umsonst versucht eine Erzählstruktur, eine Handlung zu rekonstruieren (es gibt nur wenige Stellen, die eine halbwegs chronologische Erzählstruktur aufweisen, z. B. 94f.), wird verärgert sein, der Leser aber, der sich von den gekonnt sprachspielerischen Voluten gefangen nehmen lässt, der den Assoziationen folgt, sich zurückerinnert, vielleicht Erfolg hat und den Zusammenhang, die Anspielung errät, kurz der mitspielt, kommt auf seine Kosten. Bei einer Rekonstruktion der Orte erkennt er Wien, Bozen, Kiel und Rom – wie er später in *Dauerhaftes Morgenrot* Triest als möglichen Schauplatz ermittelt –, freut sich an Sprachkombinationen und aphorismenähnlichen Wendungen: „Das trojanische Pferd ist ein krasser Außenseiter."[7] Der Text als Versuch der Erneuerung des poème en prose mit seinen lyrischen Elementen wie Metapher, Alliteration, Assonanz ist ein Versuch geblieben, hat allerdings, wenn auch stark abgeschwächt, auf das spätere Schaffen stilistisch und strukturell gewirkt.

Kann man in den nun zugänglichen Texten der sechziger Jahre eine Einbindung des Autors in die europäische avantgardistische Literatur und in einen vorwiegend österreichischen (Wiener) lokalen Kontext bemerken, so findet mit der Mundartlyrik: *S Maul auf der Erd oder Dreckknuidelen kliabn* (1974, Neuaufl. 2001) und den Romanen *Das Glück beim Händewaschen* und *Die Walsche* eine schrittweise Annäherung an Zoderers Heimat und an das Mediterrane statt, das besonders in *Dauerhaftes Morgenrot*, wenn auch in einer unstereotypen Wintervariante, und in exotischerer Version im *Schildkrötenfest* thematisiert wird.

Es erscheint symptomatisch, dass Zoderer nach der Schreibabstinenz, die er in dem Referat *Wozu schreiben?* von 1969[8] theoretisch begründet hatte, mit seiner ersten Buchveröffentlichung *S Maul auf der Erd* den Dialekt als sprachliches Vehikel wählte. Hatte Zoderer damals den Vertretern der „senilen Avantgarde" vorgeworfen, sie hätten mit ihrem Schaffen, ihrer konservativen Sprache nur dazu beigetragen, die bestehenden Zustände zu verfestigen, und behauptet, die der Kunst von der Gesellschaft zugebilligte Autonomie „hätte den Preis der Musealisierung" gekostet, so gab er mit diesem neuen Versuch, nach den drei Jahren, in denen er sich in Wien für die APO engagiert und seine für sein späteres Schaffen so wichtigen On-the-Road-Erfahrungen in der Neuen Welt gesammelt hatte, das Schreiben wieder aufzunehmen, ein deutliches Zeichen. Es war der Versuch, sprachlich, aber auch von der Botschaft her, einen neuen Weg zu finden, auszuloten, ob sich die Rezeptionsbedingungen in der kulturell, politisch und sozial traditionell orientierten Gesellschaft Tirols verändert hatten. Der schwungvolle Auftakt und der eben durch Zoderer, Kaser und ihren Freundeskreis unternommene Versuch, Südtirol einem europäischen Standard anzunähern, war blockiert worden. Zoderers Experiment bestand in der Aufnahme des Dialekts in der in einer Gegend (Meran, Burggrafenamt) geläufigen und gesprochenen Form, als ausdrucksstarkes Mittel, um eine politische, sozialkritische aber auch ,besinnliche' Botschaft zu übermitteln. Die Entdeckung des Dialekts als Kunstmittel, besonders für die moderne Lyrik, geht auf die Mitte der fünfziger Jahre zurück, besonders auf Artmann, doch war es Zoderers Verdienst, ihn politisch aufgeladen zu haben.

Der Versuch gelang, die Reaktion auf das Bändchen war beachtlich, wenn auch die besonders aus den konservativen Südtiroler Kulturkreisen um die *Dolomiten* kommenden Besprechungen gegen die politisch brisanten Gedichte nicht so sehr ästhetische Maßstäbe als ideologische ins Feld führten: Zoderer wird als einer der „mit dem Marxismus kokettierenden Intellektuellen" abgestempelt, die gemäß der „neomarxistischen Maxime" keine „zweckfreie Kunst" erlauben, doch seien ihm, wo er sich aus seiner „Haßverkrampfung gegen die Gesellschaft" lösen konnte, „einige bemerkenswerte Fügungen"[9] gelungen. Doch gerade die unverkrampfte, frische dichterische Haltung, die im Dialekt, normalerweise Vehikel einer konservativen Heimatdichtung, das störend Belehrende, den erhobenen Zeigefinger oder die trockene Agitation verliert, hat den (dialektkundigen) Leser überzeugt. In den gesellschaftskritischen Gedichten trägt der Dialekt dazu bei, die Gefahr eines anämischen, trockenen und abstrakten Charakters zu vermeiden; sie werden konkret und volkstümlich kräftig.[10]

Auf dieses Buch, das von der zustimmenden Kritik als Versuch des Ausbruchs aus literarischen Klischees und der Erneuerung der Dichtersprache begrüßt worden war, folgt kurz darauf, 1975, ein weiterer Gedichtband: *Die elfte Häutung*, der konkrete Themen der Umwelt und Zeit noch in kritisch provozierender, ironisch pointierter Weise in fünf Teilen darstellt, die jeweils durch aphoristische Motti in der Art von Sponti-Sprüchen eingeleitet werden: „das leben ist süß / aber ich bin diabetiker" oder „auch im tal der tränen sind die tränensäcke durch plastiktüten ersetzt worden".

In den frühen Romanen, besonders den *Schlaglöchern*, spielte das Motiv der Haut schon eine zentrale Rolle, hier wird es zum symbolischen Kern des Zyklus, der alle semantischen Varianten in freien Assoziationen und wortspielerischen Kombinationen ausschöpft. Die thematische, doch auch stilistische Vernetzung mit den (damals noch unveröffentlichten) *Schlaglöchern* ist augenscheinlich, ja Zoderer hat ganze Stellen des romanhaften Gedichts aufgenommen und lyrisch weiter verdichtet. Doch demonstriert dieses ‚Selbstzitieren' schon die Abkehr von einer ideologisch engagierten Literatur, die bei Zoderer jedenfalls nie aufdringlich und vorherrschend gewesen ist, sondern immer durch Sprachkunst gefiltert wurde.

Im Titel spiegelt diese Veränderung der politischen Einstellung durch ‚Häutung' auch die stufenweise künstlerische Erneuerung wider, doch ist die Hautmetaphorik sehr viel komplexer und schließt die Idee des Schutzes für das Ich, die eigene Identität, den die Haut gewährt, und die Versuche der gewaltsamen „Aushäutung"[11], Enthäutung durch die anderen, mit ein.

Ein dritter Lyrik-Band, *Pappendeckelgedichte*, erscheint 1979 im Verlag Galerie Prielhof (Eppan) nach der Buchveröffentlichung des ersten Romans *Das Glück beim Händewaschen* (1976) im Münchner Relief-Verlag, bei dem auch die ersten beiden Gedichtbände herausgekommen waren. Mit ihm setzt die größere lyrische Produktion zugunsten der Prosa aus.

Gegenüber den beiden vorhergehenden Sammlungen kann ein endgültiges resigniertes Sich-Abwenden von der gesellschaftlichen Problematik festgestellt werden. Das lyrische Ich hat nichts mitzuteilen „keine Bitternis / keinen Zorn", ist abgehärtet und versteinert, es flüchtet sich in sein Inneres, in die Welt der Dinge, die Symbol seiner existentiellen Lage werden. Diese Wende drückt sich in einer poetischen Verdichtung und noch sichtbareren Stilisierung und Verkürzung auf die Formel aus. Es handelt sich teils um Ein-Satz-Gedichte, die oft mit „Ich" beginnen, jedenfalls steht das lyrische Ich im absoluten Mittelpunkt. Eine Beobachtung, eine kurze Beschreibung, ein Motiv wird vorgestellt, um fast unmittelbar, in einer oft überraschenden Wendung, einer Pointe, kommentiert zu werden. Die äußere Wirklichkeit, verkürzt auf die Symbole Baum, Gras, Moos usw., wird relativiert durch die Annäherung an Zentralmotive wie Schlaf-Traum-Tod-Blut-Zorn und in ein Assoziationsnetz verwoben.

Das schon mit den Dialektgedichten eingeleitete, wenn auch hier noch vornehmlich linguistisch und nicht gesellschaftlich und politisch ausgerichtete Interesse für die ‚Heimat' Südtirol sollte in dem Roman *Die Walsche* (1982) seinen Höhepunkt erreichen, der dem Zoderer den literarischen Durchbruch bringt. Er wird zur Symbolfigur der neuen Südtiroler Literatur nicht nur in Deutschland, sondern auch in der literarischen Öffentlichkeit Italiens, die sich zum ersten Male bewusst wird, dass innerhalb der Staatsgrenzen Italiens auch eine deutschsprachige Literatur existiert. Zum Erfolg beigetragen hat, außer der literarischen Qualität des Werks, sicher die mutige und objektive Konfrontation mit der Südtiroler Realität, dem durch die geschichtlichen Ereignisse mehr oder weniger erzwungenen Zusammenleben zweier Volksgruppen, die kulturell und sprachlich stark divergieren. Es ist die wirklichkeitsnahe Bestandsaufnahme einer Situation und eines psychischen Zwanges, dem sich der Autor, wie alle Bewohner Südtirols, tagtäglich gegenüber sieht. Er geht dabei nicht polemisch vor, sondern verlegt die Problematik in die psychische Entwicklung der Figuren, die im Kontakt mit der fremden, anderen, sich verändernden Umwelt und mit den un-heimlichen Anderen versuchen zu einer Identität zu finden.

Stärker an seine persönliche Erfahrung gebunden, die konkret nachgezeichnet wird, ist der stark autobiographische Zöglingsroman (oder Bildungsroman) *Das Glück beim Händewaschen*, der im Zuge des Erfolgs der *Walschen* von Hanser 1982 neu verlegt wird. Die Kindheit und Jugend Zoderers verlaufen durch Option und Emigration ohne die Sicherheit eines Heimatorts und sind durch das besonders für einen Heranwachsenden desorientierende Erlebnis bestimmt, überall Fremder zu sein: Fremder in der Elementarschule in Graz, als Gymnasiast in einem Schweizer Internat, Fremder selbst in der ‚Heimat' Südtirol. Diese Erfahrung schließt nicht nur das Problem der Heimatlosigkeit ein, sondern auch das einer dubiosen Identität, das Zoderer in den Mittelpunkt seines Romans stellt und dort stufenweise entwickelt.

Der Roman umfasst als äußeren zeitlichen Rahmen den Lebensabschnitt des Buben vom Überschreiten der österreichisch-schweizerischen Grenze und seinem Eintritt ins Internat bis zum freiwilligen, durch den Reifeprozess mit dem dadurch bedingten Anwachsen der kritischen Urteilskraft seiner Umwelt gegenüber bewirkten vorzeitigen Verlassens des Schülerheims. Die dem Ich-Erzähler von seinen Mitschülern gewissermaßen aufgezwungene österreichische Staatsangehörigkeit bringt ihm in den halbernsten Spielen mit den schweizerischen Schulkameraden die Rolle eines historischen, immer zum Verlieren bestimmten Feindes von der Zeit Wilhelm Tells als habsburgischer Unterdrücker bis zur Gegenwart als Nazi-Soldat ein. Das verwirrt die Vorstellung seiner eigenen Identität wie im Allgemeinen jede Vorstellung von nationaler Identität, mit Ausnahme der schweizerischen, die ihm im Geschichtsunterricht eingetrichtert wird.

Doch wird seine Heimat konkret, als er mit einem Onkel, Vigil, der als Pfarrer nicht für Deutschland optiert hatte, in brieflichen Kontakt tritt und dann von ihm eingeladen wird in Südtirol seine Ferien zu verbringen, da seine Familie noch nicht dort wohnt. Es ist das erste Mal, dass er nach seiner frühesten Jugend in seine Heimat zurückkehrt, in ein Land, das er fast nur aus den Erzählungen der Eltern kennt. Diese Rückkehr bringt ihm seine anomale Lage zum Bewusstsein; als Italiener kann er auf die Frage der Grenzbeamten nicht antworten. Das Problem der Identität, der Zugehörigkeit wird weiter ausgebaut und wird zum Problem der Heimat, das in der Option seine größte Zuspitzung gefunden hat. Dies wird an der Figur des Vaters erläutert, der als Opfer der verschiedenen propagandistischen Strategien seine Orientierung verloren hat. Das überzeugendste Argument für die Option war das der Gleichsetzung von Sprache und Heimat: Dableiben würde bedeuten, seine Sprache zu verraten und damit auch die Heimat: „An allen Ecken und Enden, überall, seien die feinsten Herren aufgetreten und hätten gesagt, ein Südtiroler verrate seine Heimat nicht, die Heimat sei die deutsche Sprache."[12]

Der Roman spielt sich hauptsächlich auf zwei Ebenen ab: der der erzählten Zeit vom Eintritt in das Haus der Regel, der Beschreibung der Ferien, der eingelegten Erzählung der Ferien bei Onkel Vigil, bis zum Verlassen des Internats – und jener der Erinnerung: ständige Rückblenden in die Zeit der in Graz, während des Kriegs, der Nazizeit, unter den Bomben und unter britischer Besatzung verbrachten Kindheit mit der Beschreibung der Überlebensstrategien seiner Familie. Mosaikartig, in realistischen, teils humorvoll erzählten Episoden, wird so das Bild der Familie aus der Erinnerung des Jungen zusammengesetzt. Am Ende des Romans fügen sich die beiden Erzählstränge mit der angedeuteten Rückkehr nach Südtirol in einer, wenn auch nur teilweise realisierten Zusammenführung der Familie zusammen. Alles ist aus der Perspektive des Ich-Erzählers gesehen, der seine Erlebnisse, Erinnerungen, Gefühle reflektiert. Zoderer hat hier Dialog und direkte Rede weitgehend ausgeschaltet, eine Technik, die er auch in den folgenden Romanen beibehält, und die dazu dient, den subjektiven Charakter des Werkes zu verstärken.

Wenn auch Olga, die Heldin des Kurzromans *Die Walsche*, ihre Geschichte nicht selbst erzählt, so nimmt doch der Erzähler ihre Perspektive an, identifiziert sich weitgehend mit ihr. Die Thematik, die das Problem des Zusammenlebens zweier Volksgruppen in einem regionalen Kontext exemplarisch in den Hauptfiguren Olga, einer deutschsprachigen Südtirolerin, und Silvano, ihrem italienischen Partner, darstellt, hat, wie schon gesagt, den Roman zum größten Erfolg Zoderers werden lassen und ihn auch in Italien bekannt gemacht.

Olga verlässt die Stadt, wo sie mit Silvano zusammenlebt, um zum Begräbnis ihres Vaters, des Dorflehrers, in ihr Heimatdorf zurückzukehren, aus dem sie sofort nach dem Begräbnis wieder in die Stadt zurückfährt. Das ist der Rahmen, der nun mit weiteren, eher mageren Handlungselementen ausgefüllt wird. Es wird die völlige, nicht mehr änderbare Entfremdung Olgas von ihrem Heimatdorf und somit von der Welt ihrer Kindheit und Jugend festgestellt, die Unmöglichkeit der Aufnahme einer engeren Beziehung. Schon als Schulkind hatte sie durch ihr Interesse für das Italienische Misstrauen und Ablehnung ihrer Kameraden und den Schimpfnamen ,Walsche' geerntet. Der ,Verrat' an ihrer Heimat wurde dann durch den Akt des Verlassens, durch die Übersiedlung in die Stadt vervollständigt, das Zusammenleben mit einem Italiener war ein weiteres suspektes Verhalten. Die Darstellung des Dorfs und seiner Bewohner nicht als Idylle oder als verklärte gesunde bäuerliche Gegenwelt zu einer korrupten Stadtwelt, wie es dem Stereotyp der Dorferzählung entspricht, wird hier fast umgekehrt: Engstirnigkeit, Abgeschlossenheit, Alkoholismus, Gewalttätigkeit, Mangel an Toleranz und dazu eine teils karikierte Zeichnung der physischen und psychischen Erscheinung der Bewohner liefern ein gewiss nicht positives Bild des Dorfs. Die zwiespältigste Figur ist die des Vaters, des Lehrers, in dem auf ähnliche Weise wie im *Glück beim Händewaschen* die Identitätsproblematik konzentriert ist. Er hatte versucht aus diesem beengenden Rahmen mit seiner fremdenfeindlichen Heimatideologie („Die Heimat ist in Gefahr") auszubrechen, ist aber gescheitert und an diesem Scheitern zerbrochen. Die positive Gegenfigur ist Olga, der allen Identitätsproblemen (besonders dem des Verlusts der sprachlichen und kulturellen Identität durch das Leben zwischen zwei Sprachen und Kulturen), den auch in ihr selbst eingewurzelten Vorurteilen und den harten Bedingungen der Umwelt zum Trotz der Durchbruch zu einem rein menschlichen Verhalten gelingt.

Südtirol spielt weiter eine Rolle in *Lontano* (1984), hier allerdings nicht mehr als Grundthema und Faktor, der die menschliche Entwicklung der Hauptperson bestimmt, wie in den beiden früheren Romanen, sondern als einer der topographischen Bezugspunkte der Geschichte, als Heimatort und Ort der Agonie der Mutter. Wie im *Glück beim Händewaschen* bleibt die Hauptfigur namenlos, wenn sie auch mit größerer Distanz als ,er' vorgestellt wird. Der über die Biographie Zoderers informierte Leser kann autobiographische Elemente erschließen: Der Protagonist ist freier Journalist, nimmt an Demos teil, hat in Südtirol einen Malerfreund namens Stefan usw. Der zweite Bezugspunkt ist Wien, wo der Held lebt und mit Mena verheiratet ist und wo sich die erste Hälfte des Romans abspielt, der dritte ist Amerika, der zweite Schauplatz der Handlung, in den die anderen Punkte, die ‚Erinnerungs-Orte' mit ihren Hauptfiguren, Mutter und Mena, integriert und bis zum Ende präsent sind.

Der Held zerstört die Bindungen (die an den Ort und besonders an Mena), die ihn zur Ruhe zwingen und seine Bewegungsfreiheit begrenzen, um hinter und vor sich die ‚Ferne' zu schaffen, die mehr oder weniger verschlüsselt auch im Titel des Romans steckt. Doch die Trennung von Mena verursacht ihm Schmerzen, die er in gewisser Weise masochistisch ausbeutet („Schmerzensegoist"), und bewirkt seine Flucht nach Amerika, nachdem mit dem Besuch bei der sterbenden Mutter in Südtirol und seinem Abschied von ihr (die Szenen der Beschreibung der Krankheit der Mutter durch die Schwester sind in der Erzählung *Das Haus der Mutter,* 1994, wieder aufgenommen worden) eine weitere Bindung durchschnitten worden ist.

In Amerika angekommen, lebt er zunächst bei seiner Schwester in Maryland, arbeitet in einem Drive-in-Restaurant, um dann sein On-the-road-Abenteuer zu beginnen: Er fährt mit dem Greyhound nach Kanada zu Freunden, reist weiter per Autostop, zunächst allein, dann zusammen mit einem Jungen und einem Mädchen. Die Geschichte, wenn man sie als eine solche bezeichnen will, bleibt offen, es gibt keine Andeutung einer Rückkehr oder eines Ziels, sie beschreibt die Distanzgewinnung des Protagonisten von seiner Vergangenheit mit dem Abstumpfen der Erinnerung, die fast zur Formel wird, sich von seiner Person löst. Das bedeutet aber auch, dass seine Einbindung in soziale, zwischenmenschliche Beziehungen zu Gunsten einer ichbezogenen, selbstreflektierenden, der Mitwelt gegenüber gleichgültigen Haltung aufgegeben wird. Die Spirale, die, in den Wüstensand gezeichnet, auch den Umschlag ziert, haben wir schon als Motiv und Strukturelement im Frühwerk herausgestellt. Sie symbolisiert einmal die ‚Endlosigkeit', das auf ewiger Wiederholung beruhende Prinzip des Fortschreitens, dann auch die Konzentrierung auf den Protagonisten und seine Perspektive, die einen weitgehenden Verzicht auf verbindende strukturierende Elemente bewirkt.

In *Dauerhaftes Morgenrot* kann als hauptsächliches Merkmal der Erzähltechnik die Dekomposition, das Zerlegen verschiedener Erzählstränge in meist kurze Sequenzen und das Wieder-Zusammensetzen ohne ‚logische‘ Motivation angesehen werden, was das Gefühl einer gewissen Austauschbarkeit und Beliebigkeit hervorruft. Sie bewirkt eine Verwischung chronologischer und kausaler Grenzen und gibt dem Roman eine facettenhafte Struktur, in der der Leser eine Route finden muss, der er folgen kann. Hierin besteht auch der Unterschied zum *Anderen Hügel* und zu den *Schlaglöchern*, wo eine obsessiv erscheinende, in sich bis zum Überdruss wiederholenden oder variierten Formeln und Motiven äußernde Erzählstruktur mit einem anonymen monomanischen Ich oder Er als Zentrum den Leser verunsichert, ihn aus dem Geschehen ausschließt. Hier hingegen findet er wieder Namen, die konkreten Figuren gehören: Lukas, die allerdings dominante Hauptfigur, Livia, seine Frau, Johanna, die gesucht, und Gianna, eine Prostituierte, die als Surrogat für Johanna gefunden wird, dann eine Reihe von Nebenfiguren. Aus oft verschlüsselten Indizien konstruiert und rekonstruiert der Leser die Ereignisse, die zeitlichen Ebenen des Erzählten, die Orte und die Figuren, wenn auch immer ein Unsicherheitsfaktor bleibt. Der Autor macht dem Leser das Spiel nicht zu leicht: Lukas wird einmal als ‚er‘, dann als ‚ich‘ präsentiert; die Handlung spielt auf verschiedenen, willkürlich gemischten Zeitebenen, schwankt zwischen Gegenwart und Vergangenheit, beschreibt mit Akribie eine imaginäre, erwünschte, geträumte Welt, und wirkt so desorientierend. Die Figuren sind unbestimmt oder wie Johanna und Gianna untereinander austauschbar, vielleicht dieselbe Figur; dazu kommt die „Lust am Nebensächlichen", die Sucht, „das Unwichtigste zu beobachten"[13], die als Kennzeichen Johannas angeführt wird, aber den Erzählstil des Romans charakterisiert. Die Hinzufügung einer weiteren Ebene, der gewissermaßen als Rahmen oder Übertext fungierenden Verhörsituation, erhöht den komplexen Charakter des Erzählten. In ihrer formalen Abgesetztheit erinnert sie an den Chor im griechischen Drama, motiviert aber das Erzählte als ein erpresstes Geständnis, allerdings in einer traumhaften, utopischen oder eher hypothetischen Dimension: „Und so fragten sie ihn, fragten ihn hartnäckig, stellte er sich vor, über sein Gefühl aus. Er hätte eine Weile stumm bleiben können, aber eines Tages oder mitten in der Nacht hätte er wohl einmal zu reden begonnen: [...]“[14], so beginnt der Roman.

Dessen Handlung ist denkbar einfach: Zwischen der Ankunft in einer anonymen Stadt am Meer sowie der Suche eines Hotels und der Rückkehr in den Heimatort, wo ihn die Normalität des Ehelebens erwartet, schweift Lukas durch die Stadt mit ihren Plätzen mit Tauben, Gassen, dem Kai, durch Lokale, wo er mehr oder weniger extravagante Typen trifft, die Telefonnummer Giannas erhält, die er nach weiteren, meist nächtlichen ‚Abenteuern‘ dann auch trifft und mit der er nach einem Abendessen im Fischrestaurant schläft. Eingeschoben hier und da die Erinnerungen, konkret beschrieben, aber oft in einer traumhaft verzerrten Wendung, wobei die örtliche und zeitliche Orientierung durch die drei Frauengestalten signalisiert wird. Der ständige Wechsel zwischen Außenwelt und Innenwelt, Traum und Wirklichkeit, der Wechsel der Mitteilungsart: minutiös geschildertes Ereignis, Erlebtes, Erinnerung durch Evozierung, Monolog, (fiktives) Zwiegespräch, schaffen ein dichtes Netz von Beziehungen, die offen sind, nicht eindeutig, lassen die Grenzen verschwimmen und geben dem Ganzen eine schillernde Extratemporalität und einen schwebenden Charakter.

Nicht nur von der Erzählstruktur her ist der Roman komplex und raffiniert konstruiert, er ist auch voller sprachlicher Kraft und Bildhaftigkeit. Präzis ist die Beschreibung der verschiedenen Orte, Landschaften, die zwar unbenannt sind, aber lebhaft in Flora und Fauna vor den Augen des Lesers auftauchen, da sie nicht beschrieben sind, sondern in Beziehung zu den Figuren gebracht werden. Die Mittelmeerwelt wird in der Gegenwartsebene in ihrer Winterversion vorgestellt: die anonyme Stadt am Meer, mit ihrer regnerischen, windigen, kalten, im Eis sublimierten Substanz, dem ‚Brunnen der vier Winde‘, und dann in ihrer Sommer (-ferien)Version: Dorf im Karst am Meer, mit Strand, Disteln der Macchia, Feigen, Edelkastanien, Agaven, Ohrenkakteen, Tamarisken, Platanen, Akazien, Kakhi, Johannisbrotbaum usw. Ihr entgegengesetzt als Ausgangsort und Ort der Rückkehr ist der Heimatort in den Alpen mit den Lärchen, Eschen, Erlen.

Als Motivlinien durchlaufen die Erzählung die des Wassers, sublimiert in dem „Schweigen des Wassers unter dem Eis“, wie der in der italienischen

Übersetzung wieder auftauchende Arbeitstitel suggeriert, gesehen als latente Drohung der Sprachlosigkeit, der Unterbrechung der Kommunikation, dann die des Todes, der sich in der Gestalt toter Tiere wie Möwen oder Tauben materialisiert, und des „dauerhaften" Morgenrots als Symbol eines existentiellen Zustands. Ein weiterer, eher materiell erscheinender Motivstrang ist das Essen: Ziegenkäse, Meeresschnecken, Oliven, das allerdings nicht nur als ein Mittel des Lokalkolorits, sondern als archetypisches, mit den anderen Grundfunktionen des menschlichen Lebens besonders der Liebe verbundenes Element vorgestellt wird.

Während in *Dauerhaftes Morgenrot* hauptsächlich sprachliche, stilistische und strukturelle Anklänge an die frühen Prosawerke zu bemerken sind, kann eine thematische Verbindung des ersten Romans *Der andere Hügel* zum *Schildkrötenfest* festgestellt werden.

Sicher wird die Erzählhaltung wieder traditioneller: Es gibt eine Story, die sich in real existierenden mexikanischen Orten in einem genau bestimmbaren zeitlichen Rahmen entwickelt; es gibt einen Helden mit einem Namen: Loris, aus Südtirol gebürtig, auf einer Überland-Busreise nach Mexiko, wo er einen Freund, Ivo, treffen will, macht die Bekanntschaft einer schönen Mitreisenden, Nives, schläft mit ihr auf einer Zwischenstation, Hermosillo, verliebt sich in sie, findet sie nicht mehr, doch folgt er ihr, die ,Spuren', geheimnisvolle Indizien, hinterlässt, zunächst in die Stadt Tepic, wo er sie dank der Vermittlung von Pacho, einem Friseur, und Ramos, einem mexikanischen Studenten, wieder trifft, wieder mit ihr schläft, sie wieder aus den Augen verliert, bis er sie in einem kleinen Dorf an der Pazifikküste, Santa Cruz, wiederfindet, wo auch sein Freund Ivo Zuflucht gefunden hat. Dort lebt eine kleine Kolonie amerikanischer Aussteiger, die mit jungen Mexikanern, darunter dem ehemaligen oder noch Geliebten von Nives, Rey, undurchsichtige Geschäfte abwickelt. Schließlich erfahren wir, dass eine eher zwielichtige Kombination von (Studenten-)Revolution (Ramos war einer der Führer der Studentenunruhen in Mexiko-City) und Drogenhandel dahintersteckt. Tatsächlich ist die Handlung in der Zeit der olympischen Spiele in Mexiko angesiedelt, Rückblenden in die Lebensgeschichte von Nives, von ihr erzählt, führen in das Mailand der Studentenunruhen.

Das große Schlacht-Fest, mit orgiastisch heidnischen Zügen, das im Dorf von Einheimischen und Fremden spontan organisiert wird, als eine Riesenschildkröte gefangen wird, endet in einer Polizeiaktion, einer nächtlichen Schießerei. Am nächsten Tag werden die Ausländer, unter ihnen Loris, mit einem Lastwagen an die U.S.-Grenze gebracht und abgeschoben. Damit endet das mexikanische Abenteuer, die exotische Liebesgeschichte von Loris.

Die Geschichte ist wie immer „stilsicher", wenn auch weniger „bilderprall" erzählt als die „komplex strukturierten früheren Romane" und zeichnet sich durch eine „beherrschte und untergründig doch nervös vibrierende Sprache"[15] aus. Wie der Protagonist, der während seiner Reise auf der sehnsüchtigen Suche nach Liebe und vielleicht auch nach Abenteuern in eine Liebesgeschichte und in ein zwielichtiges Abenteuer schlittert, als ‚braver Europäer' Schwierigkeiten hat, sich in diesem geheimnisvollen und auch gefährlichen Geschehen, das teils Züge eines Alptraums annimmt, zurechtund sich in diese „trügerische Welt" hineinzufinden, die ihm ein „Blendwerk der Sinne" vorgaukelt, wo alles fragwürdig wird, wie die exotische Umwelt, oder die wie Nives, das „weibliche Fabelwesen", „keine scharfen Konturen" hat, wo die Wirklichkeit als „flüchtiger Durchgangsort" überall dort ist, „wo Loris mit seinen Kategorien nicht hinreicht"[16], so ist auch der Leser verunsichert. Auf der Suche nach einer fassbaren Wirklichkeit, nach sicheren Lösungen und einer befriedigenden Auflösung folgt er den verschiedenen Handlungssträngen, die in dem Handlungsverlauf, der zwischen „Auflösung und Erstarrung mäandert", was nach Melzer das poetische Konzept von Zoderers Roman, die Polarität von „Entgrenzung und Begrenzung" ausmacht, angelegt sind. Der Ausgang der Liebesgeschichte, die Lösung des Rätsels der Hippie-Kolonie, der gegen sie gerichteten Polizeiaktion sind ausgesetzt, in der Schwebe gelassen und somit kommt Zweifel auf an der Realität des Erlebten, das eher als eine Illusion, eine Halluzination erscheint. Es bleibt das vage, doch intensive Gefühl von Lockungen und Verlockungen, einer unerfüllten oder nur halb erfüllten Sehnsucht, einer exotisch kontrastreichen und gewalttätigen, teils sympathetischen Natur. Diese Unbestimmtheit, dieses Schillernde erhöht die latente Sensualität, Voraussetzung und Kontext einer stark erotischen Grundthematik. Dies alles setzt sich in Sprache um, die sich in dem für Zoderer typischen Erzählfluss realisiert, der mit nahtlos integrierten Monolog- und Dialogteilen angereichert ist, die zum Teil die Vorgeschichte in den Handlungsverlauf einholen.

In der folgenden Schaffensperiode versucht sich Zoderer auch in eher ungewöhnlichen Dichtungsarten, so u. a. als Kinderbuchautor. Vorbereitet durch die Rolle als Vater, die er sehr ernst nimmt, wie es in dem seinen (heute erwachsenen) Söhnen Andreas und Peter gewidmeten Beitrag zu der Sammlung *An mein Kind, Briefe von Vätern* (1984) zum Ausdruck kommt, stellt er in der von Linda Wolfsgruber graziös aus der Kinderperspektive illustrierten Weihnachtsgeschichte *Als Anja dem Christkind entgegenging* seine Einfühlungsfähigkeit in die Seele und Welt eines Mädchens (wie in der *Walschen* in die Frauenseele) unter Beweis, dank einer Erfahrung, die er vielleicht seiner damals kleinen Tochter Brenda Maria verdankt. An der Figur des guten doch einfältigen Riesen Emil, der von der Gemeinschaft wegen seiner psychischen und physischen Devianz als suspekt angesehen wird, und an seinem tragischen Opfertod wird den Kindern als ‚Moral' mitgeliefert, nicht nach dem äußeren Aussehen, nach Klischees und dem Gerede der Leute zu urteilen, sondern nach dem Herz und nach dem, was wirklich geschieht. So ist dem kleinen Buch nicht unverdient ein dauernder Erfolg auch beim erwachsenen Publikum beschieden worden, nicht zuletzt eine sehr positive Aufnahme bei der Kritik.

Die Jahre nach dem *Schildkrötenfest* sind nicht nur durch die Suche nach für ihn neuen Gattungen, wie eben dem Kinderbuch, charakterisiert, sondern auch eine Zeit der Rückkehr zum Experiment, nicht zuletzt in Bewegung gesetzt durch die Wiederaufnahme, Ausarbeitung und Veröffentlichung des Frühwerks, wie es etwa in dem vielleicht wegen seiner (in Preis und Auflagehöhe) exklusiven, bibliophilen, mit Originalholzschnitten von Peter Fellin versehenen Aufmachung wenig beachteten Büchlein mit dem Prosafragment *Und doch das Schweigen verloren* (1995) augenscheinlich wird: Wie in den *Schlaglöchern* ist die Sprache durch lyrische Elemente (Synästhesie, Alliteration, Verzicht auf syntaktische Verbindungselemente, Satzordnung) bestimmt. Es wird auf Interpunktion (mit Ausnahme einiger Fragezeichen) verzichtet, jede syntaktische Einheit (ob Haupt- oder Nebensatz) wird mit Großbuchstaben eingeleitet. Stilistische Rückgriffe können auch zu *Dauerhaftes Morgenrot* bemerkt werden: So schwankt die Erzählform zwischen „ich" und „er" mit der damit verbundenen jeweiligen Subjektivierung oder Objektivierung. Diese banal erscheinenden Stilmittel tragen dazu bei, dass die Geschichte – von Verlassen, Getrenntsein, Alleinsein, Fernsein des Anderen, von Erinnerung und versprochener Rückkehr, jedenfalls eine Liebesgeschichte – etwas Unbestimmtes, Vieldeutiges und Grenzenloses bekommt.

Das „verlorene Schweigen", d. h. die Wiedergewinnung des Worts, und damit der Kommunikation mit der Umwelt der Dinge, die durch die Benennung konkret werden, mit den anderen, aber auch mit sich selbst, geben die Möglichkeit, sich wieder in den Kreislauf des Lebens einzuordnen, wie das dem Fragment vorangestellte Motto besagt: „[...] Wenn ich sagen kann, was ich sagen möchte, werde ich vielleicht noch einmal leben, und mit jedem Wort dem Ende näher sein."[17]

Als ,zweihändig' kann die fast simultane Herstellung von Bildern und Texten mit dem Maler Ivo Rossi-Siéf angesehen werden, eine Verbindung, die von Zoderer selbst als „Farbhochzeit mit Worten"[18] charakterisiert wurde und die als eine raffiniertere Fortführung der früheren, eher traditionell illustrierten Gedichtbände anzusehen ist, die eben aus der Zusammenarbeit mit Künstlern – Luis Stefan Stecher, Sandra Morello und in der letzten Zeit wieder mit Peter Fellin – entstanden sind und eine gegenseitige Erhellung von Bild-Text ermöglichen, wobei auch den Titelbildern der Romane eine ähnliche, vielleicht noch stärker symbolische Rolle zufällt. Die Bilder/Gedichte wurden Ende 1997 in Bozen ausgestellt. Die Texte, die ihren Reiz einmal in dem Spontanen, im Nachempfinden ihres Entstehungsprozesses, der künstlerischen Aktion in progress finden, dann in dem direkten Zusammenspiel von Bild und Wort mit dem faszinierenden Palimpsest-Charakter alter Graffiti, sind zum Teil in einer kleinen Sammlung (10 Gedichte) unter dem Titel *Hier lebt noch einer*, leider traditionell gedruckt, veröffentlicht worden.[19] Im Mittelpunkt dieser Gedichte steht wieder die Sprache, die Suche nach dem sprachlichen Ausdruck, der verbissene Versuch des Dichters, die Welt, seine Umwelt in die Sprache zu bannen, ihrer somit Herr zu werden.

Dieser Versuch der Aneignung der Umwelt durch das Wort, in einer gut strukturierten Form mit klug eingesetzten sprachlichen Mitteln (die Sprache ist fast konkret und nicht überladen, jedenfalls nicht geschwätzig; durch gezielten Einsatz der rhetorischen Mittel wird Dichte und hohe Musikalität erreicht), mit dem Ziel auch der Selbstfindung – das lyrische Ich steht wieder im Mittelpunkt – bedeutet auch ein Wiederaufnehmen, die Bergung und den Versuch des Wiederverstehens des früher in einer anderen Sprache Ausgesprochenen. Es ist ein autobiographischer Hinweis auf die Wiederaufnahme der seinerzeit nicht oder nur als Fragment veröffentlichten Werke der sechziger Jahre, eine Entdeckungsreise in sein Ich als Dichter „aufwärts und abwärts", das aus der Distanz zu einem anderen Ich geworden war, aber auch durch sein „neues Alphabet" Wege in die Zukunft weist, sowie den Ausweg, das „Schlupfloch" aus einem schöpferischen Dilemma.

Eine Wiederaufnahme – als Erfüllung eines vor Jahren sich selbst gegebenen Versprechens – auch einiger Besonderheiten des Schreibstils, den er dann auch selbstironisch charakterisiert: „jener Sprache in der ich schelmisch weinte", ist in den letzten Werken in der Tat spürbar.

Die Spirale, eine Zoderer sehr vertraute Metapher, könnte, wie von ihm suggeriert, auch als Metapher für sein dichterisches Schaffen verwendet werden, für sein spiralenhaftes Sich-Bewegen zwischen den Polen Lyrik und Prosa mit den Zonen der Vermischung des poème en prose und zwischen den Polen einer eher realistischen Erzählhaltung und einer (ursprünglich dem Nouveau Roman verpflichteten) Erzählhaltung, die fast völlig auf die Fabel verzichtet, zugunsten eines sich spiralenhaft bewegenden Sprachflusses, einer labyrinthischen, nur assoziativ verknüpfbaren Erzählstruktur, die die Auflösung der Welt in ihre dingliche Elemente und die Zergliederung der Personen in ihre facettenreichen psychischen Elemente nachvollzieht.

Zoderers vorerst letzter Roman *Der Schmerz der Gewöhnung* (2002), der wieder in das Erfolg versprechende Ambiente Südtirol zurückkehrt, wurde schon einige Jahre früher mit dem Arbeitstitel *Maras Vater* als „ d e r Südtirolroman" angekündigt.[20] Von ihm ist in der Grazer Literaturzeitschrift *manuskripte* ein längerer Vorabdruck unter dem Titel: *Und wenn möglich zu Fuß nach Sibirien*[21] erschienen, der die Antizipationen zu rechtfertigen schien, und der, der Tradition des *Glücks beim Händewaschens* folgend, wieder autobiographische Züge aufweist. Der neue Roman kündigte sich als eine Synthese an, in dem viele der im Frühwerk und den vorherigen Romanen und Lyrikveröffentlichungen geöffneten Thematiken und Motivstränge zusammenlaufen sollten, um so gewissermaßen einen Schlussstrich unter sein Romanschaffen zu ziehen.

Nun ist der mehr als zwei Jahre später erschienene Roman doch ganz anders als der Vorabdruck, von dem bedeutende Teile nicht mehr in den Roman aufgenommen wurden. Der Vorabdruck war stärker auf das Südtiroler Ambiente und die Hauptperson des Schwiegervaters zugeschnitten. Die Hauptfiguren: der Protagonist, der den Namen Jul bekommt, seine Frau Mara, seine Tochter Nathalie, Maras Vater werden wohl beibehalten, aber die Akzente verlagern sich, in den Mittelpunkt tritt Jul, allein, fast isoliert in seinem Schmerz und seinen Erinnerungen.

Gewiss ist der Roman nicht „d e r Südtirolroman", auch wenn das Land Südtirol und seine bewegte Geschichte in der fragmentarisch angebotenen Lebensgeschichte des Protagonisten Jul eine bevorzugte Stellung einnimmt. Doch wird es nur in Funktion der Lebensgeschichte Juls und seiner Familie gesehen. Der ‚Heimat' Südtirol wird Sizilien, die Heimat von Maras Vater, gewissermaßen als Komplementär-Ort entgegengesetzt, ein Bogen spannt sich von Südtirol nach Sizilien, der nicht nur durch die Familienbande motiviert ist, sondern eine fast mythologisch-mythische Union, eine ideale Zugehörigkeit des alpenländischen Protagonisten zum Mittelmeerraum signalisiert. Die Wahl Siziliens als Ort zum Sterben, einem würdevollen Sterben in Einsamkeit wie dem eines todwunden Tiers, symbolisiert so eine Rückkehr, ein Sich-auflösen in der großen Mutterwelt des Mittelmeers und gewissermaßen die Bekundung des Versuchs, die fehlende (mediterrane) Hälfte der Identität zurückzugewinnen. Doch auch hier wird der Bogen zurückgespannt und Juls Lebenslauf schließt sich zum Kreis, fast um das Erreichen des Ziels zu demonstrieren: „er rollte sich ein wie sein Hund, weit weg in den Bergen"[22].

Auffällig ist auch, dass die ‚rein' deutsche Südtiroler Familie Juls, sein Vater und seine Mutter, im Verhältnis zu der ‚gemischten' seiner Frau Mara verhältnismäßig wenig behandelt, fast nur am Rande (besonders im Kapitel 56) erwähnt wird, wenn auch hier der autobiographische Bezug vielleicht am deutlichsten zum Vorschein kommt, erklärbar durch die Ferne der Eltern.

Man könnte auch vermuten, dass diese Lücken aus Stellen der vorhergehenden autobiographisch ausgerichteten Romane *Das Glück beim Hände-*

waschen und *Lontano* ergänzt werden sollten, auf die im Roman mehr oder weniger versteckt hingewiesen wird. So wird in diesem letzten Abschnitt der italienische Teil der Familie bevorzugt behandelt, wie der Zuschnitt auf den „Schwiegervater", der den Arbeitstitel gebildet hatte und der noch deutlich zum Vorschein kommt, und eben die Wahl von dessen Heimatstadt als letzte Zuflucht zeigt. Allerdings ist das Porträt von Maras Vater zu Gunsten von Juls Selbstporträt zweitrangig geworden.

Die äußere Handlung ist, wie in fast allen anderen Romanen Zoderes, sparsam, wenn auch das dauernde Wechseln der Erzählebene, das dichte Netz aus Erleben und Erinnern, eine gewisse Komplexität bewirkt. Sie kann in wenigen Worten umrissen werden: Jul, ein in Südtirol beheimateter Journalist, verlässt seine Frau Mara, reist nach Sizilien, nach Agrigent, der Heimatstadt seines Schwiegervaters, steigt in einer miesen Pension ab, wo er in dem tristen Zimmer die Erinnerungsarbeit an seinem in einem gewissen Sinne gescheiterten Leben beginnt und auch versucht, die Lebensgeschichte seines Schwiegervaters und die Welt, die Familie, aus der Mara stammt, mit Hilfe auch von Augenzeugen (Tante Delia) zu rekonstruieren. Die Trennung von seiner Frau Mara war die Folge einer immer anwachsenden Entfremdung, die mit dem Ertrinken seiner kleinen Tochter Nathalie begann, das er seiner Frau ankreidete. Dieser entscheidende kritische Moment seines Lebens wird auch markiert durch das erste Auftreten eines Kopfschmerzes, der dem weiteren Leben Juls eine schmerzhafte Kadenz zuweist.

Diese Erinnerungsarbeit erfolgt nun nicht geradlinig, in chronologischer Folge; die Fragmente des vergangenen Lebens überfallen den Protagonisten oder werden durch Assoziationen hervorgerufen, was ein Wechselspiel zwischen dem Erleben und Erinnern bewirkt. Kaum etwas wird dem Leser direkt mitgeteilt, er muss es aus Andeutungen und den Reaktionen der Figuren erkennen. Die Unsicherheit und Orientierungslosigkeit Juls wird in der Erzählung gespiegelt: Anspielungen, wie die fortwährende auf das Kopfweh, lassen so den Verdacht einer unheilbaren Krankheit aufkommen, die allerdings nie genannt wird und die als fast tabuisierte Bedrohung das Buch bis zum Ende begleitet. Auch der Verdacht der Untreue Maras, die dann schuld war am Tod der Tochter Natalie, wird nie bestätigt.

Geschickt wird die nervende Monotonie des physischen Schmerzerlebens durch Wiederholungsstrukturen nachempfunden: Eine fast stereotype Zweiteilung der durchnummerierten Kapitel, die aus einem ersten Teil, der normalerweise die Erzähllebene mit dem Standort Agrigent vorstellt und mit der Beschreibung des Gesundheitszustandes Juls anhebt, und einem zweiten bestehen, in dem die Erinnerung die psychischen Grundlagen des Schmerzes nachzeichnet. Gegen Ende des Buches rücken die Erzähllebenen, fast in hektischem Wechsel, immer näher zusammen und verwischen fast ihre Konturen.

Durch Anspielungen auf die autobiographische gefärbten Vorgängerromane *Das Glück beim Händewaschen, Lontano* und *Das Schildkrötenfest* und durch die Hinzufügung der fehlenden Mosaiksteinchen ist der Zodererkundige Leser in der Lage die Lebensgeschichte des Protagonisten Jul zu rekonstruieren, die sich trotz augenscheinlicher Parallelen allerdings nicht mit der des Autors deckt.

In dem Lyrikband *Liebe auf den Kopf gestellt* wird die doppelte überkreuzte Perspektive Nord-Süd, die den *Schmerz der Gewöhnung* kennzeichnet, aufgenommen, wenn auch hier die Lokalisierung auf die Alpenheimat vorwiegt. Nun erlaubt im Gegensatz zur narrativen Gattung ein (modernes) Gedicht es nicht, sich in langen Orts-Beschreibungen zu ergehen, sondern muss sich mit kurzen Hinweisen, Anspielungen, diese oft verfremdet, begnügen. Zoderers schon immer sehr stark auf den Protagonisten, das lyrische Ich (wenn auch meist in der Du-Form präsent), und das geliebte Gegenüber zugeschnittene Lyrik lässt weniger Platz für eine genauere Lokalisierung des Ambiente. Wie in vielen seiner Erzählwerke, besonders dem *Anderen Hügel,* konzentriert er sich auf Innenräume („wieder daheim, in meinem Zimmer")[23] und deren fast banale Requisiten: Tisch, Stuhl, Fenster, Bücherregal usw., die als Orientierungspunkte dienen, oder auf Landschaften, meist Wälder und Wiesen, oder Dörfer und Städte, die mit vornehmlich alpin-Südtiroler (oder zumeist allgemein mitteleuropäischen), aber auch einigen mediterranen Versatzstücken belegt werden. Die Beschreibung ist präzis, detailreich, vorzugsweise Waldambiente, die Perspektive ist sehr erdnah, um nicht zu sagen: eine Froschperspektive, es besteht ein hautnaher Kontakt mit der materiellen Erde, ja fast ein Verschmelzen, eine Symbiose mit ihr, dadurch enge Berührung/Befühlung mit dem Mikrokosmos der Natur, dem Moos, Waldklee, den Ameisen, Raupen. Die Ausstattung der Natur ist gewählt, doch stark von der Südtiroler Heimat bestimmt: als Obstbäume Edelkastanien, Feigen, Apfelblüten, Marillen, als Wald- und Zierpflanzen: Linde, Ahorn, und der Blutpflaumenbaum, als Tiere besonders Vögel: Amseln, Raben und der Tannenhäher. Dem (südalpin) bestimmten Wald-, Feld- und Wiesenambiente wird eine in anti-idyllischen Details beschriebene, mit dem Schlüsselwort „Asphalt" charakterisierbare Großstadtperipherie-Welt (Bahnhofgegend) zur Seite gestellt: Pflastersteine mit Pfützen und Ölflecken und Wegwerf-Gegenständen wie Bierdosen und Pizzakartons usw., doch durch eine Poetisierung erhöht, die in der Oxymoron-Formel „Müllblumen" zusammengefasst werden könnte, und die bis hin zu der aus Anspielungen auf den Irak-Krieg sich äußernden Misere der Welt führt.

Auch in diesem Band werden Symbole aufgenommen, die symptomatisch für Zoderer sind, wie die Haut, und eine in Gegensatzpaaren wie Nähe und Ferne, Fremdheit und Vertrautheit, Ausgrenzung und Integration, Erinnerung und Vergessen, Verlust und Wiederkehr, Zweifel und Gewissheit, Glück und Trauer geordnete Thematik.

Der sprachmagische Fluss der Gedichte, der an Klopstock erinnernde sprachschöpferische Techniken gebraucht wie „honigtödlich", entwickelt sich ohne geläufige Satzzeichen nur durch unzählige Schrägstriche in Mini-Einheiten gegliedert, während die Satzeinheiten durch großen Anfangsbuchstaben signalisiert werden.

Die literarische Produktion Zoderers in den Jahren vom Beginn der achtziger Jahre bis heute weist außer den besprochenen Romanen und den zu ihnen veröffentlichten Vorarbeiten oder Auszügen und der Wiederaufnahme des Frühwerks ein reiches Spektrum verschiedener kleinerer Formen auf: Erzählungen wie *Es geht uns gut* (1983), die in dem Merian-Heft *Südtirol* veröffentlichte ergreifende Geschichte *Monika* (1987), die die Hilflosigkeit der Dorfbewohner dem Problem der Drogensucht gegenüber behandelt, aus der der Selbstmord als einziger Ausweg bleibt, weiter *Die Ironie des Schakals* (1993), dann *Blindwerden* (1996), 1997 die Geschichten *Bis zum nächsten Dorf, Hinter dem Auslagenfenster* und *Die Nähe ihrer Füße* und zuletzt *Onkel Filipp* (1998). Relevant ist hier die Erzählung *Die Nähe ihrer Füße*: wieder im winterlich melancholischen Mittelmeermilieu angesiedelt, wird in dem nunmehr schon kodifizierten, detailreichen und teils lyrisch gefärbten Stil („das Ächzen der Äste des Baumes vor dem Balkon"[24]) die Geschichte erzählt von der Stippvisite eines Mannes nach längerer Abwesenheit bei der ehemaligen Geliebten, Nela, in einem spanischen Küstenort und von seinem nostalgischen Versuch, die durch das Fernsein entstandene Distanz, die Leere bedingt, wieder in die alte Nähe zu bringen, dabei aber mit der Angst seiner Geliebten vor „plötzlicher ungewohnter Nähe" rechnen muss. Diese Suche nach dem vergangenen Glück, die sich nach dem schon in *Dauerhaftes Morgenrot* durchgespieltem Modell in einer Tour in Lokalen und Restaurants in der Stadt und am Strand mit gastronomischen Einlagen (Meeresfrüchten) realisiert, endet ungelöst in der Abreise des Protagonisten. Somit nimmt Zoderer eines der Grundthemen seines Schreibens auf, die Dichotomie von Nähe und Ferne, die als Grundkonstante in dauerndem Wechsel das Leben und Handeln der Protagonisten und ihre zwischenmenschlichen Kontakte bestimmt, und das strukturelle Grundschema von Ankunft und Abreise.

Zoderer veröffentlicht weiter Kurzprosa, so in den *Dolomiten* den Text *Als Vater starb*[25] und in Anthologien *Die verschwundenen Engel* und *Der Himmel über Meran*, in denen er die Erinnerungsorte seiner Kindheit und frühen Jugend Meran und Graz in der Zeit der Option und des Krieges aufsucht und sie mit seiner Wahrnehmung, seinen Impressionen aus heutiger Zeit in Kontrast setzt.

In Anthologien und Zeitschriften sind Gedichte, teils stark engagiert wie *Diaspora oder das Lob des Anderen* (1988), *Risse* (1991) und die Nachrufgedichte auf Anita Pichler und Franz Tumler (1998) erschienen.

Schließlich ist Zoderer auch durch literarische Formen hervorgetreten, die zwischen den Gattungen Erzählung und Essay anzusiedeln sind. Sie beschäftigen sich einmal mit dem von Zoderer auch in Gesprächen und Interviews (*Mein Mund wächst zu*) wiederholt thematisierten Problem des Schreibens, oder dem Nicht-Schreiben-Können, dem Zum-Schweigen-Verdammtsein, der literarischen Produktion, dem Beruf des Schriftstellers unter veränderten zeitlichen, politischen Bedingungen und in einem Kontext, der das Schreiben unmöglich oder schwierig macht, wie in *Schreiben nach Tschernobyl* (1988), einem Konstrukt aus Reflexionen eben über das und sein

Schreiben, Eigenzitaten (*Dauerhaftes Morgenrot*), kurzen Erzählpassagen und einem abschließenden „trotzdem schreibe ich"-Gedicht „: / Ich schreibe, weil ich noch höre und sehe"[26].

Seine Stellungnahmen zu der politischen, kulturellen Situation seiner Heimat Südtirol, besonders hinsichtlich der Problematik des Zusammenlebens der verschiedenen Volksgruppen in Südtirol, bilden einen zweiten Themenkomplex.

Er ist der Autor, der mit der *Walschen* die Südtiroler Literatur dem italienischen Fachpublikum, aber auch dem an Literatur interessierten breiterem Publikum bekannt gemacht hat, und nicht nur die Literatur, und der in Interviews und Essays sich als Spezialist für Südtirol-Fragen profiliert hat. Eine weite Resonanz, auch in der italienischen Presse, fand seine auf dem eigenen Leben beruhende Analyse der Option in dem Essay *Wir gingen* (1989), der auch von der *Zeit* und vom *Corriere della Sera* und später als Buch (unter dem noch stärker emotionalen Titel *L'Abbandono,* 1991) erschienen ist. Mit der Heimat-Thematik, der er eine angemessene Stelle in der Werteskala zuweist, setzt er sich auch in dem Essay *À propos Heimat* von 1997 auseinander.

Bei Zoderer, wie bei den meisten stilbewussten und Originalität anstrebenden Autoren, ist die Einordnung in eine literarische Tradition nicht leicht. Man riskiert, in vereinfachende Formeln zu verfallen, die den Autor dem Einflussbereich bekannterer Autoren angliedern und somit gewissermaßen seinen Wert verringern. Zoderer ist literarisch in einer Umwelt (Wien) und Zeit (50er und 60er Jahre) aufgewachsen, die nach der vom Weltkrieg bestimmten Reflexion und Resignation, von einer starken Dynamik, aber auch von dem Trend der Verlagerung in die Peripherie (schweizerische, österreichische, DDR-Literatur) und von französischen und angloamerikanischen Einflüssen gekennzeichnet war. Die Schriftsteller sammelten sich in verschiedenen Zentren, in Österreich eben in Wien und Graz. Zoderer machte mit seinen Weggenossen, darunter Handke, mit dem er befreundet ist, die gleichen literarischen, kulturellen und politischen Erfahrungen durch, die dann sein weiteres Schaffen bestimmten. So bemerkt Zoderer in einem Gespräch mit Tumler etwa die gleichzeitige Erfahrung des Nouveau Roman.

Besonders in den 60er und 70er Jahren nimmt Zoderer an der Studen-
ten- und Alternativbewegung teil, wie das Experiment der *Schlaglöcher* zeigt,
erlebt die Enttäuschung, die sich in der Erklärung der Unmöglichkeit einer
Literatur niederschlägt, steigt wieder über die engagierte Dialektliteratur
(*S'Maul auf der Erd*) in die Literatur ein, macht den Prozess der Verinner-
lichung, Subjektivierung (psychologische Selbstanalyse) durch, auch in der
starken Verwendung autobiographischer Elemente. Dazu kommt bei ihm
der Kontakt mit der italienischen Literatur, besonders der Triests (Svevo)
und der aktuellen Literatur.

In Zoderers Werken können verschiedene Konstanten, die sich vom
Frühwerk bis heute fortsetzen, festgestellt werden: die Bedeutung der Sprache, der Zergliederung, Dekomposition linearer Erzählstrukturen mit chronologischer Abfolge, präsentiert in einem nicht signalisierten Nebeneinander
von deskriptiven, narrativen, dialogischen, monologischen Erzählelementen
mit der Wirkung des Ineinanderfließens und einer Polyvalenz, die im *Glück
beim Händewaschen*, in der *Walschen*, *Lontano* und dem letzten Roman
Schmerz der Gewöhnung weniger ausgeprägt erscheint; der oft lyrische Charakter seiner Erzählwerke oder der lyrisch-prosaische Mischstil; das Thema
der Selbstfindung, der Identität in der Gruppe aber auch vor sich selbst, das
der Sprache und der Schwierigkeit der Kommunikation. Wie schon mehrmals gesagt, wiederholen sich Motive in vielen seiner Werke, wie das der
Haut, Häutung und der Spirale.

Einige stilistische und motivhafte Verbindungen reichen so vom *Anderen
Hügel* über *Dauerhaftes Morgenrot* bis zum *Schildkrötenfest* und dem *Schmerz
der Gewöhnung*: ich führe als Beispiel noch die minutiöse Beschreibung eines
Zimmers an, oft auch eines heruntergekommenen kleinen Hotels oder einer
miesen Pension, in der sich ein Teil des Geschehens abspielt und die oft
den existentiellen Zustand des Bewohners, seine Isolierung in Schmerz und
Selbstbemitleidung widerspiegelt, aber auch den ephemeren, vorläufigen,
außergewöhnlichen Charakter der Situation.

Diese komplexen Komponenten begünstigten sowohl die Herausbildung
eines eigenen Erzählstils als auch einer eigenen Thematik, die einerseits als
südtirolspezifisch, mit der Konnotation der Enge, des Maßes, der Begrenzung, der kleinen Dimensionen („Unser Denken ist ein Wissen von der

Grenze"), bezeichnet werden kann, andererseits den Ausbruch aus dieser Begrenzung in die Ferne, die Flucht in eine sensuelle Welt meist mittelmeerischen oder exotischen Charakters bedeutet. Bezeichnend ist jedoch, dass diese Flucht, dieser Ausbruch, diese Sehnsucht nach Entgrenzung, nach dem Anderen, Verschiedenen, nach dem bedingungslosen Ausleben der Sensualität, der Erotik, fast immer (Ausnahmen *Lontano* und *Schmerz der Gewöhnung*) in der Rückkehr in die begrenzte Welt der ‚Heimat', in den Schoß der Familie und der sicheren Beziehungen endet. Im letzten Roman, der, als Saga einer Südtiroler Mischfamilie geplant, in der bewegenden Geschichte des Protagonisten mündet, wird der Versuch einer Synthese unternommen, eines Abwägens der Werte, die in Nähe (Eigenem) und Ferne (Anderem) symbolisiert sind und die sich in dem Schwanken zwischen Vertrautheit und Fremdheit äußern. Dieser seinem Lebensraum und besonders Zoderer selbst eigene Zwiespalt zwischen alpin-nördlicher und mediterraner Dimension ist vielleicht die ‚südtirolspezifische' Komponente, die sein literarisches Schaffen beeinflusst hat.

Eine weitere thematische Konstante, vielleicht die dominante, ist das Mann-Frau-Verhältnis in den verschiedenen Varianten: als Symbol eines Zustandes der Unbeweglichkeit oder Einengung des individuellen Bewegungsspielraums das doch meist positiv gesehene Ehepaar (oder feste Paar); als Flucht, Ausbruch aus dieser Begrenzung die Suche nach dem Abenteuer, oft erotischer Art, oder ganz einfach als Flucht, wobei das ganze Geschehen, das sich zu einem Großteil im Inneren des Protagonisten, meist eines Mannes, der stark autobiographische Züge trägt, abspielt, und die antithetische Suche teils nach einer sicheren Identität teils nach dem Ambiguen, nach der Realisierung von uneingestehbaren Wünschen und Träumen.

Außer der stark ausgearbeiteten Sprachform, dem Experimentieren mit der Sprache und erzähltechnischen Mitteln besticht Zoderer durch die Wesentlichkeit seiner ‚Botschaft': es werden die Existenz des Menschen in seinen Grundbedürfnissen, Grundängsten, Problemen, die Komplexität des Menschen als Individuum und in seinen zwischenmenschlichen Beziehungen, seine Einbindung in eine komplexe Umwelt (oft die einer multikulturellen Grenzregion) weder in metaphysischer Überhöhung noch auf banal realistische Weise dargestellt, wenn sich auch der Leser mit den stark auf sich selbst bezogenen, oft monomanischen Protagonisten und seiner verwickelten Innen- und Außenwelt nicht immer identifizieren kann. In Olga und Jul hat Zoderer hingegen literarische Figuren mit starken Konturen geschaffen, die fest der Erinnerung verhaftet bleiben.

1 Walter Methlagl: *Nachwort.* In: Joseph Zoderer: *Der andere Hügel.* Roman. Bozen: Raetia 1995, S. 219f.

2 Ebda, S. 223.

3 Christian Jürgens: *Die Welt ist nicht grösser als eine Pizza.* Joseph Zoderers bisher unveröffentlichtes Frühwerk. In: Neue Zürcher Zeitung v. 24.07.1996.

4 Zoderer, *Der andere Hügel*, S. 212.

5 Joseph Zoderer: *Schlaglöcher.* Dauerwellenroman. Bozen: Raetia 1993, S. 35.

6 Ebda, S. 165.

7 Ebda, S. 34.

8 Siehe in diesem Band.

9 Josef Rampold: *Mundartverse als Agitation.* In: Dolomiten (Bozen) v. 25.11.1974.

10 2001 ist eine Neuauflage des Bändchens bei Raetia erschienen, wieder mit den zarten Zeichnungen von Luis Stefan Stecher. Dazu wird eine CD mit dem Titel *...wenn i jodl und bell* mit einer Auswahl von 17 Texten, von Klaus Schwienbacher alpin-progressiv in Musik umgesetzt, geliefert, die wieder einmal beweist, dass Dialekttexte sich äußerst gut zur Vertonung eignen.

11 Joseph Zoderer: *Die elfte Häutung.* Mit graphischen Beigaben von Turi Werkner. München: Relief 1975. (= Reihe österreichischer Autoren. 6.) S. 75.

12 Joseph Zoderer: *Das Glück beim Händewaschen.* Roman. München: Hanser 1982, S. 101.

13 Joseph Zoderer: *Dauerhaftes Morgenrot.* Roman. München/Wien: Hanser 1987, S. 37.

14 Ebda, S. 7.

15 Beat Mazenauer: *Gefährliche Unergründlichkeit.* Bei Hanser erscheint Joseph Zoderers *Schildkrötenfest.* In: Der kleine Bund (Bern) v. 29.04.1995.

16 Gerhard Melzer: *Die Verlockung hinterher.* Joseph Zoderers jüngster Roman *Das Schildkrötenfest.* In: Neue Zürcher Zeitung v. 11.07.1995.

17 Joseph Zoderer: *Und doch das Schweigen verloren.* Prosafragment mit Original-holzschnitten von Peter Fellin. Meran: Offizin S. 1995.

18 *Rossi-Sièf und Zoderer.* In: Dolomiten v. 23.10.1997.

19 Joseph Zoderer: *Hier lebt noch einer.* Gedichte. In: Akzente. Zeitschrift für Lite-ratur 45 (1998), H. 2, S. 170-174.

20 In: Die neue Südtiroler Tageszeitung (Bozen) v. 18/19. 10.1997.

21 Joseph Zoderer: *Und wenn möglich zu Fuß nach Sibirien.* (Fragmente aus einem Roman in progress). In: manuskripte 39 (1999), H. 145, S. 87-91.

22 Joseph Zoderer: *Der Schmerz der Gewöhnung.* Roman. München/Wien: Hanser 2002, S. 290.

23 Zoderer, *Der andere Hügel*, S. 36.

24 Joseph Zoderer: *Die Nähe ihrer Füße.* In: manuskripte 39 (1997), H. 145, S. 69.

25 Joseph Zoderer: *Als Vater starb.* In: Dolomiten (Bozen) v. 07.06.2003.

26 Joseph Zoderer: *Schreiben nach Tschernobyl.* In: Sprache im technischen Zeitalter (1988), H. 107/8, S. 256-260.

V. Bibliographie

JOSEPH ZODERER – AUSWAHLBIBLIOGRAPHIE

Da eine bis zum Stichtag im Jahr 2005 vollständige Dokumentation der Rezeption Zoderers vorliegt, werden aus dem von dieser Bibliografie erfassten Zeitraum nur größere Arbeiten über den Autor erfasst, vor allem auch wissenschaftliche Beiträge, nicht aber Rezensionen. Für diese wird (mit der Sigle „Esterhammer") verwiesen auf:
ESTERHAMMER, RUTH: *Joseph Zoderer im Spiegel der Literaturkritik.* Wien, Berlin: LIT 2006. (= Innsbrucker Studien zur Alltagsrezeption. Band 2.)

1. WERKE

1.1 LYRIK

Ironie des Herzens. In: Alpenpost (Meran) 6 (1956), H. 23, S. 3.

Cummunio, Abschied. In: Skolast. der fahrende skolast. südtiroler hochschülerzeitung (Bozen) 9 (1964), H. 2/3, S. 17.

's Maul auf der Erd oder Dreckknuidelen kliabn. Südtiroler Mundarttexte. Mit Zeichnungen von Luis Stefan Stecher. München: Relief 1974. (Neuausgabe: *'s Maul auf der Erd oder Dreckknuidelen kliabn.* Südtiroler Mundarttexte. Zeichnungen von Luis Stefan Stecher. Bozen: Edition Raetia 2001).

Die elfte Häutung. Mit graphischen Beiträgen von Turi Werkner. München: Relief 1975 (= Reihe österreichischer Autoren. 6).

Gedichte [Danksagungen, Übersetzung, die hauptaufgabe ist:, demonstration märz 74]. In: das Fenster (Innsbruck) 9 (1975), H. 15, S. 1565.

Früher ist manchmal ein Wort. In: Arunda (Schlanders) 4 (1979), H. 7, S. 1.

Lyrik von Joseph Zoderer. In: das Fenster (Innsbruck) 13 (1979), H. 24, S. 2434.

Pappendeckelgedichte. Eppan: Galerie Prielhof 1979.

[Gedichte o. T.]. In: drehpunkt. Schweizer Literaturzeitschrift 12 (1980), H. 48/49, S. 122-124. (= Reprint drehpunkt 1980-1988. Band 1. Basel: Lenos 1988).

À propos Heimat. In: InN. Zeitschrift für Literatur (Innsbruck) 3 (1986), H. 9, S. 12.

Diaspora oder das Lob des Anderen. In: Literatur im technischen Zeitalter 26 (1988), H. 1, S. 140-141.

Risse. In: das Fenster (Innsbruck) 25 (1991), H. 50/51, S. 4852.

Hier lebt noch einer. Gedichte. In: Akzente. Zeitschrift für Literatur 45 (1998), H. 2, S. 170-174.

statt di hantln foltn di faischt zoagn. In: *Andreas Hofer 1809.* Eine Geschichte von Treue und Verrat. Ein Lesebuch. Hrsg. v. Bernhard Sandbichler. Innsbruck, Wien, Bozen: Tyrolia 2002, S. 124.

Liebe auf den Kopf gestellt. Gedichte. München: Hanser 2007.

1.2 PROSA

Alltag. In: Der fahrende Skolast. Südtiroler Hochschülerzeitung (Bozen) 4 (1959), H. 4, S. 5.

Drei Kurzgeschichten [Ohne tiefere Bedeutung, Blödsinniges Tamtam, Zauber des Regens*]. In: der fahrende Skolast. südtiroler hochschülerzeitung (Bozen) 8 (1963), H. 1, S. 21. (*Zauber des Regens* wieder abgedruckt in: *Die Ponys im zweiten Stock.* Erzählungen. Bozen: Edition Raetia 1994, im Folgenden kurz PiZ).

Pension Eden*. In: Skolast. der fahrende skolast. südtiroler hochschülerzeitung (Bozen) 10 (1965), H. 3, S. 8, 10. (Wieder abgedruckt in: *Südtirol erzählt.* Luftjuwelen – Steingeröll. Hrsg. v. Dorothea Merl und Anita von Lippe. Tübingen, Basel: Erdmann 1979, S. 177-178. Auch abgedruckt in *PiZ*).

Pierre*; Das Steinchen*. In: Skolast. der fahrende skolast. südtiroler hochschülerzeitung (Bozen) 10 (1965), H. 1, S. 10. (Wieder abgedruckt in *PiZ*).

Stunden, wie sie gehen. In: Skolast. der fahrende skolast. südtiroler hochschülerzeitung (Bozen) 11 (1966), H. 7-8, S. 12, 14.

Ungewißheiten. In: Literatur und Kritik 3 (1968), H. 30, S. 579-585 sowie in: die brücke. Zeitschrift für Kultur und Gesellschaft (Bozen) 2 (1968), H. 14, S. 7-8.

Schlaglöcher. In: *Neue Literatur aus Südtirol.* Eine Anthologie der Südtiroler Hochschülerschaft. Zusammengestellt v. Gerhard Mumelter. Hrsg. v. der Südtiroler Hochschülerschaft. Bozen: Verlag der Autoren 1970, S. 310-335.

Die ausführliche Schilderung der Todesschrecken. In: das Fenster (Innsbruck) 5 (1971), H. 8, S. 689-690.

Wir schreiten zur Attacke. In: das Fenster (Innsbruck) 5 (1971), H. 8, S. 689.

Der Entschluß*. In: Wort im Gebirge (Innsbruck) (1972), H. 13, S. 89. (Wieder abgedruckt in *PiZ*).

Der Überfall*. In: Wort im Gebirge (Innsbruck) (1972), H. 13, S. 87-88. (Wieder abgedruckt in *PiZ*).

Das Glück beim Händewaschen. Roman. München: Relief 1976.

Neuausgaben: München, Wien: Hanser 1982; Innsbruck, Wien: Haymon 2009. Taschenbuchausgaben: Frankfurt a. M.: Fischer 1984. (= FiTb. 5440.); 1986 (= FiTb. 5998.); 1997 (= FiTb. 13789.)

Feigling, sagte er. In: Arunda. Aktuelle Südtiroler Kulturzeitschrift (Schlanders) 1 (1976), H. 2, S. 78-83.

Mittags. In: Arunda. Aktuelle Südtiroler Kulturzeitschrift (Schlanders) 2 (1977/78), H. 5, S. 60-61.

Ich habe eine leichte Arbeit. In: FÖHN (Innsbruck) 2 (1979), H. 2, S. 38-39.

Dauerhaftes Morgenrot (Auszug aus dem gleichnamigen Roman). In: *Beispiele*. Texte aus sechs Innsbrucker Wochenend-Gesprächen 1977–1981. Hrsg. v. Ingeborg Teuffenbach. Innsbruck: Eigenverlag [1982], o. S.

Die Walsche. Roman. München, Wien: Hanser 1982.

Taschenbuchausgabe: Frankfurt a. M.: Fischer 1984. (= FiTb. 5441.); 1995 (= FiTb. 13249.); Lizenzausgabe: Wien: Buchgemeinschaft Donauland 1985; wieder abgedruckt in: *Landvermessung*. Band 18: Prosa 1. Hrsg. v. Günther Nenning. Mithrsg. Milo Dor et al. St. Pölten, Salzburg: Residenz 2005, S. 439-535.

Es geht uns gut. In: Arunda (Schlanders) 8 (1983), H. 13, S. 107-110.

Weggehen**. In: Gaismair Kalender (Innsbruck) 1984, S. 166-168. (Wieder abgedruckt in *Der Himmel über Meran*. Erzählungen. München, Wien: Hanser 2005. Taschenbuchausgabe: Frankfurt a. M.: Fischer 2007 (= FiTb. 17347.) unter dem Titel *Das Haus der Mutter*). (Im Folgenden kurz: HüM)

Die Schlafhütte. In: *Literatur aus dem Leben*. Autobiographische Tendenzen in der deutschsprachigen Gegenwartsdichtung. Beobachtungen, Erfahrungen, Belege. Hrsg. v. Herbert Heckmann. München, Wien: Hanser 1984, S. 141-146. [Vorabdruck aus *Lontano*].

Lontano. (Romanfragment). In: das Fenster (Innsbruck) 18 (1984), H. 34/35, S. 3461-3463.

Lontano. Roman. München, Wien: Hanser 1984.

Taschenbuchausgabe: Frankfurt a. M.: Fischer 1987. (= FiTb. 5998.)

gem. mit Sandra Morello: *Sandra Morello: Bilder 1982-1984. Joseph Zoderer: Tagebuchtexte 1982-1984*. Landeck: Edition Galerie Elefant 1984.

Dauerhaftes Morgenrot. Roman. München, Wien: Hanser 1987.

Taschenbuchausgabe: Frankfurt a. M.: Fischer 1989. (= FiTb. 9260.)

Schreiben nach Tschernobyl. In: Sprache im technischen Zeitalter 26 (1988), H. 107-108, S. 256-260.

Wir gingen**. In: *Die Option*. 1939 stimmten 86 % der Südtiroler für das Aufgeben ihrer Heimat: warum? Ein Lehrstück in Zeitgeschichte. Hrsg. v. Reinhold Messner. München: Piper 1989, S. 193-210. (Wieder abgedruckt in *Wir gingen – Ce n'andammo*. Erzählung – Racconto. Bozen: Edition Raetia 2004 und in *HüM*).

Mein Name. In: *Schnittpunkt Innsbruck*. 15 Jahre Innsbrucker Wochenendgespräche. Eine Anthologie. Hrsg. v. Ingeborg Teuffenbach. Innsbruck: Hand-Presse 1990, S. 57-58.

Monika**. In: Diskussion Deutsch (22) 1991, H. 118, S. 216-220. (Wieder abgedruckt in *HüM*).

Schlaglöcher. Dauerwellenroman. Bozen: Edition Raetia 1993.

Die Ponys im zweiten Stock. Erzählungen. Bozen: Edition Raetia 1994. (enthält neben anderen die mit * markierten Erzählungen).

Plötzlich in Hermosillo. In: Literatur und Kritik 29 (1994), H. 285/286, S. 53-59.

Das Schildkrötenfest. Roman. München, Wien: Hanser 1995.

Taschenbuchausgabe: Frankfurt a. M.: Fischer 1998. (= FiTb. 13925.)

Der andere Hügel. Bozen: Edition Raetia 1995.

Und doch das Schweigen verloren. Prosafragment. Mit Originalholzschnitten von Peter Fellin. Meran: Officin S. 1995.

Als Anja dem Christkind entgegenging. Eine Weihnachtserzählung. Mit Bildern von Linda Wolfsgruber. München, Wien: Hanser 1996.

Taschenbuchausgabe: München: dtv 2004. (= dtv. 62193.)

À propos Heimat. In: *Literatur in Südtirol*. Hrsg. v. Johann Holzner. Innsbruck, Wien: StudienVerlag 1997 (= Schriftenreihe Literatur des Instituts für Österreichkunde. Band 2.) S. 13-19. (Wieder abgedruckt und mit englischer Übersetzung in: *(W)orte*. Words in Place. Zeitgenössische Literatur aus und über Südtirol. Contemporary Literature by German-Speaking Minority Writers from South Tyrol (Italy). Herausgegeben, kommentiert und Übers. v. Siegrun Wildner. Innsbruck, Bozen, Wien: Skarabaeus 2005, S. 94-105).

Die Nähe ihrer Füße**. In: manuskripte. Zeitschrift für Literatur 37 (1997), H. 135, S. 69-74. (Wieder abgedruckt in *HüM*).

Und wenn möglich zu Fuß nach Serbien. (Fragmente aus einem Roman in progress). In: manuskripte 39 (1999), H. 145, S. 87-91.

Die Glücksgegner. In Podium. Literaturzeitschrift (Wien) 31 (2001), H. 119/120, S. 115-119.

Die Sprache der anderen. Vom Grenzgang der Sprache: Über die Seelenlage eines „österreichischen Autors mit italienischem Pass" – Joseph Zoderers Standortrede. In: FF – Die Südtiroler Wochenzeitung (Bozen) v. 13.12.2001, S. 56-57.

Der Schmerz der Gewöhnung. Roman. München, Wien: Hanser 2002. Taschenbuchausgabe: Frankfurt a. M.: Fischer 2004. (=FiTb. 15776.)

So etwas wie ein Komplize. In: manuskripte 42 (2002), H. 158, S. 120-122. (Auch abgedruckt in: FF – Die Südtiroler Wochenzeitung (Bozen) v. 12.12.2002, S. 54-56).

Als Vater starb**. In: *Literatur am Samstag '03.* Zwölf Geschichten durch das Jahr. Hrsg. v. Toni Ebner. Aufgelesen für die Dolomiten von Herbert Rosendorfer. Bozen: Athesia 2003, S. 62-73. (Wieder abgedruckt in *HüM*).

Der Himmel über Meran**. In: *Es liegt was in der Luft.* Die Himmel Europas. Hrsg. v. Gerhard Melzer. Graz, Wien: Droschl 2003, S. 100-110. (Wieder abgedruckt in *HüM*).

gem. mit MAGRIS, CLAUDIO: *Identità e multiculturalità.* Dialoghi sui valori e sulle frontiere. Bolzano: Istituto Pedagogico 2003 (= Quaderni di Rassegna 2003, H. 1.)

Die Krippe im Koffer. In: *weißt du was schnee ist / frisch gefallener?* Weihnachtsgeschichten von Südtiroler Autorinnen und Autoren. Hrsg. v. Nina Schröder. Bozen: Edition Raetia 2004, S. 101-104.

Onkel Filipp. In: *weißt du was schnee ist / frisch gefallener?* Weihnachtsgeschichten von Südtiroler Autorinnen und Autoren. Hrsg. v. Nina Schröder. Bozen: Edition Raetia 2004, S. 9-18.

Wir gingen – Ce n'andammo. Erzählung – Racconto. Bozen: Edition Raetia 2004.

Der Himmel über Meran. Erzählungen. München, Wien: Hanser 2005. Taschenbuchausgabe: Frankfurt a. M.: Fischer 2007. (= FiTb. 17347.); (enthält die mit ** markierten Erzählungen).

Unsere Südtiroler Heimat. In: FF – Die Südtiroler Wochenzeitung (Bozen) v. 17.11.2005, S. 44-47.

Aus dem Notizblock 1964. In: Mitteilungen aus dem Brenner-Archiv 27 (2008) H. 27, S. 11-12.

Das Brot der Sprache. In: *Wa(h)re Sprache.* Literatur und Markt. Hrsg. v. Manfred Jochum. Innsbruck, Wien, München: StudienVerlag 2008, S. 59-63.

Der Schlaf der Grausamkeit. Romanauszüge. In: *Verortung.* Texte und Positionen zu dreißig Jahre Lana und Literatur. Hrsg. v. Robert Huez, Christine Vescoli. Lana: edition per procura 2010, S. 129-135.

NACHDRUCKE VON GEDICHTEN UND AUSZÜGEN AUS
BEREITS VERÖFFENTLICHTEN PROSATEXTEN

Das Glück beim Händewaschen. In: Arunda. Aktuelle Südtiroler Kulturzeitschrift
(Schlanders) 1 (1976), H. 1, S. 49-51. [Auszug aus dem gleichnamigen Roman].

danksagung. In: *Südtirol erzählt.* Luftjuwelen – Steingeröll. Hrsg. v. Dorothea Merl
und Anita von Lippe. Tübingen, Basel: Erdmann 1979, S. 282. [aus dem Gedichtband *Die elfte Häutung*].

Sokrates. In: *Südtirol erzählt.* Luftjuwelen – Steingeröll. Hrsg. v. Dorothea Merl und
Anita von Lippe. Tübingen, Basel: Erdmann 1979, S. 280-281. [Auszug aus dem
Roman *Das Glück beim Händewaschen*].

Aus dem Roman: Das Glück beim Händewaschen. In: drehpunkt. Schweizer Literaturzeitschrift 12 (1980), H. 48/49, S. 120-122 (= Reprint drehpunkt 1980-1988,
Band 1. Basel: Lenos Verlag 1988). [Auszug aus dem gleichnamigen Roman].

Die Walsche. Romanauszug von Joseph Zoderer. In: Gaismair Kalender (Innsbruck)
1982, S. 53-58. [Auszug aus dem gleichnamigen Roman].

Joseph Zoderers neuer Roman. Die Walsche. Auszug aus dem Roman. In: distel. Zeitschrift für Kultur und aktuelle Fragen (Bozen) 2 (1982), H. 4-5, S. 30-31.

s maul auf der erd. Mundartgedichte von Joseph Zoderer. In: Gaismair Kalender
(Innsbruck) 1983, S. 44. [aus dem gleichnamigen Gedichtband].

Lontano. In: Wespennest. zeitschrift für brauchbare texte und bilder 17 (1985), H.
58, S. 10-13. [Auszug aus dem gleichnamigen Roman].

Keine großen Worte. In: *Katholische Kindheit.* Literarische Zeugnisse. Hrsg. v. Erich
Jooß, Werner Ross. Freiburg, Basel, Wien: Herder 1988, S. 178-182. [Auszug aus
dem Roman *Das Glück beim Händewaschen*].

[Gedichte o. T.]. In: *Nachrichten aus Südtirol.* Deutschsprachige Literatur in Italien.
Hrsg. v. Alfred Gruber. Hildesheim, Zürich, New York: Olms 1990 (= Auslän-
dische Literatur der Gegenwart. Band 4.) S. 142-146. [aus: *Die elfte Häutung,
Pappendeckelgedichte*]; auch in: Drehpunkt 12 (1980), H. 48/49, S. 122-124.
(= Reprint drehpunkt 1980-1988. Band 1. Basel: Lenos 1988).

[Prosa o. T.]. In: *Nachrichten aus Südtirol.* Deutschsprachige Literatur in Italien. Hrsg.
v. Alfred Gruber. Hildesheim, Zürich, New York: Olms Presse 1990 (= Auslän-
dische Literatur der Gegenwart. Band 4.) S. 276-279. [Auszug aus dem Roman
Die Walsche].

Onkel Vigil. In: *Südtirol.* Ein literarisches Landschaftsbild. Hrsg. v. Dominik Jost.
Frankfurt a. M., Leipzig: Insel 1991 (= insel taschenbuch. 1317.) S. 107-112.
[Auszug aus dem Roman *Das Glück beim Händewaschen*].

o. T. In: Hans-Georg Grüning: *Die zeitgenössische Literatur Südtirols.* Probleme, Profile, Texte. Ancona: Edizioni Nuove Ricerche 1992, S. 187. [Auszug aus *Tagebuchtexte*].

o. T. In: Hans-Georg Grüning: *Die zeitgenössische Literatur Südtirols.* Probleme, Profile, Texte. Ancona: Edizioni Nuove Ricerche 1992, S. 195-197. [Auszug aus dem Roman *Die Walsche*].

Priesterfiguren. In: *Begegnungen.* Tiroler Literatur des 19. und 20. Jahrhunderts. Texte und Kommentare. Hrsg. v. Josef Feichtinger u. Gerhard Riedmann für den Arbeitskreis Südtiroler Mittelschullehrer. Bozen: Athesia 1994, S. 111-113 [Auszug aus dem Roman *Das Glück beim Händewaschen*].

Das Glück beim Händewaschen. In: *Vinschgauwärts.* Eine literarische Wanderung. Hrsg. v. Toni Bernhart. Bozen: Athesia 1998, S. 160-162. [Auszug aus dem gleichnamigen Roman].

[Gedichte o. T.] . In: *Frei Haus.* Piccolo album della poesia di queste parti. Hrsg. v. Marco Aliprandini, Sepp Mall. In Zusammenarbeit mit ff-Südtiroler Wochenmagazin. Bozen: Südtiroler Autorenvereinigung 2004, S. 8 und S. 15. [aus: Akzente. Zeitschrift für Literatur 45 (1998), H. 2, S. 170-174].

Die Walsche. In: *(W)orte.* Words in Place. Zeitgenössische Literatur aus und über Südtirol. Contemporary Literature by German-Speaking Minority Writers from South Tyrol (Italy). Herausgegeben, kommentiert und übers. von Siegrun Wildner. Innsbruck, Bozen, Wien: Skarabaeus 2005, S. 140-153. [Auszug aus dem Roman *Die Walsche* in deutscher Sprache und in englischer Übersetzung].

Schmerz der Gewöhnung. In: *Europa erlesen.* Südtirol. Hrsg. v. Gerhard Kofler, Ludwig Paulmichl u. Eva-Maria Widmair. Klagenfurt: Wieser 2006 (= Europa erlesen.) S. 227-233. [Auszug aus dem gleichnamigen Roman].

Wir gingen. In: *Europa erlesen.* Südtirol. Hrsg. v. Gerhard Kofler, Ludwig Paulmichl u. Eva-Maria Widmair. Klagenfurt: Wieser 2006 (= Europa erlesen.) S. 151-153. [Auszug aus der gleichnamigen Erzählung].

Der Himmel über Meran. In: *Seitensprünge.* Literatur aus deutschsprachigen Minderheiten in Europa. Hrsg. v. Manfred Peters. Bozen, Wien: Folio 2009, S. 38-47. [aus dem gleichnamigen Erzählband].

[Gedichte: In der Nacht hast du, Ein Nachmittag, An dieses Jetzt hier]. In: *Seitensprünge.* Literatur aus deutschsprachigen Minderheiten in Europa. Hrsg. v. Manfred Peters. Bozen, Wien: FolioVerlag 2009, S. 206-207. [aus dem Gedichtband *Liebe auf den Kopf gestellt*].

1.3 Poetologische Schriften

Wozu schreiben? In: Skolast. der fahrende skolast. zeitschrift der südtiroler hochschüler 4 (1969), H. 4, S. 3-7. [Wieder im vorliegenden Band]

1.4 Verfilmungen und Dramatisierungen

Das Glück beim Händewaschen. Regie: Werner Masten. Drehbuch: Joseph Zoderer, Werner Masten. BRD/Ö/CH/I: ZDF, ORF, SRG, RAI 1982.
Die Walsche. Regie: Werner Masten. Drehbuch: Joseph Zoderer, Werner Masten. BRD/Ö/CH/I: ZDF, ORF, SRG 1986.
Die Walsche. Uraufführung am 12.3.2010, Vereinigte Bühnen Bozen. Regie: Torsten Schilling, Bühnenfassung: Sabine Göttel.

1.5 Übersetzungen

L'italiana. [*Die Walsche.* <ital.>]. Übers. v. Umberto Gandini. Mailand: Mondadori 1985. (Weitere Ausgaben: Novara: Mondadori-De Agostini 1987 in der Reihe I grandi bestsellers; Milano: A. Mondadori 1988 in der Reihe Oscar. 917; Rozzano: Editoriale Domus 2003 in der Reihe Meridiani. I grandi scrittori. Taschenbuchausgaben: Turin: Einaudi 1998; Milano: Bompiani 2007).
Lahinia. [*Die Walsche.* <slow.>]. Übers. v. Anja Uršič. Maribor: Obzorja 1986 (= Nova Obzorja. 133.)
Lontano. [*Lontano.* <ital.>]. Übers. v. Umberto Gandini. Mailand: Mondadori 1986. (Weitere Ausgaben: Milano: Mondadori in der Reihe i gabbiani. 17.)
La felicità di lavarsi le mani. [*Das Glück beim Händewaschen.* <ital.>]. Übers. v. Umberto Gandini. Mailand: Mondadori 1987. (Taschenbuchausgaben: Turin: Einaudi 1998; Milano: Bompiani 2005).
L'eau sous la glace. [*Dauerhaftes Morgenrot.* <frz.>]. Übers. v. Brigitte Dupont-Roffiaen und Michel Clairay. Paris: Littérature européenne 1988 (= Collection 12 étoiles.)
Il silenzio dell'acqua sotto il ghiaccio. [*Dauerhaftes Morgenrot.* <ital.>]. Übers. v. Magda Olivetti. Turin: Einaudi 1989. (Weitere Ausgaben: Torino: Einaudi 1990 in der Reihe Nuovi coralli. 433.)

L'abbandono. [*Die Option* <ital.>]. Übers. v. Umberto Gandini. Trento: L'editore 1991.

La notte della grande tartaruga. [*Das Schildkrötenfest.* <ital.>]. Übers. v. Giovanna Agabio. Turin: Einaudi 1996.

La vicinanza dei loro piedi. Cinque racconti. [*Die Nähe ihrer Füße.* Fünf Erzählungen. <ital.>]. Übers. v. Umberto Gandini e Roberta Ascarelli. Rovereto, Trento: Nicolodi 2004.

Il dolore di cambiare pelle. [*Der Schmerz der Gewöhnung.* <ital.>]. Übers. v. Giovanna Agabio. Mailand: Bompiani 2005.

Ital'jaška roman. [*Die Walsche.* <russ.>]. Übers. v. Michaila Rudnickogo. Moskva: Tekst 2005 (= Vpervye na russkom jazyke. 25).

Quando Anja ando incontro a Gesu Bambino. Illustrazioni di Stefania Gallo. [*Als Anja dem Christkind entgegenging.* <ital.>]. Übers. v. Laura Lo Campo. Troina: Citta aperta 2005.

L' altra collina. [*Der andere Hügel.* <ital.>]. Übers. v. Giovanna Agabio. Rovereto, Trento: Zandonai 2007.

1.6. Interviews und Gespräche[1]

Bernasconi, Carlo: *Fast so etwas wie ein ununterbrochenes sitzendes Reisen.* Interview. In: Börsenblatt für den deutschen Buchhandel 44 (1988), H. 78, S. 2924-2926.

Dalla Torre, Karin: *Zum 70. Geburtstag von Joseph Zoderer.* „Ich schreibe über die Wunde". In: Dolomiten (Bozen) v. 25.11.2005.

Dallo, Norbert, Mair, Georg: *„Ich würde gerne böse sein".* In: FF – Die Südtiroler Wochenzeitung (Bozen) v. 11.11.1995.

Daniel, Sabine: *„Nicht durch die Hintertür".* Zu Besuch bei Schriftsteller Joseph Zoderer in Pein bei Terenten. In: Zett – Die Zeitung am Sonntag (Bozen) v. 1.8.1993.

Gatterer, Armin: *„Sehen, wie wenn alles verhext wäre".* Joseph Zoderer im Gespräch. In: distel. Zeitschrift für Kultur und aktuelle Fragen (Bozen) 2 (1982), H. 4-5, S. 32.

Gurschler, Susanne: *Leichte Irritation.* Joseph Zoderer. Der Südtiroler Schriftsteller spricht über Anerkennungen, unangenehme Schubladisierungen, existenzielle Heimatlosigkeit und faule Leser. In: Echo (Innsbruck) v. 28.4.2005, S. 90.

HANNI, MARTIN: *An einem Donnerstag, Ende August.* Auszüge aus einem lose zusammengefügten, nicht vollständigen Protokoll. In: Kulturelemente (Bozen) 13 (2009) H. 85, S. 2-4.

IF: *Der Südtiroler Autor Joseph Zoderer erhielt den Hermann-Lenz-Preis.* Der Balken im Hirn des Anderen. In: Dolomiten (Bozen) v. 22.2.2003.

JAKOBS, KARL-HEINZ: *Ich meinte, es sei Zeit, den Dreckhaufen dieser Welt aufzurühren.* Karl-Heinz Jakobs im Gespräch mit Joseph Zoderer, dem südlichsten deutschen und nördlichsten italienischen Autor. In: Neues Deutschland (Berlin) v. 21./22.12.1991.

MAIR, GEORG: *„Um alles zu wagen".* Literatur: Joseph Zoderer, Südtirols bekanntester Schriftsteller, wird 70. Ein Gespräch über Extreme, Fremdheit, Schönheit, die Angst vor dem Schreiben und den Tod. In: FF – Die Südtiroler Wochenzeitung (Bozen) v. 10.11.2005, S. 40-43.

MAIR, GEORG: *Heimat Südtirol.* Ein Gespräch über die Liebe, die vielen Heimaten, den Frosch am Kreuz, Andreas Hofer und die Perspektive der kulturellen Zwerge. Der Schriftsteller Joseph Zoderer und seine Sicht auf Südtirol. In: FF – Die Südtiroler Wochenzeitung (Bozen) v. 18.12.2008, S. 78-81.

MATTEI, SANDRA: *La scrittura ci salvera'.* Joseph Zoderer: „I libri? La cura contro l'indifferenza e l'infelicitá". In: Alto Adige (Bozen) v. 29.5.2002.

MOSER, SAMUEL: *Joseph Zoderer im Gespräch mit Samuel Moser.* In: Kulturmagazin (1983), H. 39, S.18-26.

O. A.: *Italiano-tedesco.* Due „grandi" tornano a parlarsi. In: Alto Adige (Bozen) v. 12.12.2001.

O. A.: *La mia vita sul confine.* In: Alto Adige (Bozen) v. 11.12.2001.

PETERLINI, HANS KARL: *Hinter der Tür sind alle Worte.* Ein Werkstattgespräch mit dem Schriftsteller Joseph Zoderer. In: Quart-Heft für Kultur Tirol (Innsbruck) 4 (2006), H. 8, S. 32-43.

RÜEDI, PETER: *Daheim und daneben.* Der Südtiroler Dichter Joseph Zoderer und das Fremdsein in der eigenen Haut. In: Weltwoche (Zürich) v. 4.10.1990.

SAXALBER-TETTER, ANNEMARIE, IVO, HUBERT: *„Man versteht die unverständliche Welt am besten mit einer unverständlich guten Literatur".* Ein Gespräch mit Joseph Zoderer. In: Diskussion Deutsch 22 (1991), H. 118, S. 209-215.

SCHACHT, ALEXANDER: *Das Glück beim Händewaschen.* Interviews mit Romanautor und Filmregisseur. In: Augen-Blick. Marburger Hefte zur Medienwissenschaft (1988), H. 5, S. 53.

SCHMIDT, SABINE: *Nicht ausgestanden, nicht ausgeschrieben.* Joseph Zoderer – ein Vertreter der Minderheitenkulturen zu Gast bei der Frankfurter Buchmesse. In: Sturzflüge. Eine Kulturzeitschrift (Bozen) 8 (1989), H. 26, S. 37.

SCHRÖDER, NINA: *„Ich hatt' nie unter 50 Millionen Schulden".* Joseph Zoderer über seinen neuen Roman, die sechs Jahre Stille davor und die Härte des Buchmarktes. In: südtirol profil (Bozen) v. 21.5.1994, S. 47.

SCHWAZER, HEINRICH: *Joseph Zoderer.* „Glühende Kohlen bis an mein Lebensende". In: Die Neue Südtiroler Tageszeitung (Bozen) v. 18.2.2003.

SCHWAZER, HEINRICH: *„Ich bin der Vater der Südtiroler Literatur".* In: Die Neue Südtiroler Tageszeitung (Bozen) v. 19.12.2006.

SCHWAZER, HEINRICH: *Sonntagsgespräch.* Zeitenwende. Der Schriftsteller Joseph Zoderer über den Wahlausgang, den Rechtsruck, die Fehler der Volkspartei und die Einschüchterung der Kulturpolitik. In: Die Neue Südtiroler Tageszeitung (Bozen) v. 2.11.2008.

TIMMANN, HANNA: *Kunst als Provokation.* Ghettoheimat. In: Zigzag Italia (Hamburg) (1987), H. 3, S. 18-19.

WALDNER, HANSJÖRG: *Gulasch und Selbstmitleid.* Der Südtiroler Autor Joseph Zoderer im Interview. In: Der Standard (Wien) v. 5.5.1995.

2 SEKUNDÄRLITERATUR

2.1 PORTRÄTS UND GESAMTDARSTELLUNGEN[2]

ARNOLD, HEINZ LUDWIG: *Suche nach Selbstbestimmung.* Der Schriftsteller Joseph Zoderer. In: Schweizer Monatshefte für Politik, Wirtschaft, Kultur 66 (1986), H. 4, S. 341-346.

ARNOLD, HEINZ LUDWIG: *Der Walsche.* Dem Südtiroler Schriftsteller Joseph Zoderer zum Siebzigsten. In: Frankfurter Allgemeine Zeitung v. 25.11.2005.

ARNOLD, HEINZ LUDWIG (HRSG.): *Joseph Zoderer.* München: Edition Text + Kritik 2010 (= Text + Kritik. H. 188.)

AUFFERMANN, VERENA: *Ich hab' die Ruhe verloren.* Eine Grenzfahrt mit dem Südtiroler Schriftsteller Joseph Zoderer. In: Frankfurter Allgemeine Zeitung v. 18.2.1989.

DELLE CAVE, FERRUCCIO, HUBER, BERTRAND, WALDBOTH, ELKE: *Joseph Zoderer.* In: *Meran.* Ein literarischer Spaziergang durch die Passerstadt. Hrsg. v. Ferruccio Delle Cave, Bertrand Huber, Elke Waldboth. Bozen: Athesia 1998, S. 55-59. [Biographisches mit Textauszügen aus *Das Glück beim Händewaschen* und *Lontano*].

DELLE CAVE, FERRUCCIO: *Im Visier: „Südtiroler. Europäer. Weltbürger."* – Zum 65sten von Joseph Zoderer. Die ständige Herausforderung. In: Dolomiten (Bozen) v. 2.12.2000.

EBBINGHAUS, UWE: *Südtirol, seitenweise.* Eine Region als Romanvorlage: Joseph Zoderer und Andreas Maier schreiben über ihre (Wahl-)Heimat. Eine Lesereise in die Alpen. In: Frankfurter Allgemeine Sonntagszeitung v. 16.6.2002.

ESTERHAMMER, RUTH: *Joseph Zoderer im Spiegel der Literaturkritik.* Wien, Berlin: LIT 2006 (= Innsbrucker Studien zur Alltagsrezeption. Band 2.)

ESTERHAMMER, RUTH: *Joseph Zoderer zwischen Literaturkritik und Literaturwissenschaft.* In: Germanistik und Literaturkritik. Zwischenbericht zu einer wunderbaren Freundschaft. Hrsg. v. Heinz Kucher und Doris Moser. Wien: Praesens 2007 (= Stimulus. Mitteilungen der Österreichischen Gesellschaft für Germanistik 2006.) S. 191-214.

ESTERHAMMER, RUTH: *Option und Südtirolaktivismus in der Tiroler Gegenwartsliteratur – Zwei Beispiele dafür, dass Germanistik in der Peripherie im Spannungsfeld zwischen Regionalität und Internationalität stehen kann und muss.* In: Germanistik im Spannungsfeld zwischen Regionalität und Internationalität. Hrsg. v. Wolfgang Hackl und Wolfgang Wiesmüller Wien: Praesens 2010 (= Stimulus. Mitteilungen der Österreichischen Gesellschaft für Germanistik. 18.) (im Druck).

ESTERHAMMER, RUTH: *Die wissenschaftliche Zoderer-Rezeption im deutschsprachigen Raum.* In: Mitteilungen aus dem Brenner-Archiv 29 (2010), H. 29 (im Druck).

FOPPA, BRIGITTE: *Schreiben über Bleiben oder Gehen.* Die Option in der Südtiroler Literatur 1945-2000. Trento: Dipartimento di Scienze Filologiche e Storiche Trento 2003.

GRÜNING, HANS-GEORG: *La littérature allemande du Tyrol du Sud.* In: Etudes de Lettres (1989), H. 2, S. 25-39.

GRÜNING, HANS-GEORG: *Zweisprachigkeit und Sprachmischung in der zeitgenössischen Literatur Südtirols.* In: *Komparatistik als Dialog.* Literatur und interkulturelle Beziehungen in der Alpen-Adria-Region und in der Schweiz. Hrsg. v. Johann Strutz und Peter Zima. Frankfurt a. Main u.a.: Lang 1991, S.163-182.

GRÜNING, HANS-GEORG: *Die zeitgenössische Literatur Südtirols.* Probleme, Profile, Texte. Ancona: Edizioni Nuove Ricerche 1992, bes. Kap. 3.3. und 3.4.

GRÜNING, HANS-GEORG: *Die Wahrnehmung der italienischen Kontaktkultur bei deutschsprachigen Südtiroler Autoren.* In: *Akten des XI. Internationalen Germanistenkongresses Paris 2005.* Germanistik im Konflikt der Kulturen. Hrsg. v. Jean-Marie Valentin, Band 9: *Divergente Kulturräume in der Literatur – Kulturkonflikte in der Reiseliteratur.* Betreut v. Marc Cluet et al. Bern u.a.: Lang 2007 (= Jahrbuch für Internationale Germanistik. Reihe A, Kongressberichte. Band 85.) S. 183-188.

HENNING, HANS MARTIN: *Zoderer, Joseph.* In: *Literatur-Lexikon.* Autoren und Werke deutscher Sprache. Band 12. Hrsg. v. Walther Killy. Gütersloh, München: Bertelsmann 1992, S. 517-518.

HOLZNER, JOHANN: *Unruhestifter im Herrschaftsbereich der Dolomiten.* Literatur in Südtirol 1969–1989. In: ÖGL 34 (1990), H. 5b/6, S. 344-351.

HOLZNER, JOHANN: *Literatur in Tirol (von 1900 bis zur Gegenwart).* In: *Handbuch zur neueren Geschichte Tirols.* Band 2: Zeitgeschichte. 2. Teil. *Wirtschaft und Kultur.* Hrsg. v. Anton Pelinka und Andreas Maislinger. Innsbruck: Universitätsverlag Wagner 1993, S. 209-269, hier. S. 264-265.

HOLZNER, JOHANN: *Auf der Suche nach Zugehörigkeit.* Literatur aus Südtirol im Ausland. In: *Literatur in Südtirol.* Hrsg. v. Johann Holzner. Innsbruck, Wien: StudienVerlag 1997 (= Schriftenreihe Literatur des Instituts für Österreichkunde. Band 2.) S. 77-95.

HOLZNER, JOHANN: *Heimat und Fremde in der Südtiroler Literatur.* In: *Ferne Heimat – Nahe Fremde.* Bei Dichtern und Nachdenkern. Hrsg. v. Eduard Beutner, Karlheinz Rossbacher. Würzburg: Königshausen und Neumann 2008, S. 121-131.

HOLZNER, JOHANN: *Laudatio anlässlich der Verleihung der Ehrenbürgerschaft der Universität Innsbruck an Joseph Zoderer.* In: Mitteilungen aus dem Brenner-Archiv 27 (2008), H. 27, S. 17-18.

HOLZNER, JOHANN: *Literatur als Säule und Ferment der Erinnerungskultur in Südtirol.* In: *Orte der Erinnerung.* Kulturtopographische Studien zur Donaumonarchie. Hrsg. v. Eva Kocziszky. Szombathely: Timp Kiadó 2009 (= Istros-Bücher 1.) S. 143-156.

HOVE, OLIVER VOM: *Flechten vor der Welt der Väter.* Gegen das Vorurteilsbollwerk: Oliver vom Hove zum 60. Geburtstag des Südtiroler Erzählers Joseph Zoderer. In: Die Presse (Wien) v. 24.11.1995.

KARAKUS, MAHMUT: *Wie heimatlich ist die Heimat? Der Fremdling* von Yakub Kadri und *Die Walsche* von Joseph Zoderer. In: *Literatur im interkulturellen Dialog.* Festschrift zum 60. Geburtstag von Hans-Christoph Graf v. Nayhauss. Hrsg. v. Manfred Durzak und Beate Laudenberg. Bern, Wien u.a.: Lang 2000 (= IRIS. Ricerche di cultura europea. Band 15.) S. 329-351.

KINDL, ULRIKE: *Geschlechterrollen – werden sie von der Minderheit stabilisiert?* In: *Literatur in Südtirol.* Hrsg. v. Johann Holzner. Innsbruck, Wien: StudienVerlag 1997 (= Schriftenreihe Literatur des Instituts für Österreichkunde. Band 2.) S. 99-114.

KLETTENHAMMER, SIEGLINDE: *„Mit einem Bein hier, mit dem andern dort?"* Identität als Thema der Prosaliteratur aus Südtirol seit 1945. In: *Assimilation – Abgrenzung – Austausch.* Interkulturalität in Literatur und Sprache. Hrsg. v. Maria Katarzyna Lasatowicz und Jürgen Joachimsthaler. Frankfurt u.a.: Lang 1999 (= Oppelner Beiträge zur Germanistik. Band 1.) S. 379-402.

KLETTENHAMMER, SIEGLINDE: *Fronten in der Literatur des 20. Jahrhunderts*: Identität als Thema der deutschsprachigen Erzählprosa aus Südtirol. In: *Brüche und Brücken*. Kulturtransfer im Alpenraum von der Steinzeit bis zur Gegenwart. Aufsätze. Essays. Hrsg. v. Johann Holzner, Elisabeth Walde. Bozen: Folio 2005, S. 298-327.

KLETTENHAMMER, SIEGLINDE: *Fremde in der „Bergheimat"*. Zur Ethnizitäts- und Identitätsproblematik in der erzählenden Prosa aus Südtirol. In: *Italia - Österreich. Sprache, Literatur, Kultur*. Hrsg. v. Luigi Reitani, Karlheinz Rossbacher und Ulrike Tanzer. Udine: Forum 2006, S. 223-227.

KOFLER, GERHARD: *Südtiroler Literatur – Möglichkeiten und Probleme*. In: *Literatur in Südtirol*. Hrsg. v. Johann Holzner. Innsbruck, Wien: StudienVerlag 1997 (= Schriftenreihe Literatur des Instituts für Österreichkunde, Band 2), S. 96-98.

KÖNIG, CHRISTOPH: *Ein moderner Mythos*. Der Romanautor Joseph Zoderer. In: Pannonia (Eisenstadt) 16 (1988), H. 1, 30-32.

KÖNIG, CHRISTOPH: *Schreibnormen und Region*. Über Romane von Michael Köhlmeier und Joseph Zoderer. In: Discorso fizionale e realtà storica. Colloquio Internazionale „Testo e Contesto", 15.-17.10.1990, Macerata. Hrsg. v. Università degli Studi di Macerata. Ancona: Edizioni Nuove Ricerche 1992 (= Heteroglossia. Quaderni dell'Istituto di Lingue e Culture Straniere. H. 4.) S. 217-231.

KÖNIG, CHRISTOPH, KORTE, HERMANN: *Joseph Zoderer*. In: *Kritisches Lexikon zur deutschsprachigen Gegenwartsliteratur* (KLG) 10/07. Hrsg. v. Heinz Ludwig Arnold. München: edition text + kritik 1978ff. [Stand 1.8.2007].

KORTE, HERMANN: *„Fremdheitsspezialisten"*. Literarische Erinnerungsräume in Joseph Zoderers Südtirol-Romanen. In: *Das „Prinzip Erinnerung" in der deutschsprachigen Gegenwartsliteratur nach 1989*. Hrsg. v. Carsten Gansel und Pawel Zimniak. Göttingen: V & R Unipress 2010 (= Deutschsprachige Gegenwartsliteratur und Medien. Band 3.) S. 265-278.

KOSLER, HANS CHRISTIAN: *Der Wächter der Eidechse*. Der Südtiroler Joseph Zoderer arbeitet auf dem Berg am Wort. In: Neue Zürcher Zeitung v. 2.5.2001.

KRUSE, BERNHARD ARNOLD: *Literarische Arbeit an Problemen europäischer Identität*. In: *Germanistentreffen Deutschland – Italien, 8. - 12.10.2003, Bari*. Dokumentation der Tagungsbeiträge. Red. v. Werner Roggausch, hrsg. v. Deutschen Akademischen Austauschdienst (DAAD). Bonn: DAAD 2004 (= Reihe Germanistik.) S. 99-117.

KRUSE, BERNHARD ARNOLD: *Ethnisch-kulturelle Identitätsproblematiken in den Südtirolromanen von Joseph Zoderer*. In: *Das Subjekt des Diskurses*. Festschrift für Klaus-Michael Bogdal. Hrsg. v. Achim Geisenhanslüke. Heidelberg: Synchron 2008, S. 233-257.

MAIR, GEORG: *Poet des Zorns.* Joseph Zoderer und sein neuer Südtirol-Roman. Der Zerrissene. In: FF – Die Südtiroler Wochenzeitung (Bozen) v. 28.2.2002, S. 41, 43-45.

METHLAGL, WALTER: *Wie die Kunst von Kunst kommt.* Über Joseph Zoderers frühe Arbeiten. In: *Literatur in Südtirol.* Hrsg. v. Johann Holzner. Innsbruck, Wien: StudienVerlag 1997 (= Schriftenreihe Literatur des Instituts für Österreichkunde, Band 2), S. 47-53.

NI: *Der Meister und sein Vorleben.* In: FF – Die Südtiroler Wochenzeitung (Bozen) v. 27.3.1993, S. 34-35.

OBERHAMMER, MARGIT: *„Den Dingen eine Glasur, eine selbstgemachte Haut verpassen".* Joseph Zoderer zum 60. Geburtstag. In: Dolomiten (Bozen) v. 25./26.11.1995.

OBERKOFLER, EVI , EISENSTECKEN, EDITH: *„Wo wohnen die Wünsche...".* Bozen: Autonome Provinz Bozen 2005 [Filmporträt].

PIETRONI, PAOLO: *Dizionari.* Italiano e tedesco. Zoderer fa da guida. In: Alto Adige (Bozen) v. 9.12.2001.

PROSINGER, WOLFGANG: *Heimat als Glück und Schrecken.* In: Basler Zeitung v. 2.7.1987.

REITANI, LUIGI: *„Lontano".* Der „Italienkomplex" in der deutschsprachigen Literatur aus Südtirol. In: *Literatur in Südtirol.* Hrsg. v. Johann Holzner. Innsbruck, Wien: StudienVerlag 1997 (= Schriftenreihe Literatur des Instituts für Österreichkunde. Band 2.) S. 54-76. (Auch abgedruckt in: Sturzflüge. Eine Kulturzeitschrift (Bozen) 14 [1996], H. 42-44, S. 40-48.)

RICCABONA, CHRISTINE, UNTERKIRCHER, ANTON: *Joseph Zoderer.* In: *Lexikon Literatur in Tirol.* [http://orawww.uibk.ac.at/apex/uprod/f?p=20090202:1: 1862668400501760, Stand 13.4.2010, besucht am 15.6.2010].

RIEDMANN, GERHARD: *Regionalkultur und ihre Grenzen.* Entwicklung und Wandel deutschsprachiger Literatur in Südtirol. In: *Deutschsprachige Literatur im Ausland.* Hrsg. v. Alexander Ritter. Göttingen: Vandenhoeck & Ruprecht 1985 (= Zeitschrift für Literaturwissenschaft und Linguistik. Beiheft 13.) S. 104-126.

RIEDMANN, GERHARD: *Heimat. Fiktion – Utopie – Realität.* Erzählprosa in Tirol von 1890 bis heute. Innsbruck: Institut für Sprachwissenschaft der Universität Innsbruck 1991 (= Innsbrucker Beiträge zur Kulturwissenschaft. Sonderheft 73.) S. 336-339.

RIEDMANN, GERHARD: *Joseph Zoderer oder der unaufhaltsame Abschied von der (deutschen) Sprache.* In: Sprachkunst 21 (1990), H. 2, S. 313-324.

ROLI, MARIA LUISA: *Heimat und die Südtiroler Schriftsteller J. Zoderer und N.C. Kaser – eine heikle Angelegenheit.* In: *Heimatsuche.* Regionale Identität im österreichisch-italienischen Alpenraum. Hrsg. v. Antonio Pasinato. Würzburg: Königshausen & Neumann 2004, S. 289-297. (Zuvor erschienen in italienischer Sprache: *La*

Heimat negli scrittori altoatesini J. Zoderer e N.C. Kaser: una problematica delicata. In: *Heimat.* Identità regionali nel processo storico. Hrsg. v. Antonio Pasinato. Roma: Donzelli 2000, S. 301-311.)

SCHEICHL, SIGURD PAUL: *Der Fremdheitsspezialist.* Laudatio auf Joseph Zoderer. In: Wagnis (Innsbruck) 4 (2006), H. 7, S. 45-47.

SCHRÖDER, NINA: *Joseph Zoderer.* Fast ein Porträt. In: Sturzflüge. Eine Kulturzeitschrift (Bozen) 18 (2003), H. 52, S. 53-56.

SIMONSEN, BEATRICE: *Ein Monument auf Lebenszeit.* In: Buchkultur. Das internationale Buchmagazin 17 (2005), H. 101, S. 20-21.

STEINFELD, THOMAS: *Geteilter Himmel.* Der Südtiroler Dichter Joseph Zoderer wird siebzig. In: Süddeutsche Zeitung (München) v. 25.11.2005.

STEFANO, GIOVANNI DI: *Joseph Zoderer.* In: *Kindlers Neues Literatur Lexikon,* Band 22. Chefredaktion: Rudolf Radler. München: Kindler 1998, S. 757.

STUBER, MANFRED: *Der Weber in Pein.* In: Schmankerl. Blätter für bayrisch-österreichische Heimatliteratur (München) (1985), H. 53, S. 22-25.

WEINZIERL, ULRICH: *Joseph Zoderer 70.* In: Die Welt (Berlin) v. 25.11.2005.

WILDNER, SIEGRUN: *Ethnizität und Identität in deutschsprachiger Literatur aus und über Südtirol.* In: Trans. Internet-Zeitschrift fur Kulturwissenschaften, 2004, H. 15. [http://www.inst.at/trans/15Nr/05_08/wildner15.htm, besucht am 15.6.2010].

WIMMER, ERIKA: *„Das Pendel schlägt aus und trifft".* Anmerkungen zur Bedeutung der Lyrik im Werk Joseph Zoderers. In: Mitteilungen aus dem Brenner-Archiv 28 (2009), H. 28, S.73-89.

WITT, SABINE: *Identitatssuche im interkulturellen Bereich.* Joseph Zoderer und die Südtirolproblematik. In: *Konzepte der Nation. Eingrenzung, Ausgrenzung, Entgrenzung.* Beiträge zum 17. Forum Junge Romanistik, Frankfurt a. M., 20.-23.6.2001. Hrsg. v. Regina Schleicher und Almut Wilske. Bonn: Romanistischer Verlag 2002, S. 145-155.

2.2. HOCHSCHULSCHRIFTEN[3]

BERNARD, FRANCO: *Die literarische Tätigkeit Joseph Zoderers im Spiegel der Presse.* Verona, Phil. Diss. 1981/82.

BONIFACCI, PATRIZIA: *Joseph Zoderer.* Identificazione linguistica e Identità personale. Trieste, Phil. Diss. 1984/85.

GIRITZHOFER, RUDOLF: *Die Verwirrung der Zöglinge.* Zu Form und Funktion des Internats in der Literatur in Österreich und Südtirol seit dem Ende der sechziger Jahre. Wien, Dipl.-Arb. 1989.

GURNDIN, INGEBORG: *Das Südtirolbild in den Werken von Helene Flöss und Joseph Zoderer.* Salzburg, Dipl.-Arb. 1995.

HOFER, ASTRID: *Joseph Zoderer – ein Südtiroler Autor.* Untersuchungen zu seinen Romanen. Wien, Dipl.-Arb. 1996.

KALSER, ROBERT: *Am Rande entlang.* Texte von Joseph Zoderer: Themen, Linien, Strukturen, Rhetorik. Salzburg, Phil. Diss. 1987.

KARADAR, MARION: *Eine Rezeptionsanalyse zu Zoderers Romanen.* Innsbruck, Dipl.-Arb. 1986.

MARCOTTO, FABIO: *L' opera narrativa di Joseph Zoderer.* Firenze, Phil. Diss. 1988/89.

MAYRHOFER-REINHARTSHUBER, JULIA: *Literarische Modelle der Identitätskonstruktion in der deutschsprachigen Literatur aus Südtirol.* Analysiert an ausgewählten Texten von Joseph Zoderer, Gerhard Kofler und Sepp Mall. Wien, Dipl.-Arb. 2005.

MUR, MARLENE: *Auf der Suche nach dem „Selbst".* Identitätsverlust und Identitätsfindung als Thema in Waltraud Anna Mitgutschs Roman *In fremden Städten* und in Joseph Zoderers Roman *Die Walsche.* Innsbruck, Dipl.-Arb. 1996.

PEDRAZZOLI, GIUDITTA: *Joseph Zoderer.* Die Rezeption in Italien. Innsbruck, Dipl.-Arb. 2009.

PLAICKNER, EDITH: *Die Entstehung von Joseph Zoderers Die Walsche.* Materialien aus dem Vorlass des Autors. Innsbruck, Dipl.-Arb. 2010.

REDOLFI, LINA: *Joseph Zoderer.* Nähe und Ferne: Auf der Suche nach der Heimat. Milano, Istituto Universitario di Lingue Moderne, Tesi datt. 1990.

ROHREGGER, MAGDALENA: *Die „Klosterschule" in der österreichischen Literatur nach 1945.* Dargestellt an ausgewählten Werken. Salzburg, Dipl.-Arb. 1988.

SAGHY, MARION: *Das fremde Wort in der deutschsprachigen Romanliteratur Südtirols.* Wien, Dipl.-Arb. 2005.

SEIWALD, ANITA: *Die Empfindsamkeit der Charaktere.* Untersuchungen zur kritischen Darstellung der Internatszeit österreichischer Autoren nach 1976. Salzburg, Dipl.-Arb. 1994.

STIEGER, MARTIN: *Identitätsverlust und Identitätsfindung als Thema in Joseph Zoderers Roman* Das Glück beim Händewaschen. Innsbruck, Dipl.-Arb. 1992.

WIEST, ASTRID: *Der Schmerz der Gewöhnung.* Wahrnehmung und Raum bei Joseph Zoderer. Wien, Dipl-Arb. 2007.

2.3. Zur Lyrik

Zu *S MAUL AUF DER ERD ODER DRECKKNUIDELEN KLIABN*

Bibliographie der in deutschsprachigen Zeitungen und Literaturzeitschriften erschienenen Rezensionen in Esterhammer, S. 63-65.

Zu *DIE ELFTE HÄUTUNG*

Bibliographie der in deutschsprachigen Zeitungen und Literaturzeitschriften erschienenen Rezensionen in Esterhammer, S. 65.

Zu *PAPPENDECKELGEDICHTE*

Bibliographie der in deutschsprachigen Zeitungen und Literaturzeitschriften erschienenen Rezensionen in Esterhammer, S. 69-70.

Zu *LIEBE AUF DEN KOPF GESTELLT*

Ascher, Rupert: *Wärme der Lüge.* In: Echo (Innsbruck) v. 1.1.2008, S. 72.

Ferruccio Delle Cave: *Joseph Zoderer erhielt das Hermann-Hesse-Stipendium der Stadt Calw und stellte Lyrikband vor.* Die Echtheit der Emotionen erspüren. In: Dolomiten (Bozen) v. 31.8.2007.

Holzner, Johann: *Joseph Zoderer,* Liebe auf den Kopf gestellt. In: Literatur in Tirol und Südtirol [http://www.uibk.ac.at/brenner-archiv/literatur/tirol/rez.html, Stand November 2007, besucht am 15.6.2010].

Lehmkuhl, Tobias: *Lyrisch lecken.* Joseph Zoderers poetische Kopfstände. In: Süddeutsche Zeitung (München) v. 19.3.2008.

Mair, Georg: *Hinter den Augen.* In: FF – Die Südtiroler Wochenzeitung (Bozen) v. 6.9.2007, S. 46.

Müller, Alexander: *Sommerhaut, Winterlügen.* Joseph Zoderer stellt die Liebe poetisch auf den Kopf. In: Frankfurter Allgemeine Zeitung v. 7.1.2008.

o. A.: *J. Zoderer in der FAZ.* In: Dolomiten (Bozen) v. 11.1.2008.

o. A.: *FAZ: Viel Lob für Zoderer.* In: Die Neue Südtiroler Tageszeitung (Bozen) v. 10.1.2008.

OBERHAMMER, MARGIT: *Joseph Zoderer widmet sich nach einem Vierteljahrhundert wieder der Lyrik*. Texte von großer Lebendigkeit. In: Dolomiten (Bozen) v. 21.9.2007.

SCHMITZ, MICHAELA: *Joseph Zoderer*. Liebe auf den Kopf gestellt. In: Literaturhaus Wien. [http://www.literaturhaus.at/buch/buch/rez/Zoderer_2007/?COLOR=NO, Stand 6.8.2007, besucht am 15.6.2010].

VESCOLI, CHRISTINE: *„Diagnose der Trauer"*. Mühelos verknüpft Joseph Zoderer Liebe, Trauer, Lust mit Regenschirmen, Süße und Fischpupillen. Über den Gedichtband *Liebe auf den Kopf gestellt*. In: Die Neue Südtiroler Tageszeitung (Bozen) v. 24.11.2007.

WIRTHENSOHN, ANDREAS: *Zoderer:* Liebe auf den Kopf gestellt. Real-surreale Lyrik. In: Wiener Zeitung v. 29.12.2007.

2.4 ZUR PROSA[4]

Zu *DAS GLÜCK BEIM HÄNDEWASCHEN*

Bibliographie der in deutschsprachigen Zeitungen und Literaturzeitschriften erschienenen Rezensionen in Esterhammer, S. 65-68.

STÖCKLI, RAINER: *Mitten im Sommer kam ich in Heerbrugg an.* In: Tagblatt (St. Gallen) v. 5.10.2009.

Zu *DIE WALSCHE*

Bibliographie der in deutschsprachigen Zeitungen und Literaturzeitschriften erschienenen Rezensionen in Esterhammer, S. 70-74.

IMAI, ATSUSHI: *Die Abkehr von der „Heimat" in der Literatur aus Südtirol* – J. Zoderer: *Die Walsche* und S. Gruber: *Aushäusige*. In: Beiträge zur Österreichischen Literatur 26 (2010), H. 26, S. 9-10.

ORTNER, HANSPETER: *Heruntergekommene Subjekte*. Die „Sprachbehinderten" in der *Walschen* von Joseph Zoderer. In: *Literatur und Sprachkultur in Tirol*. Hrsg. v. Johann Holzner, Oskar Putzer u. Max Siller. Innsbruck: Institut für Germanistik 1997 (= Innsbrucker Beiträge zur Kulturwissenschaft. Germanistischer Reihe. Band 55.) S. 53-67.

STRASSER, ALFRED: *Im emotionalen Niemandsland*. Entfremdung und Identitätssuche in Joseph Zoderers *Die Walsche*. In: Les littératures minoritaires de langue allemande après 1945. Hrsg. v. Bernard Bach. Lille: Université Charles-De-Gaulle 1995 (= Germanica. H. 17.) S. 101-113.

TOBIASZ, EWA ALEKSANDRA: *Zwischen zwei Welten: Entfremdung im kulturellen Grenzgebiet.* Joseph Zoderer *Die Walsche.* In: Convivium. Germanistisches Jahrbuch Polen. Bonn: DAAD 2004 (= Reihe Germanistik.) S.169-176.

Zu *LONTANO*

Bibliographie der in deutschsprachigen Zeitungen und Literaturzeitschriften erschienenen Rezensionen in Esterhammer, S. 77-80.

SCHÄRER, PETER, SCHÄRER, HANS-RUDOLF: „*Hinter mir ist Ferne und vor mir ist Ferne*". Eine narzissmustheoretische Lektüre von Joseph Zoderers Roman *Lontano*. In: *Identität und Identitätskrise.* Eine Festgabe für Hans Wysling. Hrsg. v. Andrea Fischbacher-Bosshardt. Bern, Wien [u.a.]: Lang 1991, S. 115-142.

Zu *DAUERHAFTES MORGENROT*

Bibliographie der in deutschsprachigen Zeitungen und Literaturzeitschriften erschienenen Rezensionen in Esterhammer, S. 80-83.

Zu *SCHLAGLÖCHER. DAUERWELLENROMAN*

Bibliographie der in deutschsprachigen Zeitungen und Literaturzeitschriften erschienenen Rezensionen in Esterhammer, S. 83-84.

Zu *DIE PONYS IM ZWEITEN STOCK*

Bibliographie der in deutschsprachigen Zeitungen und Literaturzeitschriften erschienenen Rezensionen in Esterhammer, S. 84-85.

Zu *DER ANDERE HÜGEL*

Bibliographie der in deutschsprachigen Zeitungen und Literaturzeitschriften erschienenen Rezensionen in Esterhammer, S. 85.

Zu *DAS SCHILDKRÖTENFEST*

Bibliographie der in deutschsprachigen Zeitungen und Literaturzeitschriften erschienenen Rezensionen in Esterhammer, S. 86-88.

Zu *ALS ANJA DEM CHRISTKIND ENTGEGENGING. EINE WEIHNACHTSERZÄHLUNG*

Bibliographie der in deutschsprachigen Zeitungen und Literaturzeitschriften erschienenen Rezensionen in Esterhammer, S. 88-89.

Zu *DER SCHMERZ DER GEWÖHNUNG*

Bibliographie der in deutschsprachigen Zeitungen und Literaturzeitschriften erschienenen Rezensionen in Esterhammer, S. 89-93.

IMAI, ATSUSHI: *Joseph Zoderer und Südtirol: Versuch über Zoderers Roman* Der Schmerz der Gewöhnung. In: Mitteilungen aus dem Brenner-Archiv 22 (2003), H. 22, S. 89-101.

KORTE, HERMANN: *„Heimatkrallen".* Zur literarischen Konstruktion von Identität in Joseph Zoderers Roman *Der Schmerz der Gewöhnung.* In: *Germanistentreffen Deutschland – Italien, 2. - 6.10.2006, Bonn.* Dokumentation der Tagungsbeiträge. Red. v. Werner Roggausch, hrsg. vom Deutschen Akademischen Austauschdienst (DAAD). Bonn: DAAD 2007 (= Reihe Germanistik.) S. 95-107. Auch veröffentlicht in: Trans. Internet-Zeitschrift für Kulturwissenschaft (2010), H. 17. [http://www.inst.at/trans/17Nr/1-1/1-1_korte17.htm, besucht am 15.6.2010].

SCHEICHL, SIGURD PAUL: *La fonction des paysages dans* Der Schmerz der Gewöhnung *de Joseph Zoderer* . In: *Funktion von Natur und Landschaft in der österreichischen Literatur/Nature et Paysages: un Enjeu Autrichien.* Hrsg. v. Régine Battistin-Zuliani. Bern: Lang 2004, S. 309-317. Auch erschienen in deutscher Sprache: *Die Funktion der Landschaftsbilder in Joseph Zoderers Schmerz der Gewöhnung.* In: Der Schlern (Bozen) 82 (2008), H. 3, S. 64-70.

SALVAN, JOACHIM: *Jenseits traditioneller Heimatliteratur.* Die Einsamkeit und Zerrissenheit des modernen Menschen in Joseph Zoderers Roman *Der Schmerz der Gewöhnung.* In: Mitteilungen aus dem Brenner-Archiv 29 (2010), H. 29 (im Druck).

Zu *WIR GINGEN*

Bibliographie der in deutschsprachigen Zeitungen und Literaturzeitschriften erschienenen Rezensionen in Esterhammer, S. 94-95.

Zu *DER HIMMEL ÜBER MERAN*

AB: *Von einem Zerissenen.* In: Tiroler Tageszeitung (Innsbruck) v. 22.10.2005.

GAM: *Über das Leben, die Liebe und den Tod.* In: Dolomiten (Bozen) v. 7.10.2005

GATTERER, BEATE: *Joseph Zoderer* Der Himmel über Meran. Gemeinsam Geschichte aufarbeiten. In: Dolomiten (Bozen) v. 1.10.2005.

HOLZNER, JOHANN: *Joseph Zoderer,* Der Himmel über Meran. In: Literatur in Tirol und Südtirol. [http://www.uibk.ac.at/brenner-archiv/literatur/tirol/rez.html, Stand Jänner 2006, besucht am 15.6.2010].

KURZKE, HERMANN: *Wehmütiger Fatalist.* Joseph Zoderers Erzählungen aus Tirol. In: Frankfurter Allgemeine Zeitung v. 19.10.2005.

MAIR, GEORG: *Halbe Fremdheit.* Neuerscheinung: Das neue Buch des Südtiroler Autors Joseph Zoderer. Sechs Erzählungen aus gefährlichen Zeiten und von prekären Existenzen. In: FF – die Südtiroler Wochenzeitung (Bozen) v. 18.8.2005.

MATT, BEATRICE VON: *Feinstrukturen der Fremde.* Joseph Zoderer wird 70 und legt neue Erzählungen vor. In: Neue Zürcher Zeitung v. 25.11.2005.

PICHLER, GEORG: *Der Himmel unter den Füßen.* Behutsam: Joseph Zoderers Erzählungen über die Familie. In: Die Presse (Wien) v. 26.11.2005.

POLT-HEINZL, EVELYNE: „...*Bock geschossen".* Joseph Zoderer legte zu seinem 70. Geburtstag einen Erzählband vor: *Der Himmel über Meran.* In: Die Furche (Wien) v. 8.12.2005.

RADISCH, IRIS: *Joseph Zoderer:* Der Himmel über Meran. In: Die Zeit (Hamburg) v. 2.3.2006, S. 58.

SCHÖNAUER, HELMUTH: *Joseph Zoderer,* Der Himmel über Meran. In: Lesen in Tirol [http://www.lesen.tsn.at/index.php?archiv=all&searchString=zoderer&login=1 &con_id=1047 Stand 3.10.2005, besucht am 15.6.2010].

SCHWAZER, HEINRICH: „*Dieser verdammte Himmel...".* Nichts vergeht mit der Zeit: Joseph Zoderers Erzählband *Der Himmel über Meran* schaut auf Bruchstücke des eigenen gelebten Lebens und entdeckt Existenzielles. In: Die Neue Südtiroler Tageszeitung (Bozen) v. 26.10.2005.

TAUBER, REINHOLD: *Joseph Zoderer begab sich auf Spurensuche.* Schwermütig betrachtete Himmelsbilder aus Südtirol. In: Oberösterreichische Nachrichten (Linz) v. 18.1.2006.

WEBER, MARIO ALEXANDER: *In Tälern, im Schatten der Berge und der Geschichte.* Ein sehr dichter, dunkler Erzählband von Joseph Zoderer. In: literaturkritik.de (2006), H. 2. [http://www.literaturkritik.de/public/rezension.php?rez_id=9031&ausgabe= 200602, besucht am 15.6.2010].

WUNDERER, MARTINA: *Joseph Zoderer.* Der Himmel über Meran. In: Literaturhaus Wien [http://www.literaturhaus.at/buch/buch/rez/zoderer_himmel/, Stand 18.9.2005, besucht am 15.6.2010].

ZANKL, VERENA: *Joseph Zoderer,* Der Himmel über Meran. In: Literatur in Tirol und Südtirol. [http://www.uibk.ac.at/brenner-archiv/literatur/tirol/rez.html, Stand Februar 2006, besucht am 15.6.2010].

Zu *BEITRÄGE IN ANTHOLOGIEN UND ZEITSCHRIFTEN*

Bibliographie der in deutschsprachigen Zeitungen und Literaturzeitschriften erschienenen Rezensionen in Esterhammer, S. 96-97.

Zu *Interdisziplinäre Projekte: TAGEBUCHTEXTE (1982-1984), SCHRIFT-BILDER*

Bibliographie der in deutschsprachigen Zeitungen und Literaturzeitschriften erschienenen Rezensionen in Esterhammer, S. 98.

2.5. ZU DEN VERFILMUNGEN UND DRAMATISIERUNGEN

Zu *DAS GLÜCK BEIM HÄNDEWASCHEN*

Bibliographie der in deutschsprachigen Zeitungen und Literaturzeitschriften erschienenen Rezensionen in Esterhammer, S. 68-69.

Zu *DIE WALSCHE (FILM)*

Bibliographie der in deutschsprachigen Zeitungen und Literaturzeitschriften erschienenen Rezensionen in Esterhammer, S. 74-77.

Zu *DIE WALSCHE (THEATERSTÜCK)*

Bertagnolli, Lukas: Die Walsche *kommt wieder*. In: Dolomiten (Bozen) v. 23.2.2010.

Fattor, Mauro: *Die Walsche*, attuale troppo attuale. In: Alto Adige (Bozen) v. 23.2.1010.

Hartig, Klaus: *Ein Frosch kann nicht weinen*. In: Die Neue Südtiroler Tageszeitung (Bozen) v. 16.3.2010.

hhk: Die Walsche *betritt die Theaterbühne*. In: Dolomiten (Bozen) v. 26.8.2009.

Mair, Georg: *Das Fremde in uns*. In: FF – Die Südtiroler Wochenzeitung (Bozen) v. 18.2.2010, S. 40-41.

Mimmi, Daniela: *Un Walsche svizzero per portare in scena l'opera di Zoderer*. In: Alto Adige (Bozen) v. 9.3.2010.

Mimmi, Daniela: Die Walsche, *Zoderer si commuove*. In: Alto Adige (Bozen) v. 13.3.2010.

Moroder, Edith: *Auf der Suche nach Zugehörigkeit*. In: Zett – Die Zeitung am Sonntag (Bozen) v. 14.3.2010.

o. A.: *Zwischen Heimat und Fremde*. In: Dolomiten (Bozen) v. 20.2.2010.

o. A.: *Die Walsche*. Uraufführung: Die Bühnenfassung von Joseph Zoderers Roman erstmals auf der Bühne. In: Die Neue Südtiroler Tageszeitung (Bozen) v. 12.3.2010.

o. A.: *Publikumsgespräch mit Joseph Zoderer*. In: Dolomiten (Bozen) v. 13.3.2010

Oberhammer, Margit: *Um nicht zu vergessen*. In: Dolomiten (Bozen) v. 16.3.2010.

Schwazer, Heinrich: *VBB bringen Zoderer auf die Bühne*. In: Die Neue Südtiroler Tageszeitung (Bozen) v. 26.8.2009.

Schwazer, Heinrich: *„Wir haben dieses Thema noch nicht hinter uns"*. In: Die Neue Südtiroler Tageszeitung (Bozen) v. 23.2.2010.

QUELLEN

KÖNIG, CHRISTOPH, KORTE, HERMANN: *Joseph Zoderer*. In: *Kritisches Lexikon zur deutschsprachigen Gegenwartsliteratur* (KLG) 10/07. Hrsg. v. Heinz Ludwig Arnold. München: edition text + kritik 1978ff. (Stand 1.8.2007).

RICCABONA, CHRISTINE, UNTERKIRCHER, ANTON: *Joseph Zoderer*. In: Lexikon Literatur in Tirol [http://orawww.uibk.ac.at/apex/uprod/f?p=20090202:1:1862668400501760, Stand 13.4.2010, besucht am 15.6.2010].

ESTERHAMMER, RUTH: *Joseph Zoderer im Spiegel der Literaturkritik*. Wien, Berlin: LIT 2006 (= Innsbrucker Studien zur Alltagsrezeption. Band 2.)

ESTERHAMMER, RUTH, GAIGG, FRITZ u. KÖHLE, MARKUS: *Handbuch österreichischer und Südtiroler Literaturzeitschriften 1970-2004*. Zwei Bände. Innsbruck, Bozen, Wien: StudienVerlag 2008.

ESTERHAMMER, RUTH, GAIGG, FRITZ (HRSG.): *Kultur- und Literaturzeitschriften aus Tirol und Südtirol 1945-2007*. Innsbruck, Bozen, Wien: StudienVerlag 2009 (= Angewandte Literaturwissenschaft. Band 3.)

Goethe-Institut Italien [http://www.goethe.de/ins/it/lp/prj/lit/ueb/vz1/zod/deindex. htm, besucht am 15.6.2010].

Innsbrucker Zeitungsarchiv zur deutsch- und fremdsprachigen Literatur (IZA)

Dokumentationsstelle für Neuere Südtiroler Literatur in Bozen

Dokumentationsstelle für Neuere Österreichische Literatur in Wien

Deutsches Literaturarchiv/Schiller-NationalmuseumMarbach am Neckar

Autorendokumentation der Stadt- und Landesbibliothek Dortmund

---

1 Nachweise weiterer Interviews und Gespräche, insbesondere von Zoderer mit Schriftstellerkollegen, in: Esterhammer, Kap. 2.3. und 2.4. Einen Überblick über Interviews, Meinungsäußerungen, Stellungnahmen, Porträts in italienischen Zeitungen bietet Giuditta Pedrazolli in ihrer Diplomarbeit *Joseph Zoderer. Die Rezeption in Italien*. Innsbruck, Dipl.-Arb. 2009, Kap. 4.1.10.

2 Weitere Porträts und Nachrichten mit biographischer Information aus deutschsprachigen Zeitungen und Literaturzeitschriften bis 2005 in Esterhammer, Kap.

2.3. und 2.4. Einen Überblick über Interviews, Meinungsäußerungen, Stellungnahmen, Porträts in italienischen Zeitungen bei Giuditta Pedrazolli (Anm. 1).

3   Italienische Hochschulschriften wurden nur dann aufgenommen, wenn sie über Bibliotheken auch beziehbar sind. Weitere Titel finden sich bei Pedrazolli (Anm. 1), S. 117f.

4   Zur italienischen Rezeption vgl. Pedrazolli (Anm. 1), S. 97ff.

RUTH ESTERHAMMER, Jg. 1974, Assistenzprofessorin am Institut für Germanistik der Leopold-Franzens-Universität Innsbruck, Bereich Literaturkritik, Literaturvermittlung und Medien / Angewandte Literaturwissenschaft

HANS-GEORG GRÜNING, Ordinarius f. Deutsche Sprache an der Universität Macerata. Forschungsschwerpunkte: Literatur von Kleinräumen, Probleme literarischer Selbstdarstellung, Imagologie, literarische Uebersetzung

GÜNTHER A. HÖFLER, Jg. 1957, Literaturwissenschaftler am Inst. für Germanistik der KF-Universität Graz

SIEGLINDE KLETTENHAMMER, Dozentin für Neuere deutsche Literaturwissenschaft am Institut für Germanistik der Universität Innsbruck

EDITH PLAICKNER, Jg.1983, Studium der Germanistik und Anglistik/Amerikanistik an der Leopold-Franzens-Universität Innsbruck; Bibliothekarin an der Freien Universität Bozen

BENEDIKT SAUER, Innsbruck/ Bozen, Germanist, freier Journalist und Publizist; Biografie über Norbert C. Kaser und Mitherausgeber von Kasers Werken

SIGURD PAUL SCHEICHL, Jg. 1942, Ordinarius für Österreichische Literaturgeschichte und Allgemeine Literaturwissenschaft an der Universität Innsbruck. Forschungsschwerpunkt u.a.: Südtiroler Literatur der Gegenwart

DOSSIER
DIE BUCHREIHE ÜBER ÖSTERREICHISCHE AUTOREN

Jeder Band ist einer Persönlichkeit des literarischen Lebens gewidmet und enthält Beiträge zu Leben, Werk und Rezeption. Dazu kommen aktuelle Analysen und Essays zu zentralen Aspekten des Werkes sowie eine Bibliographie.

DOSSIER 1 Alfred Kolleritsch. 1991 € 15,50
DOSSIER 2 Elfriede Jelinek. 1991 € 19,00
DOSSIER 3 H. C. Artmann. 1992 € 23,00
DOSSIER 4 Barbara Frischmuth. 1992 € 23,00
DOSSIER extra Peter Handke. 1993 € 23,00
DOSSIER 5 Ilse Aichinger. 1993 € 23,00
DOSSIER 6 Peter Rosei. 1994 € 23,00
DOSSIER 7 Wolfgang Bauer. 1994 € 23,00
DOSSIER 8 Albert Drach. 1995 € 31,00
DOSSIER 9 Gerhard Roth. 1995 € 31,00
DOSSIER 10 Raoul Hausmann. 1996 € 31,00
DOSSIER 11 Gert Jonke. 1996 € 31,00
DOSSIER extra Elfriede Jelinek-Rezeption. 1997 € 31,00
DOSSIER 12 Hans Lebert. 1997 € 31,00
DOSSIER extra Klaus Hoffer. 1998 € 31,00
DOSSIER 13 Josef Winkler. 1998 € 31,00
DOSSIER 14 Friederike Mayröcker. 1999 € 31,00
DOSSIER 15 Gerhard Rühm. 1999 € 31,00
DOSSIER extra Gunter Falk. (mit 2 CDs) 2000 € 44,00
DOSSIER 16 Werner Schwab. 2000 € 31,00
DOSSIER 17 Michael Köhlmeier. 2001 € 31,00
DOSSIER 18 Elfriede Gerstl. 2001 € 31,00
DOSSIER 19 Michael Scharang. 2002 € 31,00
DOSSIER extra Werner Schwabs Bühnensprache. 2003 € 31,00
DOSSIER 20 Leopold von Sacher-Masoch. 2003 € 31,00
DOSSIER 21 Peter Henisch. 2003 € 31,00
DOSSIER 22 Robert Menasse. 2004 € 31,00
DOSSIER 23 Andreas Okopenko. 2004 € 31,00
DOSSIER 24 Veza Canetti. 2005 € 31,00
DOSSIER 25 Elias Canetti. 2005 € 31,00
DOSSIER 26 Norbert Gstrein. 2006 € 31,00
DOSSIER extra Barbara Frischmuth. 2007 € 29,00
DOSSIER 27 Marlene Streeruwitz. 2008 € 29,00
DOSSIER 28 Anna Mitgutsch. 2009 € 29,00

© Literaturverlag Droschl Graz – Wien
Erstausgabe 2010

Coverfoto: © Carl Hanser Verlag München
Umschlag, Entwurf: Herms Fritz
Layout und Satz: drogerie21
Druck: Finidr s.r.o.

ISBN 978-3-85420-776-4

Literaturverlag Droschl Stenggstraße 33 A-8043 Graz www.droschl.com